365일 꿈풀이 대사전

심리학박사·철학박사 유화정 엮음

도서출판 **YEGA**

머리말

간밤에 꾼 너무나도 생생한 꿈 때문에 온종일 불안해하는 사람들이 있다. 왠지 불길한 느낌을 떨쳐버릴 수 없기 때문이다.

그런가 하면 누군가에게 들킬세라 입을 꼭 다물고 있다가 은밀하게 복권을 몇 장 사 들고 와서는 흡족한 표정을 지은 채 그 복권을 의미심장하게 들여다보는 사람들이 있다.

전자(前者)의 경우엔 검은 옷을 입은 사람이 자신을 데리고 어디론가 가는 꿈을 꾸었다든지 이미 죽은 사람과 배를 타고 어딘가로 가는 꿈을 꾸었던 까닭에 그토록 불안해했을 수도 있다. 꿈해몽서들을 보면 이런 꿈들은 대개 자신에게 닥칠 죽음이나 질병, 사고 등을 암시한다고 풀이하고 있다.

후자(後者)의 경우를 상상해 보자. 아마 간밤에 돼지꿈이나 자신의 집이 불에 활활 타고 있다던가, 붉은 피가 콸콸 쏟아져 흐르는 꿈을 꾸었던 까닭에 횡재수에 대한 암시를 받고 복권을 구매한 것이었다고 풀이할 수 있다.

이렇게 일상적으로 꿈을 꾸는 대부분의 사람에게 '예지몽'이라고 생각했던 경험들이 발견된다. 예지몽이란 자신의 미래나 어떤 문제에 관해 암시를 해주는 것으로 앞으로 전개될 사건을 비디오로 찍듯이 거의 비슷하게 나타내는 수도 있지만, 언뜻 생각하기에 전혀 연관성이 없는 영상으로 나타나는 수도 있다.

출근길의 전철에서 깜빡 잠이 들었을 때, 대피하느라 소동을 벌이는 꿈을 꾼 사람이 회사에 도착하자마자 아내로부터 자신이 사는 아파트에 불이 났으나 다행히 가족들은 모두 피했으니 안심하라는 전화를 받은 경우는 명백히 예지몽인 셈이다. 또한, 미혼으로 절친하게 지냈던 친구가 어머니의 강요에 못 이겨 결혼 날짜를 잡았다면서 전화를 한 꿈을 꾼 후에 정말로 그 친구가 맞선을 봐서 몇 개월 후에 결혼행진곡을 울렸던 경험을 가진 20대 후반의 직장 여성도 예지몽을 꾼 것이다.

그렇다면 무엇을 기준으로 하여 예지몽과 다른 일반적 꿈들을 구별할 것인가? 이는 '선명한 꿈의 줄거리, 강렬한 꿈의 느낌, 꿈에 대한 자신의 의미 판단 가능'의 세 가지이다.

이에 대해서는 정신분석학의 창시자이자 꿈을 심리적이고 과학적인 차원으로 풀이하는 데 있어서 최초의 근거를 마련한 오스트리아의 심리학자, 지그문트 프로이트(Sigmund Freud, 1856~1939년)의 다음과 같은 견해를 보아서도 어느 정도 짐작할 수 있다.

'우리는 꿈 당사자에게 꿈의 의미를 말하라고 요구하지는 않지만 꿈을 꾼 사람은 자기 꿈이 어떤 근거, 어떤 사고와 관심에서 왔는가 하는 것을 발견할 수 있을 것이다. 우리는 꿈을 꾼 사람에게 그 꿈에 대해서 어떤 연상이 떠오르냐고 질문한다. 그리고 그때 그에게서 떠오른 최초의 진술이 그 꿈의 설명이라고 풀이하는 것이다.'

따라서 꿈을 꾼 후에 본인 스스로가 무슨 의미가 있는 꿈인지 도무지 짐작할 수 없고 꿈의 줄거리가 복잡하고 기억이 흐릿하다면 예지몽이 아니다. 그저 자신의 심리상태나 신체 상태를 나타내는 심적인 꿈, 자극몽, 상징몽 중의 하나라고 할 수 있는데 이런 각각의 꿈에 대해 알아보자.

우선 '심적인 꿈'은 정신적 불안이 잠재된 기억속에서 숨겨져 있다가 몸이 피곤하거나 기가 허할 때 꿈으로 돌출된다.

다음은 잠을 잘 때의 환경 조건, 즉 잠자리의 특징이나 신체 조건에 따라서 나타나는 '자극몽'이다. 예를 들면, 잠을 자는 중에 소변이 마려운 경우에는 화장실을 찾기 위해 건물의 이곳 저곳을 헤매거나 화장실 문이 열리지 않아 고생하는 꿈을 꾸게 된다. 이것은 신체적 자극이(자신의 몸 상태) 그대로 반영되어 나타난 경우이다. 그리고 잠을 잘 때 라디오 소리가 들렸다면 그 라디오의 소리가 꿈의 내용에 반영되어 나타나는 수도 있다.

마지막으로 '상징몽'은 넓은 의미에서는 심적몽이 될 수도 있고 자극몽이나 예지몽이 될 수도 있다. 즉, 상징몽이란 쉽게 말해서 어떤 의미를 담고 있는 사물과 사람을 통하여 꿈의 줄거리를 전달하는 것이다.

하얀 비둘기는 평화와 행운의 징조로서, 두 사람 이상의 동행자는 당신을 도와줄 후원자나 수호천사(수호신)로, 나무(木)에 관한 꿈은 인간의 운명이나 생명력을 상징하는 것으로 해석하는 것들이 상징몽의 범주에 포함하는 것들이다.

이 책에서 지면 관계상 밝히지 못한 꿈의 유형들도 위와 같은 방법을 마련한다면 100%, 정확한 꿈 풀이는 아닐지라도 적어도 자신이 간밤에 꾼 꿈이 나쁜 꿈인지, 예지몽인지 아닌지는 판단할 수 있을 것이다.

이 책에서 밝혀질 꿈 해석들은 가장 보편적이고 자주 등장하는 내용들이다. 따라서 개인적인 자신만의 생각이 꿈으로 나타나면 여기에 있는 꿈 해석, 즉 꿈 풀이와 달라질 수도 있다.

가장 바람직한 꿈 해석은 본서를 탐독하고 꼭 마음에 걸리는 부분이나 더욱 자세히 알고자 할 때는 꿈 해석의 전문가에게 문의하는 것이다.

모쪼록 이 책이 독자 여러분들의 궁금증에 명쾌한 답변을 줄 수 있는 실용적 해몽서(解夢書)가 되기를 바라마지 않는다.

유화정

차례

머리말　2

꿈에 관한 궁금증　6

제1장　태몽에 관한 꿈　24

제2장　재물운과 사업운에 관한 꿈　108

제3장　시험운과 합격운에 관한 꿈　154

제4장　직업적인 길흉 암시에 관한 꿈　174

제5장　결혼에 관한 꿈　222

제6장　의식주와 사물에 관한 꿈　246

제7장　행위·사고·신체에 관한 꿈　290

제8장　사람과 신령에 관한 꿈　346

제9장　동물과 식물에 관한 꿈　376

제10장　자연현상에 관한 꿈　406

좋은 꿈·길몽을 알면 된다

좋은 꿈은 그야말로 꿈을 꾸는 사람들의 이상과 같은 것이라 할 수 있다. 꿈의 전형은 크게 두 가지로서 길몽이냐, 흉몽이냐를 가리는 것이다. 꿈의 해석이 여러 가지일 수도 있겠으나 어떤 기준에 의한 해석인 만큼 믿을 필요가 있다.

돼지를 잡거나 가지고 들어왔다.
예로부터 우리는 돼지를 풍요를 상징하는 동물로 여겨왔다. 그래서 꿈에 돼지가 어떤 표상으로 나타나던지 좋은 꿈으로 인식했다. 하지만 돼지꿈이라고 해서 다 길몽에 속하진 않는다. 돼지가 집으로 들어오려고 하는 것을 쫓아냈다든지 돼지가 사라지는 것은 흉몽인 경우에 속한다. 반대로 길몽에 속하는 꿈은 돼지가 똥을 묻히고 달려드는 꿈, 시커먼 돼지들이 집안으로 몰려드는 꿈, 커다란 어미돼지가 새끼들을 집으로 데리고 오는 꿈, 아주 더러운 돼지를 끌어안고 있는 꿈, 돼지가 안방에 들어앉아 있는 꿈 등이 재물을 얻는 길몽으로 여겨지고 있다.

똥과 관계되는 꿈을 꾸었다.
똥 꿈의 특징은 그 꿈이 대체로 재물과 관련지어 실현되는 특징이 있다. 똥을 온몸에 뒤집어쓰거나 똥통에 깊이 빠진 꿈이나 혹은 똥을 옷에 묻히거나 밟는 꿈, 변기 안이 누런 대변으로 차 있는 것을 본 꿈 등은 참으로 좋은 길몽에 속한다.

그렇다고 똥 꿈이 무조건 다 좋은 것은 아니다. 똥을 버리는 꿈은 안 좋은 예에 속하는데 어떤 사람이 대변을 본 후 비닐봉지에 싸서 화장실에 버리는 꿈을 꾸고 나서 주식 투자에 손해를 많이 본 결과로 나타난 경우가 있다.

또 똥을 누는 것은 배설 행위로 정신적 억압에 대한 해소를 의미하기도 한다. 만약 배변을 제대로 못 보고 쩔쩔매는 꿈을 꾸었다면 현실에서 일이 잘 안되거나 좌절되는 경우로 나타날 수 있다. 반대로 잘 치렀다면 하고자 하는 일이 순조롭게 진행될 것을 암시해 주는 것이다.

똥과 관련된 꿈 사례

· 뭔가 밟혀 살펴보니 발밑에 소똥이 가득했다.

· 변기의 똥을 손으로 퍼서 끌어안았다.

· 동네 꼬마들이 집으로 놀러 와 차례대로 집안에 똥을 줄줄이 싸는 꿈을 꾸었다.

· 황금빛 똥이 눈앞에 가득하였다.

· 큰 산이 온통 노란 똥으로 뒤덮여 발 디딜 틈이 없었다.

· 변기통 안에 빠지고 말았다.

· 시커먼 돼지가 똥을 묻힌 채 자신에게 달려오는 바람에 옷을 다 버렸다.

· 화장실에 있는 인분을 계속 퍼내어도 인분이 그대로 있다.

· 누군가 오물을 토하는 걸 자신이 다 뒤집어썼다.

· 대변을 보는 데 아주 시원하게 나왔다.

세 쌍둥이를 낳았다.

아기를 낳는다는 것은 새로운 생명이 탄생하는 것을 표상하는 것으로, 어떤 권리나 이권을 얻는 것, 재물을 얻을 횡재수 등으로 실현되며 아기를 많이 낳을수록 크게 이루어진다. 그리고 낳은 아기가 건강해 보일수록 성취와 재물운의 크기가 결정된다.

실례를 들어보면 어느 평범한 사람이 남자 세쌍둥이를 낳는 것을 옆에서 지켜보는 꿈을 꾸었다. 새로운 생명이 셋이나 탄생했다는 것은 횡재수로 사업의 성공·승진 등의 좋은 일이 하나나 둘보다 더 크게 일어날 것을 예시한다.

보통, 해몽을 알지 못하더라도 자신의 느낌이 좋아 행운을 가져다줄 것으로 생각하는 꿈을 꾸고 나면 다른 방향에서 좋은 일로 실현될 것이 분명하다.

돌아가신 부모님이나 조상이 나타났다.

조상이나 돌아가신 부모님이 꿈속에 나타났다고 다 좋은 것이 아니며, 얼굴이나 모습이 얼마나 밝은가에 따라 흉몽이냐 길몽이냐로 해석된다. 밝게 웃는 얼굴이나 좋은 모습으로 다정스럽게 나타나는 경우가 좋은 일이 있을 것을 예지해주는 꿈이다.

반면에 어두운 표정이나 근심이 가득한 표정 혹은 검은빛의 얼굴로 나타나면 오히려 안 좋은 일이 일어날 것을 암시하는 꿈이다.

부모님이 꿈에 나타나 좋은 현실로 나타난 사례

· 돌아가신 아버님이 돈다발을 쥐여주었다.
· 돌아가신 어머니가 고생한다며 다정하게 위로의 말씀을 하셨다.
· 돌아가신 할아버지가 복권 번호를 불러 주었다.
· 돌아가신 아버지와 함께 즐겁게 모내기를 끝냈다.
· 돌아가신 아버님이 하얀 보따리를 주고 가셨다.
· 돌아가신 부모님이 나타나 자상하게 말씀하시고 가셨다.
· 돌아가신 시어머님이 꽃을 한 송이 주었다.
· 돌아가신 부모님이 복권을 주셨다.
· 돌아가신 어머니가 자신의 이름을 애타게 불렀다.

대통령이나 귀인을 만났다.

대통령이나 그와 맞먹는 귀인 혹은 산신령을 만나는 꿈도 길몽이다. 최고의 통치자가 꿈에 나타난 것은 그 귀한 사람의 은덕을 입게 될 것을 암시하는 것이다.

대통령과 악수를 하거나 훈장을 받았다거나 명함을 받는 꿈은 일이 잘 풀릴 것을 예시해 준다. 또 식사나 차를 대접받는 꿈을 꾸었다거나, 산신령이 어떤 길을 제시해 주거나 선물을 주고 간 꿈은 좋은 일을 기대할 만할 길몽이다.

자신이 죽거나 시체를 보았다.

죽음은 재생이나 부활 혹은 새로운 세계로 나가는 것을 상징한다. 자신이 죽는 꿈은 현재 상황에서 벗어나 새로운 삶이 열리게 된다는 것을 암시해 준다. 즉, 현재 자신의 여건이나 상황에서 벗어나 새로운 인생이나 세상으로 나아가게 되리라는 것을 상징하고 있다. 시체는 어떤 업적에 대한 결과물, 재물을 상징하며 대부분 시체를 본 꿈을 꾸고 난 후에는 재물이나 이권을 얻었거나 소원을 이루는 등의 좋은 일이 일어난다고 할 수 있다.

좋은 결과로 이어진 사례

· 자신이 불에 타 죽었다.
· 칼에 찔려 온몸이 피투성이가 되었다.
· 마지막 남았다는 한 발의 권총을 이마에 맞고 죽었다.
· 암에 걸려 피를 토하며 죽었다.
· 전복된 차 위에 승용차 두 대가 덮쳐 오는 것을 보았다.

불이 나는 걸 보았거나 자신이 타 죽었다.

불이 나는 꿈은 번성함이나 확장, 발전을 의미한다. 무언가를 태우며 솟아오르는 불길은 번창할 것을 예시해 주는 것이다. 불길이 상징하는 것은 돼지꿈에서 상징하는 재물운과 비슷하다.
좋은 꿈의 예로는 집이 불타버린다거나 자신의 몸이 불에 타는 꿈 혹은 자신의 공장이 불타는 것을 보고 안타까워하는 꿈 등이 있다.

아름답고, 풍요로운 느낌을 주는 꿈을 꾸었다.

꿈에 나타난 물건이나 사람이 무엇을 상징하는가를 이해하면 누구나 해몽을 할 수 있다. 밝고 아름다우며 풍요로움을 느끼게 하는 꿈을 꾸었다면 현실에서도 좋은 일로 실현되는 것이 일반적이다. 주부가 승진을 의미하는 꿈을 꾸었다고 해서 주부가 승진할 수는 없다. 그러니까 꿈을 꾼 사람의 상황에 맞는 좋은 결과로 나타나는 것이다. 입시생이라면 합격으로 나타날 것이고 어떤 소망을 앞에 두었다면 그 소원이 성취할 것이며 권세에 관여한 일을 하는 사람이라면 더 나은 권세를 얻을 것이다.

느낌이 아주 좋은 꿈의 사례

· 집 주변에 벼가 가득히 쌓여 있어 놀랐다.
· 나락을 한 다발 안고 집으로 왔다.
· 눈부시게 밝은 햇살이 창문으로 들어오는 꿈을 꾸었다.
· 도라지꽃이 예쁘게 만발한 언덕을 누비고 다녔다.
· 탐스럽게 열린 호박을 땄다.
· 애인과 결혼하는 꿈을 꾸고 좋아했다.
· 온 가족이 고향 집에서 화기애애하게 빙 둘러앉아 있었다.
· 하늘에서 태양이 유난히 빛나고 있었다.
· 햇빛이 방안에 가득하였다.
· 달을 잡으러 달려가며 기분이 좋아졌다.
· 아내가 아닌 다른 여자와 정사를 즐겼다.
· 바위나 암벽이 여인의 풍만한 유방으로 보였다.
· 맑은 물이 넘쳐흐르는 꿈을 꾸었다.
· 높은 산이나 언덕에 올라가면서도 힘이 드는 줄 몰랐다.

· 흙을 파서 집으로 가지고 돌아왔다.
· 산 정상에 올랐다.
· 이름 모를 예쁜 꽃들이 피어 있는 꽃밭을 거닐었다.
· 아름다운 꽃을 꺾거나 잘 익은 과일을 땄다.
· 꿈속에서 복권에 당첨이 되어 아주 좋아했다.
· 산 위에 올라가 운해(雲海)의 절정을 맛보았다.
· 깨끗한 샘물을 떠 마시고 정신이 맑아졌다.
· 달리기 경주에서 1등을 하였다.
· 기분 좋게 수영을 하였다.
· 깨끗이 목욕을 하였다.
· 예쁜 돌을 집으로 가지고 들어왔다.

동물 · 곤충 · 식물에 관한 꿈이 기분을 좋게 하였다.

물고기는 재물을 상징하는 대표적인 것이다. 물고기를 잡는 꿈을 꾸고 나면 재물을 얻는다. 이처럼 물고기로 표상된 어떤 권리·이권·명예를 얻거나 재물 등을 획득하기도 한다. 또한, 사람을 죽이거나 동물을 죽이는 꿈도 좋다. 이 경우 죽이는 행위는 살인이나 죄가 아니라 제압이나 정복을 의미하는 것이다.

구렁이가 몸에 감기는 꿈도 구렁이로 표상된 어떠한 재물·세력이나 영향력 아래에 들어감을 예시해 주는 것이다. 이 꿈은 꿈을 꾸는 사람의 상황에 따라 태몽이나 애인이 생기는 일 등으로 이어진다.

좋은 결과로 이어진 사례

- 용을 타고 하늘을 날았다.
- 화려한 색깔의 용 한 마리가 푸른 바다에서 튀어 올라왔다.
- 용이 여의주를 물고 승천하는 것을 보았다.
- 주머니에 뱀과 지네가 들어 있었다.
- 강에서 물고기 떼가 몰려오는 꿈을 꾸었다.
- 아름다운 잉어 한 마리가 튀어 올라오더니 자신을 따라왔다.
- 거북이 두 마리가 어항에 담겨 있는 것을 보고 좋아했다.
- 탐스러운 물고기를 낚았다.

귀한 물건을 얻고 기뻐했다.

사람들은 꿈이 현실과 반대라는 인식을 하는 경우가 많은데 꿈은 반대라기보다는 그 무엇이 상징하는 것을 이해하는 것이 중요하다. 꿈에 귀한 물건을 얻는 꿈을 꾸었다면 실제로 재물이나 이권을 얻는 일로 실현되는 경우가 많다. 그런데 여기서 주의할 것이 있다. 적은 액수의 돈을 줍거나 작은 물건을 선물 받는 꿈을 꿈 경우에는 좀 더 큰 것을 바라는 심리로 인해 불만족 감을 가져서 재물이 오히려 나가는 일로 실현되는 사례가 종종 있다는 것을 기억해야 한다.

큰 이익으로 이어진 길몽의 사례

- 별 다섯 개가 하늘에서 내려오더니 이마에 내려앉았다.
- 돼지를 손에 쥐었는데 갑자기 큰 저금통으로 변했다.

· 커다란 돈뭉치를 주워서 안주머니에 깊숙이 집어넣었다.

· 낯선 사람한테서 돈다발을 한 아름 얻었다.

· 산신령이 나타나 노란 금반지를 주고 갔다.

· 크고 싱싱한 물고기 한 마리를 받았다.

· 멋있고 오래된 도자기 두 개를 품에 안고 좋아했다.

· 탐스러운 감 두 대를 따가지고 좋아하며 집으로 돌아왔다.

· 보석을 줍고 좋아했다.

· 길에 떨어진 동전을 많이 주웠다.

· 탐스러운 복숭아를 가득 땄다.

· 토실토실한 알밤을 많이 주워 왔다.

나쁜 꿈 · 흉몽을 알면 된다

실제 많은 사람이 꿈에서 가까운 사람들의 사고나 죽음을 예지하고 있으며 이러한 사례는 상당히 많다. 흉몽이라 일컬어지는 나쁜 꿈, 우리는 이런 꿈의 구체적인 사례를 알아보고 꿈을 꾸고 나면 그에 대비하는 지혜를 갖도록 하자.

이빨 · 머리카락 · 눈썹 · 손 · 발 · 손톱 등 신체의 일부분을 잃거나 훼손되는 꿈
감각으로 표상된 대상이므로 직장을 잃거나, 좌절, 실패로 이어짐을 예지하는 꿈이다.

신발 · 모자 · 열쇠 · 가방 · 옷 등 물건을 잃어버리는 꿈
감각으로 표상된 사람을 잃게 되거나, 대인관계나 애정 운의 단절, 실직이나 명예 훼손, 재물 손실이 있을 꿈이다. 또한, 도둑맞는 꿈 역시 외부의 여건 영향에 의해 재물의 손실 등 안 좋은 방향으로 이어짐을 예지하는 대표적인 흉몽이다.

흙탕물을 보는 꿈 · 진흙탕이나 물에 빠진 꿈
꿈은 절대 반대가 아니므로 사업의 부진, 재물의 손실, 교통사고 등의 사건·사고가 날 수 있는 꿈이다.

적이나 귀신에게 쫓기거나 맞는 꿈

질병에 시달리게 되거나 어떠한 일을 진행할 때 곤란한 상황에 처하게 되는 꿈이다.

싸움에서 지는 꿈

사람이나 귀신과의 싸움에서 지는 꿈은 현실에서 병마에 시달리거나 의견 대립으로 자신의 주장이 관철되지 않는 경우가 일어나거나 사업 또는 투자에 실패를 예지하는 대표적인 꿈이다.

자기 뜻대로 하지 못한 꿈

자기 뜻대로 하지 못한 꿈이란 동물을 잡으려 했지만 놓치고 만 꿈, 이성과 성관계를 만족하게 갖지 못한 꿈, 문을 열지 못한 꿈, 사람이나 짐승을 죽이려다 죽이지 못한 꿈들을 일컬으며 하는 일이 잘 안풀리게 되는 것을 예지하는 꿈이다.

상징 표상의 전개가 안 좋은 꿈

절대적으로 그런 것은 아니지만 대체로 고양이, 원숭이, 인형의 등장 등이 좋지 않다. 이 경우 적대적인 행위를 보이거나 할퀴는 등의 꿈은 몹시 나쁜 흉몽이다. 꿈에서 본 인형의 표정이 차가운 것 등은 현실에서 몹시 나쁜 일이 일어남을 예지하는 꿈이다.

표정·표상의 전개가 안 좋은 꿈

조상이 어두운 얼굴로 나타나는 꿈, 구들장이 파헤쳐지는 꿈, 대들보가 부러지는 꿈, 귀에 물건이 박히는 꿈, 장을 퍼서 버리는 꿈, 자식의 머리가 깨지는 꿈, 잠에서 깨어났음에도 개운하지 않은 것들도 현실에서는 안 좋게 됨을 예지하는 꿈이다.

유산·요절의 꿈

꿈속의 태아 표상으로 등장한 사물이나 대상이 시들거나, 썩었거나, 상처를 입었거나, 갈라지거나, 사라지거나, 놓치거나, 잃거나 일부분에 한정된 경우의 표상이 안 좋은 꿈이다.

죽음 예지의 꿈

상징적으로 연로한 사람들이 이 꿈을 꿀 경우 실현 가능성이 더욱 크게 나타난다. 곱게 한복을 차려입었거나, 꽃가마를 타거나, 결혼식에 참석하거나, 멀리 떠나거나, 새집을 짓거나, 검은색 옷을 입거나, 구들장이 무너지거나, 남에게 큰절을 받거나 하는 꿈 등이 그러하다.

잘못 알고 있는 꿈 상식 베스트

꿈은 반대이다.
꿈은 반대가 아니다. 우리 주변에는 꿈을 반대로 해몽해야 하는 것으로 잘못 알고 있는 사람이 많다. 이는 극히 일부분 해몽의 경우에만 들어맞을 수 있는 말로 극히 위험스럽고 잘못된 속설이다.

안 좋은 꿈을 부적 등으로 피할 수 있다.
이 말은 한마디로 점쟁이가 부적을 팔려고 하는 행위라고 할 수 있다. 안 좋은 꿈을 막아준다고 부적을 운운하는 사람은 믿으면 안 되며 엉터리 해몽가일 확률이 높다.

좋은 꿈은 이야기해선 안 된다.
절대로 그렇지가 않다. 좋은 꿈을 이야기한다고 해서 좋은 꿈의 실현이 사라지는 것은 아니다. 다만 좋은 일이 일어난다고 해서 노력은 하지 않고 자만에 빠지는 것을 경계하라는 뜻을 담고 있다.

꿈을 자주 꾸는 사람은 건강이 안 좋다.
그렇지 않다. 상징적인 미래 예지 꿈인 경우, 꿈으로 장차 일어날 일을 보여 줌으로써 어떠한 일에 대한 마음의 준비를 하게 해주는 것이다.

어린아이의 꿈은 무시해도 된다.

절대로 그렇지 않다. 그 나름대로 의미는 다 있다. 꿈에서 중요한 것은 얼마나 생생한 꿈이냐의 여부에 달린 것이지 나이, 성별 등의 여부와는 아무런 상관이 없다.

안 좋은 꿈은 그날만 조심하면 된다.

아니다. 절대적으로 틀린 말이며 한번 꾸어진 꿈은 어떤 일이 있어도 실현된다. 일반적으로 꿈의 실현은 사건의 경중에 따라 다르다. 사소한 꿈일수록 빨리 실현되며, 커다란 사건의 예지일수록 꿈의 예지 기간이 길다.

돼지꿈은 무조건 좋은 꿈이다.

그렇지 않다. 돼지에 관한 꿈이 재물 등으로 이루어질 수도 있지만, 돼지로 표상된 태몽 꿈이나, 어떤 욕심 많은 사람 등으로 상징되어 나타나기도 한다. 따라서 돼지꿈을 꿨다고 반드시 좋은 것만은 아니다.

조상 꿈은 좋다·조상 꿈은 나쁘다.

조상 꿈이 좋을 수도 있고 나쁠 수도 있다. 꿈이 좋고 나쁜 것은 어떤 표상으로 정해진 것이 아니라 어떻게 전개되느냐의 여부에 달린 것이다.

여러 가지 꿈을 꾸었다. 어떤 것을 해몽하여야 하나

꿈은 우리가 다 기억하지 못해서 그렇지 한두 가지만 꾸는 것이 아니다. 그 여러 가지를 다 합쳐서 해몽하다 보면 뒤죽박죽이 되어서 혼란만 가져온다. 꿈은 따로따로 해석하여야 한다. 서로 다른 내용이 있는 꿈들이기 때문에 해몽도 달라야 한다.

꿈에서 겪은 일이 현실에서 나타났다.

꿈을 꾼 것이 현실로 나타나 혼돈을 겪은 경험을 많이 해봤으리라 생각된다. 이것은 꿈이 잠재의식 속에 남아 그런 잠재의식이 현실 경험을 통해 살아날 때 마치 꿈에서 본 듯한 현상이라 생각되거나 어디선가 경험했던 장면이라 생각되기 때문이다. 또 상징화된 꿈의 내용이 현실과 거의 비슷할 때도 그런 느낌을 받게 되는 것이다.

아침에 일어나자마자 꿈 이야기를 하면 나쁘다.

꿈은 아침에 일어나서 이야기하는 것이 안좋으며, 특히 좋은 꿈은 남에게 이야기하면 좋은 기운이 사라진다고 믿는 사람이 많지만 실제는 절대 그렇지가 않다. 꿈이란 한 번 꾸면 반드시 실현되기 때문에 말을 하든 안 하든 그것은 문제가 되지 않는다.

개꿈은 엉터리 꿈이다.

말이 안 되는 꿈을 말하면 사람들은 흔히 '그건 개꿈이야'라고 말하는데 이것은 틀린 이야기다. 어떤 꿈이라도 말이 안 되는 꿈이란 없다. 단지 꿈의 내용이 얽히고설켜 이해가 안 갈 뿐이지 소용되지 않는 꿈은 없다. 더구나 이런 꿈을 개꿈으로 치부해서 무조건 무시하는 것은 잘못이다.

꿈도 조작이 가능하다.

자기 스스로 원하는 꿈을 꾸고 내용을 조작할 수 있다고 말하는 사람이 간혹 있으나 이는 가능한 이야기가 아니다. 그렇게 말하는 사람은 일상 생활에서 순탄하게 살아가는 사람으로서 현실에서 느끼는 안정감 때문에 그렇게 느낄 뿐이다.

제1장

태몽에 관한 꿈

평소에 꾸는 꿈과는 다르게 깨어나서도 생생하게 기억나며 강렬한 것이 특징인데
형체가 온전하고 또렷하며 빛나고 예쁠수록 좋은 태몽으로 여겨지며
몸에 직접 닿거나 완전히 소유할수록 좋은 꿈이다.

태몽의 의미

태몽(胎夢)은 태아의 성별이나 미래의 운명 등에 대한 기대 심리가 반영되면서 지속적으로 발전해 왔는데 특히, 조선 후기 남존(男尊) 사상이 깊어지면서 아들을 기원하는 심리가 강화되어 더욱 발전한 것으로 보인다. 특히 태몽을 통해 태아의 성별을 미리 예측할 수 있다고 믿었으며 꿈에 나타난 상징물에 의해 아들과 딸을 예측하였다. 과거의 농촌 사회에서는 전해져 내려오는 구전이나 무속인을 통하여 꿈을 해석했기 때문에 지역에 따른 차이가 많았다. 그러나 오늘날에는 꿈의 사례가 점차 통합되어 일정한 해석으로 고정화되어 가고 있을 뿐만 아니라 자녀에 대한 기대 심리와 태교의 한 의미로 자리매김하고 있다.

태몽은 반드시 임산부만 꾸는 것은 아니며 태아의 아버지나 조부모, 외조부모 등 가까운 친척이 꿀 때도 있고 태몽의 시기도 일정한 것이 아니어서 수태 전후나 출산 전후가 될 수도 있다. 특히, 평소에 꾸는 꿈과는 다르게 깨어나서도 생생하게 기억나며 강렬한 것이 특징인데 형체가 온전하고 또렷하며 빛나고 예쁠수록 좋은 태몽으로 여겨지며 몸에 직접 닿거나 완전히 소유 할수록 좋은 꿈이다.

일반적으로 크기가 크거나 남자로 상징되는 동물과 식물 등은 아들을 의미하고 크기가 작거나 여성과 관련이 깊은 것들은 딸을 상징한다고 판단했다. 그러나 태몽을 풀이하기 위해서는 그 단어와 주제가 일반적으로 어떤 의미를 갖고 있는지를 먼저 파악하는 것이 해몽의 열쇠가 된다. 따라서 각각의 태몽 사례를 해석하기에 앞서서 자주 꾸어지는 꿈의 의미를 간략하게 살펴보고 지나가기로 한다.

● 용 태몽

태몽 중에서 최고 태몽으로 여겨지는 태몽이다. 일반적으로 용 태몽은 아이가 자라서 아주 큰 인물이 될 것이라는 꿈으로 풀이된다. 재물보다는 권세와 명예를 뜻하는 아들에 관한 꿈으로 만일 딸이라면 아주 활동적인 성격을 가지게 된다. 입신출세, 지도자, 사회적 명예를 가진 사람, 힘이 있는 기관이나 단체를 상징한다.

● 호랑이 태몽

아주 귀한 자식이 태어남을 의미하는 태몽이다. 리더십이 강해 후에 높은 자리에 오를 수 있으며 남자아이와 많이 연관된 태몽이다. 간혹 두 마리의 호랑이가 나오는 경우도 있는데 이것은 연년생으로 아들을 얻는다는 의미로 풀이된다. 권위, 권위자, 정치가, 지도자, 금전과 재물, 학자, 권세, 신앙심을 의미한다.

● 뱀(구렁이) 태몽

뱀은 지혜가 뛰어난 동물로 여겨져서 장차 자라서 큰 인물이 될 것을 뜻한다. 일반적으로 커다란 구렁이가 나오면 아들이고, 작은 실뱀 같은 것이 나오면 딸을 의미하는데 지혜와 권위, 우두머리, 유명인사, 금전운과 재물을 상징한다.

● 돼지 태몽

재물운이 가득한 사람이 될 것이라는 태몽으로 꿈에 산돼지가 나오면 장차 큰 인물이 될 수 있다. 돼지꿈은 부모의 유산 없이도 자력으로 재물을 모을 수 있는 운명을 가진 자수성가 타입의 아이일 가능성이 높다. 그러나 돼지 태몽은 혼자만의 이익을 위해 욕심을 부린다면 그 재물이 오래 가지 못할 운명의 꿈으로 상생의 길을 모색해야 한다. 부귀영화, 재물과 행운, 관록, 자식 등을 의미한다.

● 말 태몽

말이 나오면 아이의 인생이 순탄할 것을 의미하는 꿈으로 야성적인 말이 나오면 남자아이이고, 귀엽고 예쁜 말이 나오면 딸 꿈이다. 백마는 심성이 맑으며 자기 주관이 뚜렷함을 검은 말은 강자, 권세, 재물 등을 상징하는 꿈으로 말 꿈은 매우 드문 꿈이라 길몽 중의 길몽이다. 자신에게 다가오는 운명적인 힘, 취직과 승진, 권위와 질주, 합격 등을 의미한다.

● 물고기 태몽

태몽에 잉어가 나온다면 장차 큰 인물이 될 아이가 태어난다는 의미인데 크고 힘이 있는 물고기 꿈은 아들을 뜻하지만 딸일 경우는 적극적인 성품의 아이를 뜻한다. 금붕어는 예술성이 뛰어난 아이를 뜻하고 방안에서 노는 물고기 꿈은 지도력이 강한 아들 꿈이고 낚시 등으로 메기를 잡는 꿈은 태어날 아이가 따뜻하고 인정이 많을 것을 뜻한다.

● 새 태몽

태몽에 봉황이 나오면 똑똑하고 활동적인 아이의 꿈이고, 학이 나온다면 장차 아이가 자라서 학자나 성직자가 될 꿈이다. 제비나 참새 등은 아이의 미모가 뛰어나고 재주가 많다는 걸 의미 한다. 비둘기는 보통 여자아이를 의미하는 태몽인데 성품이 어질고 착한 아이를 뜻한다. 꾀꼬리가 울어대는 꿈을 꾸었다면 장차 유명한 연예인이 되어 이름을 떨치게 될 아이가 태어난다는 꿈이다.

● 금, 은, 옥 등의 태몽

광채가 밝고 윤이 나는 광물이 꿈에 나올 경우 아이가 커다란 명예를 가지게 될 꿈이다. 보석 관련 꿈은 개수로 아들과 딸을 구분하는데 홀수 일 경우 아들을, 짝수일 경우 딸을 의미한다.

금 태몽은 일반적으로 아들을 나타내는 꿈으로 금반지 한 쌍을 받는 꿈은 아들 쌍둥이를 의미하며 보석은 총명한 여자아이가 태어날 꿈이다. 이러한 광물 꿈은 그냥 보는 것보다 줍거나 얻는 등의 소유를 하게 되면 더 좋은 꿈으로 해석된다.

● 해와 달 태몽

해와 달 태몽은 하나밖에 없는 존재, 즉 임금과 왕비를 상징하는 고귀하고 위대한 인물이 될 것을 예지하며 일반적으로 해는 아들을 달은 딸을 의미하지만 절대적인 것은 아니다. 달이 커지고 기우는 것은 전형적인 여성의 자궁을 상징하는데 예술적 감수성, 직감이나 영감 등을 나타낸다. 해의 경우 지성과 이성, 남성적인 힘, 경사를 나타낸다.

● 그 외에 신선이나 동자가 나오는 태몽

길몽 중의 길몽으로 위인들 중에서는 이러한 태몽을 꾼 경우가 많은데 구슬이나 과일 등을 받을 경우 더욱 좋은 태몽이라 할 수 있다. 또, 책이나 글씨와 관련된 꿈을 꾸면 문인이나 학자로 재능이 있는 아기를 낳는데 책을 얻는 태몽은 아기가 학문으로 성공한다는 것을 의미하고 낡고 오래된 고문서를 얻는 태몽은 성직자나 언론인 등으로 크게 대성함을 의미한다.

위인에 얽힌 태몽 이야기

● 조선 중기의 개혁주의자 이율곡(이이)

이율곡은 신사임당의 셋째 아들로 13세에 진사 초시에 합격하였는데 시험관은 장원에 합격한 사람이 13세의 소년인 것을 알고 놀라움을 금치 못했다. 이이의 학문은 날로 깊어져 모두 아홉 번의 장원급제를 했음에도 스스로를 경계하는 '자경문'을 지어 인생의 좌우명으로 삼고 더욱 공부에 전념하여 이름을 드높였을 뿐 아니라 후세에 길이 남을 위인이 되었다.

이율곡의 태몽은 문헌에 흑룡이 바다로부터 솟아 올라와 신사임당의 침실로 날아들어 어릴 때 이름을 見龍(견룡)이라 하였다는 기록이 남아 있다. 그 외에도 전해 내려오는 설화로는 어머니 사임당이 동해 바닷가

에 이르니 선녀가 살결이 흰 옥동자를 바다에서 안고 나와 안겨주고 사라졌다. 또 다른 하나는 율곡의 부친이 서울에 있다가 집으로 내려가는 도중에 하룻밤 쉬어가려고 주막에 들렀는데 여인이 술을 내오며 유혹하는 것을 뿌리치고 집으로 돌아왔다.

집에 돌아오자 사임당이 꿈 이야기 하기를 "흑운이 일어나더니 청룡·황룡이 여의주를 두고 싸우는 구경을 하는데, 여의주를 문 청룡이 내 품에 안기는 꿈을 꾸었습니다." 하였다.

부친이 서울로 올라가는 길에 그 주막에 다시 들러 여인과 통정을 하고자 했으나, 여인이 꿈 이야기를 하면서 "저번에 당신이 오시던 전날 밤 꿈에 청룡이 날아오르는 꿈을 꾸고서 귀한 아들을 얻고자 선비님을 맞이하려고 했는데 이제 무슨 소용이 있겠습니까?" 하면서 거절 하였다는 이야기다. 이렇게 황제와 왕의 상징인 용은 모든 사람들이 신성하게 여기고 숭배하는 존재로 용꿈은 시대를 가리지 않고 나온다.

● 신라의 영웅 김유신

김유신은 멸망한 금관가야의 왕손으로 아버지 김서현과 신라 왕가의 딸인 만명 부인 사이에서 태어났다. 열다섯 살이 되던 해 화랑이 된 김유신은 삼국통일의 큰 뜻을 품고 하늘의 도움으로 힘을 길러나갔다는 전설적인 설화들이 전해진다. 김유신은 가야 출신이라는 차별에도 불구하고 막강한 군사권을 손에 쥐었는데 정치적 수완가였던 김춘추와 함께 삼국통일의 대업을 달성하였다.

김유신의 태몽은 아버지 김서현이 꾸었는데 하늘에서 오색찬란한 구름이 아름답게 퍼지면서 화성과 진성, 두 별이 합쳐지며 유난히 빛나는가 싶더니 김서현의 품에 안기었다. 어머니 만명 부인의 꿈은 영롱한 구름이 하늘을 뒤덮다가 무지개와 같은 불줄기가 땅으로 쏟아지며 부인 앞에 금빛 갑옷을 입은 동자가 나타나 안기는 꿈이었다. 김서현은 부인이 꾼 꿈이 자신의 꿈과 비슷하고 큰 재목이 될 아이가 태어날 것이라는 예지몽이라며 기뻐했다. 이처럼 별이나 해와 달 등의 태몽은 귀한 인물이 될 것을 예지해 주고 갑옷을 입은 동자는 장수로써 이름을 크게 떨치게 될 것을 의미한다.

● 역경을 딛고 일어선 충무공 이순신

이순신의 가문은 조부 때부터 과거에 급제하지 못해 침체기에 들어서 있었다. 어릴 때부터 무인의 자질을 보였지만 이순신은 꾸준히 문과 응시를 준비했는데 혼인 뒤 무과에 급제해 관직에 나가려고 한 것은 침체된 가문의 사정과 무관하지 않았을 것이다. 31세에 병과에 급제한 후 순탄치 않은 관직 생활이 시작되었는데 그의 강직한 성품은 종종 그를

곤경에 빠뜨리곤 했지만 이순신의 바른 성정이 위대한 업적 외에도 귀감으로 꼽히곤 한다.

이순신 장군의 태몽은 어머니 변씨의 꿈에 돌아가신 시아버지가 나타나 태어날 아들은 나라를 구할 큰 인물이 될 것이니 이름을 '순'이라 하라고 당부하였다. 이정은 아버지의 말씀에 따라 돌림자 '신'을 붙여 태어난 아들의 이름을 '이순신'이라 지었다.

할아버지의 예언처럼 이순신 장군은 위기에 처한 나라를 구하고 노량해전에서 장렬히 전사했는데 조선왕조실록에는 자신의 죽음을 숨긴 채 끝까지 전투를 독려하고 숨을 거두었다고 기록되어 있다.

● 성리학의 창시자이자 고려의 충신 정몽주

정몽주가 성리학의 창시자로 불리는 이유는 학문의 깊이 때문이기도 하지만 성리학을 확립하고 학당과 향교를 세운 그의 진취적인 행로 때문이기도 하다. 스승 이색은 정몽주에 대해 "학문에서 어느 누구보다 부지런했고, 가장 뛰어났으며 그의 논설은 어떤 말이든지 이치에 맞지 않는 것이 없다"라고 그를 평했다.

이방원이 정몽주에게 자객을 보내 선죽교에서 피살한 것은 정몽주를 따르는 사람들이 많았을 뿐 아니라 백성들의 신망도 두터웠고 정몽주가 고려를 멸하고 새로운 나라를 건국하는 것은 반역이라 생각했기 때문이다.

정몽주는 어머니 이씨가 결혼한지 여러 해가 지나도록 태기가 없던 중에 꿈에 노인 한 분이 난초화분을 주어 받아들었다. 부인은 노인의 얼굴이 궁금하여 바삐 쫓다가 화분을 깨뜨려 깜짝 놀라 깨어났는데 후에 태기가 생겨 낳은 아기가 정몽주였다. 때문에 어렸을 때는 몽란(夢蘭)

으로 불리다가 그가 아홉 살이 되던 해 어머니의 꿈에 검은 용이 동산 가운데 있는 배나무에 올라가는데 나무 위에 몽란이 앉아 있었다. 그래서 이름을 몽룡(夢龍)으로 고쳤다가 성년이 지난 후에 몽주로 다시 고쳤다. 이것은 부친이 꿈에서 훌륭하게 생긴 사람을 만났는데 스스로를 중국의 주공(주나라 문왕의 아들)이라 말하며 "천제의 명으로 너희 집에 태어나기로 했다"는 태몽을 따른 것이었다. 이처럼 태몽은 사람이 표상으로 등장하는 경우 체격이나 성품, 학식이나 인생의 운명 등이 유사하게 전개되기도 한다.

● 조선을 건국한 태조 이성계

이성계는 중앙 귀족 세력이 아닌 변방 출신으로 공민왕의 반원 정책에 의해 아버지 이자춘을 도와 원나라의 세력을 몰아내면서 지방의 실력자로 급부상하였다. 이성계는 탄탄한 사병을 가지고 있었고 인맥과 경제력 또한 만만치 않았을 뿐 아니라 무예도 뛰어났다. 그러나 중앙 정치에서의 그의 성장은 한계점에 다다라 있었는데 항상 최영의 이인자로 남아야 했다. 이성계는 위화도에서 회군하면서 이미 왕명을 거역한 반역자가 되어 있었기 때문에 요동정벌을 위해 얻은 대군으로 쿠데타를 단행하였다. 1392년 마침내 왕위에 오른 이성계는 계속되는 아들들의 피비린내 나는 권력 다툼으로 인생의 무상함을 느끼고 일선에서 물러나 74세의 나이로 창덕궁에서 별세했다.

그의 태몽은 한 신선이 구름을 타고 하늘에서 내려와 소매 속에서 황금으로 만든 자(尺)를 꺼내 주면서 "이 물건은 옥황상제께서 그대의 집에 보내시는 것이니 잘 보관하였다가 동국지방을 측량케 하라" 하고 다시 하늘로 올라갔다. 이성계의 태몽은 계시적인 꿈의 성격을 띠고 있는데

'자'는 헤아리고 측량하는 뜻에서 법도·규약 등 장차 국정을 운영하게 될 것임을 뜻하고 있다. 이 꿈은 이성계가 장차 나라를 다스릴 위대한 인물이 될 것임을 예지한 꿈이라 할 수 있다.

● 수준 높은 문화를 이룩한 세종대왕

태종은 첫째 아들 양녕대군을 폐하고 셋째 아들 충녕대군을 세자로 책봉하면서 '천성이 총명하고 학문에 독실하며 정치하는 법도 잘 알아서 윗사람들에게 의견을 아뢰는 것이 진실로 합당하다'며 왕세자로 삼는 이유를 밝혔다. 세종은 어린 시절부터 책을 좋아하여 태종이 병이 날까 두려워 항상 밤에 글 읽기를 금하였을 정도였다. 무수한 세종의 업적은 이러한 그의 학구열을 바탕으로 이루어 졌다고 해도 과언이 아니다. 세종은 훈민정음 창제 외에도 과학과 농업 기술에서도 커다란 성과를 거

두었을 뿐만 아니라 정치적으로나 경제적으로도 안정된 기틀을 확립했다. 또한 백성을 사랑한 어진 왕이었으니 세종의 위대함은 이러한 애민정신을 바탕으로 이루어진 것이라 할 수 있다.

세종의 태몽은 어머니인 원경왕후가 왕비가 되기 전인 정녕옹주(靖寧翁主) 시절 꾼 꿈으로 한양 북악산(北岳山) 위에 큰 황소 한 마리가 구름을 타고 나타났는데 뿔 사이에 빛나는 붉은 해가 끼어 있었다. 잠시 뒤 소가 봉우리 위에서 발을 헛디뎌 붉은 해가 굴러 떨어지니 그 기세가 궁궐과 마을을 모두 태워버릴 듯하였다. 이때 어디선가 붉은 옷을 입은 동자가 나타나 그 해를 삼키더니 정녕옹주의 품에 안겼다. 이 태몽을 꾼 후 원경황후는 세종을 낳았다. 꿈의 동자와 태양은 각각으로도 좋은 의미를 담고 있는 길한 꿈인데 이처럼 태양을 삼킨 동자는 역사에 길이 남을 큰 인물이 될 아이를 예시한 꿈이라 할 수 있겠다.

동물과 관련된 태몽
(용, 구렁이, 뱀, 호랑이, 돼지, 황소, 말 등)

◇ **기도하고 있는 아내 앞에 용이 나타나 입에서 불을 뿜어내려다가 되돌아간 꿈**

아버지의 사랑을 한 몸에 받으며 총명한 두뇌를 가질 딸아이를 출산하게 된다. 그 아이는 자라서 고위 관료나 정치가인 남편을 만나서 가문의 명예를 더한다.

◇ **논에서 헤엄치고 있던 잉어가 갑자기 용이 되어 하늘로 승천한 꿈**

두뇌가 탁월하고 지혜로움이 넘쳐서 많은 사람들이 우러러보는 위치에 올라 천하를 호령할 위인이 태어날 것을 암시하는 꿈이다. 세상에 길이 남을 업적을 세워서 가문을 빛낼 아들이 태어난다.

◇ **자신이 용을 가지고 다닌 꿈**

기혼 여성이 이런 꿈을 꾸면 사회적으로 존경받는 위치에 오를 딸아이를 낳게 될 태몽임을 암시한다. 일반적으로는 자신의 능력으로 회사를 키우거나 단체의 대표로 승진 할 것을 뜻하므로 집안의 경사가 있음을 의미한다.

◇ **하늘로 올라가던 용이 자신에게 달려들어 놀란 꿈**

대를 이을 아들이 없던 집에서 마침내 옥동자를 분만하여 집안이 잔치 분위기에 휩싸인다. 그 아들은 준수한 외모와 좋은 성격으로 부모에게 기쁨을 선사한다.

◇ **용이 구름 속에 들어가 자신을 보며 하소연한 꿈**
신혼인 산모가 정갈한 마음으로 태교에 열중하지만 출산으로 인해 몸이 허약해지거나 유산하게 될 흉몽이다.

◇ **용이 퇴비나 진창에 빠져 허우적대거나 힘이 없어 날지 못한 꿈**
임신 중인 여인이 이런 종류의 꿈을 꾸면 기다리던 아들을 낳게 되지만 자라면서 문제아로 빠져 부모의 속을 썩이고 걱정이 그칠 날이 없을 것이다.

◇ **커다란 구렁이나 뱀을 본 꿈**
기다리던 아들 대신 딸자식을 출산하게 되지만 장차 자라면서 아들 못지않게 성공하여 부모를 공양하고 극진한 효도를 하게 된다.

◇ **자신이 용을 타고 거대한 바닷속으로 들어간 꿈**
둘째 아들을 임신하게 될 전망. 그러나 일반적으로는 대인관계에 문제가 생겨서 친구나 동료와 갈등을 빚게 될 것을 암시한다.

◇ 용이 자신의 손가락이나 다리를 문 꿈

남성적인 박력이 넘치는 사내아이를 출산하게 된다. 하지만 성장 과정에서는 지나친 장난기로 인해 집안의 골칫거리가 될 수도 있음을 의미한다.

◇ 강이나 우물에 있던 용과 구렁이가 어우러져 함께 하늘에 오른 꿈

국회의원으로 나아가 입신양명하거나 고위급 공무원으로 출세하여 막강한 영향력을 행사할 아들을 낳게 될 태몽이다.

◇ 캄캄한 밤중에 구렁이가 아이를 낳거나 토해낸 꿈

아들이 귀한 집에서 득남 소식을 고대하지만 영특한 딸을 낳게 된다. 특히 그 여자 아이는 훗날 일류 패션디자이너로 명성을 떨칠 것을 암시.

◇ 외국으로 출장을 가거나 해외여행 도중 구렁이가 똬리를 틀고 있는 것을 보고 놀란 꿈

재벌 총수가 되어 거금을 희롱할 사내아이를 출산할 것을 암시하는 꿈으로 그 아이는 손재주가 비상하여 기술직, 예능분야로도 명성을 크게 떨친다.

◇ 붉은 빛을 띤 커다란 구렁이가 치마 속으로 쏙 들어온 꿈

대기만성하여 사회적으로 명성과 부귀를 얻을 자식을 임신할 태몽이다. 특히 사업가로 성공할 듬직한 아들이 태어난다.

◇ 누르스름한 빛을 띤 구렁이가 자기 뒤를 따라다닌 꿈

딸아이를 임신할 태몽이다. 이 아이는 태어나면 예술가적 소질, 특히 문학적 재질이 뛰어나서 작가로서 입신양명하게 된다.

◇ **임신한 자신이 커다란 구렁이한테 물린 꿈**
고위 관료나 정치가로 명성을 쌓을 자식을 출산할 것을 암시.

◇ **수십 마리의 구렁이가 땅바닥에 우글거리고 있는 꿈**
가족 중에 임신하여 아들을 낳을 사람이 생긴다. 또한 남편이나 아들이 승진하여 모처럼 즐거운 시간을 갖게 된다.

◇ **청록색을 띤 구렁이가 산꼭대기에 앉아 하늘을 우러르고 있는 꿈**
모델이나 배우, 탤런트로 인기를 얻을 자녀를 출산하게 될 징조이며, 아이의 성공으로 집안의 경제력도 피고 훗날 부모는 지극정성 효도를 받게 된다.

◇ **사람 다리만 한 구렁이가 나무 사이를 기어가는 꿈**
딸을 낳게 될 태몽이다. 그러나 여장부다운 성격에 사회적으로 입신출세하여 아버지의 사랑을 한 몸에 받으며 집안의 기둥이 되어줄 딸이 될 것이다.

◇ **푸르스름한 빛을 띤 구렁이가 고개를 쳐들고 자신을 쫓아온 꿈**
딸이 많아서 아들을 기다리는 집에 드디어 아들을 낳게 됨을 암시한다. 그 아이는 초년기의 성적은 좋으나 나이를 먹어서는 낙방의 고배를 마시며 부모의 속을 태우지만 고난을 이겨내면 자신의 위치를 확고히 하게 된다.

◇ **구렁이에게 다리를 물려서 몹시 아픈 꿈**
사람들이 우러러 보는 위치에 올라 집안의 영예를 떨칠 자식을 얻게 될 길몽. 국가의 일을 처리할 재목으로 성장한다.

◇ **머리가 둘 달린 구렁이가 자신을 노려보고 있어서 놀란 꿈**

신혼부부라면 첫아이로 딸을 낳게 된다. 심성이 곱고 두뇌가 총명하여 칭찬이 자자한 모범생 딸 덕분에 부모로서의 기쁨을 만끽한다.

◇ **구렁이보다 긴 지렁이가 꿈틀거리며 기어가고 있는 꿈**

언변이 뛰어나고 대인관계가 원만하여 사회적으로 입신출세할 아들을 낳게 될 태몽이다. 태아는 신체도 건강하여 부모의 기쁨이 된다.

◇ **커다란 뱀이나 구렁이가 용마루를 타고 지붕으로 올라간 꿈**

무역업에 종사하거나 외교관으로서 해외를 넘나들며 입신출세할 자식을 얻게 될 것을 암시.

◇ **검푸른 빛을 띤 구렁이가 산꼭대기에서 아래를 내려다본 꿈**

많은 사람들을 거느리는 기업체의 사장이 되거나 정치가, 예술가로 명예를 떨칠 귀한 자녀를 얻게 될 징조다.

◇ **땅굴이나 동굴 속에서 용이나 구렁이가 수십 마리 나오는 꿈**

자신의 의지가 굳고 목표를 세워 매진하는 타입으로 집안을 일으켜 세울 장한 아들이 태어날 태몽. 어머니의 교육열과 지극한 보살핌으로 그 아들은 모범생으로 성장한다.

◇ **지렁이처럼 조그마한 뱀들이 수십 마리가 발목에 달라붙어 떼어내느라 애를 쓴 꿈**

미술적 재능이 많아 화가로 성공할 딸아이를 낳게 될 태몽이다. 아울러 미모를 타고나서 많은 남성들에게 구혼 요청을 받으며 활발한 사회생활을 하게 된다.

◇ 담장 밑에서 기어나온 커다란 구렁이가 자신을 보고 있던 꿈

임신 도중 넘어지거나 몸이 쇠약해져서 유산을 할 경우를 암시하는 꿈이니 몸조심이 필요하다. 일반적으로는 가족 중에서 사고를 당하는 이가 나오거나 집안에 우환이 닥칠 흉몽이다.

◇ 구렁이를 품에 안았는데 하늘로 날아 올라가 버린 꿈

신혼부부라면 첫 아들을 임신할 태몽이다. 그러나 출산까지 이르려면 산모가 몸이 허약해 몇 차례의 유산의 위기를 겪을 수 있으므로 항상 조심한다.

◇ 낮잠을 자다가 일어나 보니 방구석에 뱀이 똬리를 틀고 있는 꿈

현숙하고 지혜로운 며느리로 사랑받게 될 딸을 낳을 것을 암시. 일반적으로 인덕과 여성미를 두루 갖춘 여성을 배우자로 맞아들이게 됨을 암시 하는 꿈이다.

◇ 모르는 남성과 나란히 길을 걷는데 수십 마리의 뱀이 우글거려 걸음을 멈출 때, 그 뱀 중에서 한 마리가 그 남성에게 달려들더니 호걸풍의 남자로 변한 꿈

취미가 다양하고 재능이 많은 사내아이를 임신하게 될 태몽이다. 그러나 관심사가 많은 덕분에 학업에 정진하기 힘든 단점도 있다. 어려서부터 부모가 올바로 지도하면 무난한 학창 시절을 보내고 기업체를 경영하여 대재벌로 출세하게 된다.

◇ 뱀의 머리나 꼬리를 삽으로 자른 꿈

머리가 영특하고 리더십이 있는 아들을 낳게 될 태몽. 집안의 기쁨이 될 아들을 얻게 된다.

◇ **과일밭에서 딸기를 따고 있는데 수십 마리의 실뱀이 나타나 엉겁결에 호미로 찍었지만 죽지 않고 자신에게 말을 건 꿈**

총명하고 미모를 갖춘 딸아이를 낳게 된다. 그 딸아이는 훗날 영화배우나 교직자로 일하며 가정생활에도 충실할 것이다.

◇ **자신의 양쪽 옆구리에 뱀 두 마리가 감겨 있는 꿈**

이 태몽은 아들 쌍둥이를 낳게 된다. 자식이 귀한 집이라면 이 꿈을 계기로 3명 이상의 자식을 두게 된다.

◇ **흰 뱀(백사)이 자신을 쫓아다니거나 여러 마리의 뱀 중에서 유독 흰 뱀 한 마리가 돋보인 꿈**

자식이 귀하거나 아들이 귀한 집에서 대장부격의 딸아이가 태어나서 기쁨 반, 실망 반이다. 딸아이는 나중에 위대한 인물로 성공하게 된다.

◇ **뱀이 황소를 칭칭 감자 화가 난 황소가 뱀을 밟아 죽인 꿈**

건축업이나 토목업으로 성공할 아들을 낳게 될 태몽이다. 일반적으로 철강, 금속, 건축업 분야에서 큰 뜻을 이뤄 주목을 받게 될 길몽이다.

◇ **흰 뱀(백사)이 자신의 몸과 목을 칭칭 감아 숨을 쉬기가 힘들고 징그럽다는 생각에 몸부림을 치며 손으로 뱀을 떨쳐버린 꿈**

오랫동안 아들을 기다리고 있지만 연달아 딸을 낳아서 시부모의 실망감이 클 것을 암시. 그러나 그 딸의 성공으로 재산도 늘어나고 노년을 행복하게 보내게 된다.

◇ **뱀을 칼로 쳐서 두 동강을 내 죽인 꿈**

첫딸을 낳게 될 태몽이다. 그러나 이 딸은 아들 못지않은 능력과 미모로 사회적으로 두각을 나타내며 아버지의 사랑을 듬뿍 받고 자라게 될 태몽이다.

◇ **벼를 베어낸 빈 논에 뱀이 똬리를 틀고 앉아 있는 꿈**

집안에 우환이 있거나 경제적인 어려움을 겪는 중에 아내가 임신하여 마음에 부담을 갖게 될 꿈이다. 혹은 아이의 출생으로 집안의 근심이 커질 흉몽.

◇ **뱀이 자기 뒤를 따라와 치마 속으로 들어간 꿈**

가문의 대를 이을 장남 출생을 예시한 태몽이다. 그 아들은 자라서 방송계나 언론계의 기자로 성공하여 눈부신 활약을 한다.

◇ **여러 색깔을 띤 뱀이나 화려한 무늬를 가진 뱀이 따라다닌 꿈**

군인이나 운동선수로 이름을 떨칠 아이를 출산하게 될 것을 암시. 성격이 활달하고 사교성이 많은 성격의 소유자임이 분명하다.

◇ **집안의 우물에 여러 종류의 뱀이 살고 있는 꿈**

이러한 꿈은 좋지 않은 꿈으로 불길한 태몽이라 할 수 있겠다. 출산 직후에 아이가 불구가 되거나 장애아가 될 확률이 높으며, 불의의 사고로 단명하게 될 수가 있다. 특히 운수업에 관련된 일을 하는 사람이라면 항상 운전에 신경을 써야 한다.

◇ 커다란 뱀 한 마리를 둘러싸고 작은 새끼 뱀이 많이 모여 있는 꿈

자라서 육군 장성으로 출세하거나 사업가로 대성할 아들을 얻게 될 태몽이다. 대장부다운 아들 출생의 암시.

◇ 물살이 깊은 곳에서 돌고래와 뱀이 함께 어울려 헤엄치고 있는 꿈

건강하고 사회적인 영향력이 큰 사내아이를 출산하게 될 태몽이다. 일반적인 꿈으로는 남편의 사업이 날로 번창하여 적지 않은 재물을 소유하게 되고 사교계의 주인 격으로서 신분이 급상승될 꿈이므로 길몽에 해당한다.

◇ 밭에서 땅을 일구거나 호미질하다가 뱀을 발견했지만 아무 느낌이 없었던 꿈

남편의 외도로 배다른 아이를 가지게 될 것을 암시하는 꿈이다. 그러나 뱀을 보고 놀랐다면 남편의 외도로 이혼, 결별에 치닫게 될 흉몽으로 풀이한다.

◇ 돌아가신 시어머니가 호랑이 새끼를 안겨 주며 잘 키워 보라고 한 꿈

집안에 아들이 태어나게 됨을 암시하는 태몽으로 이 아이는 어려서는 심성이 여리고 여성스러운 타입이지만 자라면서 대범하고 씩씩한 타입으로 변해 뭇 여성들에게 인기가 많은 아들을 얻게 될 꿈이다. 특히 화술에 능하고 성적도 우수하여 일류대학을 거쳐 대기업의 중견사원으로 성공한다.

◇ 상처가 난 뱀을 남편이 들고 온 꿈

곧 임신 소식을 듣게 된다. 산모는 임신으로 몸이 약해져 고생하지만 그 대가로 예쁜 딸을 낳아 잘 키우게 된다. 여성스러운 외모와 성격을 가진 딸아이를 낳게 된다.

◇ 학교의 교탁 위에 뱀이 기어와 누워 있는 꿈

두뇌가 영특한 딸아이를 낳게 될 태몽이다. 다소 냉정한 성격이지만 그 딸아이는 학문적인 명예를 쌓아 부모의 자랑이자 기쁨이 된다.

◇ 뱀이 교실 안을 이곳저곳 돌아다니며 기어간 꿈

자라면서 학업에 몰두하여 일류대학에 진학할 딸아이를 갖게 될 태몽이다.

◇ 냇물에 손을 닦으려고 집어 넣은 순간, 물뱀이 자기 손가락을 깨문 꿈

아들을 낳게 될 암시. 그런데 그 냇물이 맑지 않고 흐렸다면 유산될 우려가 있으니 주의를 요한다. 그 아들은 태어난 후에도 기관지 질환에 쉽게 노출될 우려가 있다.

◇ 수십 마리의 뱀이 뒤엉켜 있는 것을 보고도 전혀 두렵지 않았던 꿈

인재를 양성하는 교육 사업가로서 성공할 자녀를 임신하게 될 징조. 특히 영특한 딸아이를 낳을 확률이 높다.

◇ 집안에서 실뱀이 수십 마리 우글거린 꿈

학자로서 존경 받을 자식을 얻게 되거나 군 장성으로 출세할 아들을 얻게 될 태몽이다. 일반적으로는 뜻밖의 수입이 생겨 모처럼 즐거운 기분에 휩싸인다.

◇ **자신에게 덤벼들어 물려는 뱀을 엉겁결에 밟아 죽인 꿈**

유산될 기미가 있으니 주의를 하는 것이 좋다. 일반적으로 성사 직전에 거래가 취소되거나 신분 상실이 우려된다.

◇ **우물 옆에 있던 뱀이 지네와 함께 사이좋게 희롱한 꿈**

뭇 대중을 움직일 훌륭한 말솜씨로 웅변가나 정치가, 사회사업가로 성공하여 가문을 일으킬 자녀를 출산하게 될 태몽이다.

◇ **청명한 하늘에 구름이 호랑이 형상으로 떠다닌 꿈**

이 꿈 역시 딸아이를 임신하거나 출생할 태몽이다. 머리가 영특하고 학문적인 조예가 깊어서 성장 과정에서 부모에게 무수한 기쁨을 선사할 아이를 낳게 된다.

◇ **개가 새끼를 낳았다고 해서 들여다보니 강아지가 아니라 호랑이 새끼여서 놀란 꿈**

조상의 음덕으로 아들을 얻게 된다. 이 아들은 어려서부터 부모에게 순종하고 효성이 지극하다. 자라서 대학 강단에 서거나 학원사업을 하면 실패 없이 행복을 누릴 것이다.

◇ **호랑이와 사자가 맞붙어 싸우고 있어서 두려움에 떨고 있을 때 호랑이가 발로 지나가라는 신호를 해준 꿈**

씩씩하고 사내다운 성격의 아들을 낳게 될 태몽이다. 그러나 이 아들은 자라면서 자존심이 지나치게 강하거나 자기 고집이 강해서 부모의 속을 종종 썩이는 수가 있을 것이다.

◇ **호랑이에게 쫓겨 집으로 도망쳐 와서 뒤돌아보니 커다란 고양이로 변한 꿈**

아들을 낳게 될 태몽으로 이 아들은 부모의 그늘에서 곱게만 자라 의지력이 약하고 끈기가 없지만 뒤늦게 각성하여 큰 사업을 일으킨다.

◇ **호랑이가 덤벼드는 꿈을 꾸고 딸을 낳았던 꿈**

꿈속의 꿈에 호랑이가 보였다면 딸을 낳게 된다. 그 딸아이는 아들 못지않은 담력과 추진력으로 여성 사업가나 지도자로 이름을 떨치며 위인의 반열에 들어선다.

◇ **호랑이 두 마리가 산속을 어슬렁거린 꿈**

사춘기 때는 내성적인 성격이지만 자라면서 대범하고 원만한 성격으로 변할 아들을 얻게 될 것을 암시한다.

◇ **커다란 호랑이 두 마리가 천천히 집안으로 들어온 꿈**

이 꿈에서 호랑이는 아들을 낳게 될 것을 예시한다. 또한 호랑이의 숫자는 장차 얻게 될 아들의 수를 의미하므로 사내아이만 둘을 낳아 집안에 활기가 넘칠 징조.

◇ **햇볕 좋은 날, 마루에 앉아 있는데 호랑이가 자신의 품안으로 안겨와 놀란 꿈**

기계나 전자 분야에서 두각을 나타낼 아들을 출산할 태몽이다. 일반적으로 사업 번창, 승진운, 일류대학 합격을 나타낸다.

◇ **방안에 혼자 누워 있는데 호랑이가 사람처럼 자신을 향해 성큼성큼 걸어온 꿈**

꿈에 호랑이를 보고도 두려움을 느끼지 않았다면 전형적인 태몽이다. 특히 중년의 여성이라면 이 꿈을 꾼 후에 뒤늦게 늦둥이 자식을 낳아서 집안이 모처럼 화목함으로 넘친다.

◇ **기차나 버스를 타고 가는데 호랑이의 습격을 받는 꿈**

임신 중인 여성이라면 유산의 위험이 있으니 주의를 요한다. 혹은 산고가 커서 진통 끝에 아이를 낳게 되지만 아이는 자라면서 건강한 체질로 성장한다.

◇ **덩치가 큰 호랑이가 용맹스럽게 산속을 가로질러 달린 꿈**

남자다운 기질을 지닌 아들을 낳게 됨을 암시한다. 자라서 군 장성이나 경찰관으로 일하면 적성에 잘 맞을 것이다.

◇ **새끼 호랑이 두 마리를 양손으로 안고 있던 꿈**

연년생으로 남매를 낳게 될 태몽이다. 딸아이가 둘째로 태어나서 재물복이 크고 출세하여 부모에게 효도하게 된다.

◇ 집안으로 호랑이가 쳐들어와 도망 다니다가 깬 꿈

딸이나 아들을 막론하고 첫 아이를 임신할 태몽이다. 그 아이는 나중에 정치나 경제계로 나아가 이름을 떨치게 된다.

◇ 산돼지(멧돼지)에게 쫓겨 다닌 꿈

뚝심이 크고 결단력이 있으며 학업에 충실할 아들을 출산하게 된다. 그 아들의 출생으로 가정은 화목하고 기쁨은 커진다.

◇ 살이 통통하게 찐 돼지가 고개나 언덕을 사뿐히 뛰어내려온 꿈

건강한 아이를 순산하게 될 조짐. 일반적으로는 뜻밖의 행운을 얻거나 사업이 순조로워질 것을 암시한다.

◇ 돼지우리에 여러 마리의 새끼 돼지가 모여 있는 꿈

자식 중에서 결혼과 동시에 건강한 아들을 출산하는 이가 나올 전망. 일반적으로는 가족 가운데서 승진, 영전, 시험 합격 등으로 축하받을 사람이 생긴다.

◇ 산길을 걷는데 덩치가 큰 멧돼지 여러 마리가 자신의 뒤를 따라온 꿈

여장부격의 딸아이를 출산하게 될 암시. 그림과 서예에 능하여 그 분야로 입신출세하며 부모에게 효성이 지극할 딸이다.

◇ 새끼돼지를 품에 안고 아이처럼 쓰다듬어 준 꿈

임신 중인 여성이라면 태아가 병약하거나 출생 후에도 잔병치레가 많은 아이를 낳게 될 조짐이다. 또한 내성적인 성격의 아이를 낳아서 오랫동안 부모의 속을 태우게 된다. 그러나 일반적으로는 횡재의 암시가 있고 재물을 얻을 길몽이다.

◇ **집안에 돼지새끼가 우글거린 꿈**

영재교육이나 사업가로서 이름을 떨칠 자식을 출산하게 됨을 암시하는 꿈이다.

◇ **김이 나는 가마솥 뚜껑을 열어 보니 돼지머리가 물 속에서 끓고 있던 꿈**

결혼한지 오래도록 자식이 없던 집에 옥동자가 태어날 암시. 자라면서 한 두 차례 재산 파탄의 위기를 겪지만 중년 이후부터 안정된 생활을 누린다.

◇ **검은 고양이가 자신을 졸졸 따라다닌 꿈**

아들이 귀한 집에 오랜 기다림 끝에 옥동자가 출생하여 집안 잔치를 벌이게 된다. 이 아들은 넉넉한 집안 환경과 극진한 보살핌 속에서 귀공자로 자라게 된다.

◇ **빨간색 리본을 머리에 묶었거나 가슴에 매단 고양이가 자신의 품에 안겨 즐거워한 꿈**

이 태몽을 꾸고 태어난 아이는 재주가 많고 머리가 영특하여 어려서부터 칭찬이 자자할 아이를 출산하게 될 행운의 꿈이다. 그러나 그 아이는 추락, 교통사고로 인해 단명하거나 부상당할 우려가 있으니 주의 하는 것이 좋다.

◇ **아주 크고 검은 고양이가 와락 달려들어 안기는 꿈**

고양이는 영리하면서 민첩한 동물이기에 장차 태어날 아이 또한 이와 유사한 성품을 지님을 의미한다. 꿈에서 예쁜 고양이로 느껴졌다면 딸, 아들일 경우 귀공자 타입의 준수한 아이를 얻게 된다.

◇ **마당에 새끼돼지들이 여러 마리 흩어져 구석구석 돌아다니는 것을 본 꿈**

재물을 크게 모으거나 교육자로 존경받을 자녀를 임신할 태몽이다. 혹은 사업체를 경영하며 많은 직원을 거느리는 사장이 될 자식을 낳게 될 것을 암시한다.

◇ **외할머니가 꿈에 나타나 검은 돼지를 예쁘다며 안으려고 계속 쫓아다닌 꿈**

자손이 귀한 집에 시집간 외손녀를 걱정하는 외할머니의 정성과 기도로 인하여 아들을 낳게 될 것이다. 그러나 그 아들은 다소 몸이 허약하여 병치레를 자주하게 된다.

◇ **돼지 수십 마리가 우리에 가득 찬 꿈**

건강하고 재물복이 많은 아들을 낳게 될 태몽이다. 일반적으로 복권이 당첨되거나 부동산 가격의 상승, 유산 상속 등으로 큰돈을 희롱하며 부자가 될 길몽이다.

◇ **우리에 있던 돼지들이 밖으로 뛰쳐나간 꿈**

집안에 사고가 생기고 재산 손실이 따르며 임산부는 유산 위험에 처하게 된다.

◇ **덩치가 큰 돼지가 방에 들어와 구석에 있던 호박이며 오이를 닥치는 대로 먹어 치운 꿈**

대기업의 재벌총수나 고위 관료로 성공하여 가문의 영예를 떨칠 아들을 낳게 될 태몽이다. 원만한 대인관계와 호방한 성품으로 주목 받는 인물로 성장한다.

◇ **옆집 돼지들이 줄줄이 자신이 집으로 들어와 자기 앞에 몰려온 꿈**

기다리던 임신 소식을 듣게 되고 곧 아들을 낳게 된다. 일반적으로는 횡재, 복권 당첨, 유산 상속의 행운을 예시하는 꿈이다.

◇ **깨끗이 청소하고 외출했다가 돌아오니 수십 마리의 돼지가 집안에 들어와 온 집안을 돌아다니고 있는 꿈**

사업에 성공하여 거금을 희롱하며 재력가로 입신출세할 아들을 낳게 될 암시. 일반적으로는 복권 당첨, 승진 등의 행운이 도래할 길몽 중의 길몽으로 뜻밖의 기쁨을 나타낸다.

◇ **살이 통통하게 찐 커다란 황소가 하늘에서부터 내려와 자신에게 달려온 꿈**

공덕을 많이 쌓은 조상 덕분에 복록을 많이 갖고 태어날 아들을 출산할 꿈이다. 특히 세계적인 운동선수나 첨단 과학기술자로 집안의 자랑이 될 것이다.

◇ 오래된 거목 아래에 소나 호랑이 등이 앉아 있는 꿈

국가 지도자의 핵심 비서관이나 참모로 활약할 아들을 임신할 태몽이다. 혹은 대기업의 재벌 총수에게 발탁되어 고위 간부로 승진하여 집안의 명예를 떨칠 아들을 낳을 것을 암시한다.

◇ 돌아가신 시어른이나 친정 부모가 소를 끌고 나타난 꿈

큰 재물을 모으며 사업체를 이끌 위인이 출생할 징조이며, 특히 조상의 음덕으로 대를 이을 아들이 태어난다.

◇ 소가 한가롭게 풀을 뜯어 먹고 있는 꿈

연달아서 딸을 출산하여 시부모의 실망은 이만저만이 아닐 것이다. 하지만 그 딸들이 성장하면서 아들 못지않은 추진력과 경제력으로 가정 형편을 넉넉히 하고 부모의 편안한 노년을 준비하는 등으로 지극한 효도를 하게 된다.

◇ 누런 금송아지나 윤기가 흐르는 황소 여러 마리가 마당에서 한가롭게 노니는 꿈

황소가 뚜렷하게 보이고 그 수효를 셀 수 있었다면 그 숫자만큼 사내다운 성격을 가진 아들을 낳게 된다는 태몽. 일반적으로는 집안에 큰 재물이 들어오거나 믿음직한 부하직원을 고용할 징조로 풀이한다.

◇ 암소가 얼룩무늬 송아지를 낳는 것을 본 꿈

아들이 태어나긴 하지만 그 아이는 사춘기가 될 때까지 몸이 허약하거나 말썽을 부려서 부모의 근심거리가 된다. 하지만 성인이 되면서부터는 전문 분야에서 두각을 나타내고 부모에게 효도로써 봉양하는 복덩어리가 된다.

◇ **자신의 손가락을 소가 꽉 깨문 채 놓지 않은 꿈**
깨물린 손이 아파서 소리를 지르고 빼내려고 반항했다면 씩씩한 성격을 가진 남자 아이를 출산하게 될 태몽이다. 그 아들은 자라면서 자존심도 강하고 지도력을 갖춘 호방한 성품으로 주목받게 된다.

◇ **외양간에 묶어둔 암소가 검은 송아지를 낳은 꿈**
결혼한 지 몇 년이 지나도록 아이 소식이 없던 집에 모처럼 즐거운 일이 발생하여 잔치를 벌인다. 조상의 숨은 보살핌으로 큰 인물이 될 아들을 뒤늦게 얻어 내외간에 사랑을 듬뿍 받는다.

◇ **돌아가신 부모님이나 조상이 소 등에 소금가마니를 싣고 집안으로 들어온 꿈**
아내에게서 임신 소식을 듣게 될 징조. 그 아이는 훗날 자라서 경제적으로 큰돈을 벌어들여 집안이 번창하고 부모에게 공양을 극진히 한다.

◇ **누런 암소가 얼룩무늬 송아지를 낳아 의아해한 꿈**
세계적으로 인정받는 화가나 문학가로 명성을 쌓을 자식을 낳게 될 전망. 독특한 창작세계를 인정받아 국제적인 존경과 추앙을 받는 인물이 된다.

◇ **사자가 덤벼들어 화장실로 얼른 몸을 숨겼으나 거기까지 쫓아온 사자를 피한 끝에 자신은 무사히 살아남고 사자만 재래식 화장실에 빠져버린 꿈**
자식이 귀한 집에 옥동자가 태어날 행운의 꿈. 그 아들에게 많은 유산을 물려주게 될 것이다. 아울러 부모로부터의 유산 상속, 경제적 부유함을 상징하는 길몽이다.

◇ **푸른 잔디밭에서 잘 생긴 말이 풀을 뜯고 있거나 노니는 꿈**
준수한 용모에 왕성한 활동력으로 세상의 주목을 받을 아들을 낳게 될 암시지만 잘생긴 얼굴 덕분에 여성들과의 관계가 문란해질 수 있다.

◇ **잘생긴 백마가 뒤에 새끼들을 여러 마리 거느리고 집으로 온 꿈**
딸을 낳게 될 암시. 그 딸은 부모의 영향을 받아 다재다능하고 특히 문학적 자질이 뛰어나서 작가로서 인기를 얻게 된다.

◇ **잘생긴 말을 타고 궁궐이나 대저택으로 들어간 꿈**
고위 공무원이나 정치가, 사업가로 성공할 아들을 얻게 될 징조이며, 그 아들은 가문을 빛내는 한편, 여성 편력으로 스캔들의 주인공이 되기도 한다.

◇ **붉은 양탄자나 융단이 깔려 있는 화려한 성(城) 안으로 잘생긴 백마를 타고 들어간 꿈**
여장부로 성공할 딸을 출산하게 될 태몽이다. 남자 못지않은 명성과 능력으로 부모의 의지가 되어준다. 아울러 오랫동안 아이를 낳지 못한 주부라면 조상의 음덕으로 마침내 임신 소식을 듣게 된다.

◇ **윤기가 흐르는 흑마를 타고 넓은 들판을 질주한 꿈**
이 꿈은 외교관이나 무역업자, 운동선수로 성공할 아들을 얻게 될 태몽이다. 그 아들은 재주도 많아서 정치가, 연예인으로서도 이름을 널리 떨치게 된다.

◇ **목장에 잘생긴 말이 한 필 기둥에 묶여 있는 꿈**
중년 부부라면 뒤늦게 아이를 갖고 모처럼 가족의 정을 되찾게 된다.

그 아이는 자라서 부모에게 효도하며 의식주의 걱정이 없이 풍요로운 생활을 누린다.

◇ 굶주린 사자가 자신을 쫓아다녀서 잡아먹히지 않으려고 이리저리 도망 다닌 꿈

대흉몽이다. 임신 중인 여성이라면 사고로 유산을 하게 되거나 그로 인해 자신의 생명까지 위협 받을 우려가 있다.

◇ 앙증맞게 생긴 새끼 사자가 자신에게 뭐라고 말을 한 후에 달아난 꿈

여자 아이처럼 예쁘고 곱상하게 생긴 아들이 태어날 태몽. 특히 아들은 둘째 아들일 확률이 높다. 그러나 성격이 예민하고 허약하여 잦은 병치레로 부모의 속을 태우게 된다.

◇ 뒤따라오는 강아지를 품에 안은 꿈

예쁜 딸아이를 낳을 태몽이다. 아울러 오랫동안 자식이 없던 사람이라면 오랜 소원 끝에 귀중한 자식을 얻고 아이로 인해 부부 금슬이 돈독해짐을 암시하는 꿈이다.

◇ 덩치가 큰 짐승이 집으로 들어온 꿈

입신양명하여 가문을 빛내고 사업가로 대성하여 큰 돈을 벌어들일 아들을 출산할 태몽이다.

◇ 산속에서 노루나 사슴이 여러 마리 뛰어다닌 꿈

미혼 여성이라면 이 꿈을 꾼 후에 결혼할 경우, 아이를 어렵게 가져서 상대적으로 시부모의 사랑을 듬뿍 받게 됨을 암시한다. 아울러 정치가나 사업가로 수완을 발휘하여 명성을 떨칠 아들을 낳게 될 태몽이다.

◇ **작고 앙증맞게 생긴 두꺼비를 사람처럼 손을 맞잡고 걸어가거나 두꺼비 손을 잡고 교회에 나가 기도한 꿈**

결혼 후 오랫동안 자식이 없던 집에 마침내 임신의 기쁨을 전하게 된다. 건강한 아들을 출산하여 안팎으로 열렬한 축하를 받게 된다. 더구나 작은 두꺼비는 다산(多産)의 상징으로서 둘째 아들을 곧 두게 되는 기쁨까지 맛보게 된다.

◇ **곡마단이나 관람객이 있는 넓은 공터에서 코끼리 두 마리가 재주를 부리며 흥을 돋우는 꿈**

신혼부부라면 연달아 딸아이를 낳게 될 징조. 그러나 그 딸들은 손이나 발재간이 뛰어나서 무용이나 운동 분야에서 두각을 나타내게 되며 예체능 분야의 공부를 계속해서 대학 강단에서 유명세를 얻을 것이다.

◇ **노송(老松)에 앉아 있던 학 중에서 한 마리가 자신의 품으로 날아들어 온 꿈**

자손이 귀한 집에 성품이 온유하고 선비의 풍모를 지닌 아들이 태어난다. 아울러 형제지간에 우애가 깊어지고 집안의 경사가 날로 커짐을 의미한다.

◇ **온갖 동물들이 있는 대공원이나 동물원에 놀러가서 여러 동물을 구경하고 있는데 갑자기 코끼리가 자신의 손을 깨물어 놀란 꿈**
아들을 간절히 원하는 집에 딸만 연달아 낳게 되니 산모의 근심이 이런 꿈으로 나타난 것이다. 재물은 넉넉하나 아들 문제와 남편의 외도로 우환이 따른다.

◇ **앙증맞게 생긴 쥐 한 마리가 치마 속으로 뛰어들어 온 꿈**
손재주가 많고 주위의 귀여움을 독차지할 옥동자를 분만하게 될 암시이나 부모는 딸을 기다리고 있었다는 증거이다. 귀여운 쥐는 딸을 기린 산모의 마음이 반영된 것이다.

◇ **거대한 동굴 속에서 새들이 수십 마리 떼 지어 나오는 꿈**
남성이 이런 종류의 꿈을 꾸었다면 아내가 쌍둥이를 출산하게 될 태몽이다. 일반적으로는 자신의 명예를 훼손하는 일에 연루되거나 구설수에 올라 시비를 따지거나 라이벌과의 암투로 심신의 정력을 허비하게 될 흉몽이다.

◇ **재래식 화장실에서 소변을 보는데 구더기가 자신의 엉덩이에 옮겨붙어 떼어내려고 안간힘을 쓰는데 여동생이 나타나 구더기를 떼어내 준 꿈**
아들을 출산하게 될 태몽. 그러나 이 아들의 출생 후엔 집안에 유산상속 문제로 불화와 갈등이 생길 우려가 있으니 가족 간의 정을 돈독히 해야 하겠다.

◇ 집안에 산토끼가 들어와 한 마리를 손으로 사로잡은 꿈

그 토끼가 새하얗게 보였다면 아들을 낳게 될 징조. 그런데 집안에 들어온 토끼 수효가 홀수가 아니라 짝수였다면 예쁜 딸을, 특히 쌍둥이 딸을 임신할 것을 암시한다.

◇ 부엌에서 일하고 있는데 낙타가 들어와서는 물을 달라고 한 꿈

연달아 딸을 낳게 될 암시. 그러나 이 꿈을 태몽으로 꾸고 태어난 딸은 총명하고 인기가 많아 상류층 대열에 올라 부모님의 자랑이자 가문의 영광이 된다.

새나 물고기에 관련된 태몽

◇ **긴 부리를 가진 하얀 학이 자신의 임신한 배를 쪼았던 꿈**

얼굴이 예쁘고 여성스러운 성격의 막내딸을 낳을 암시. 그 딸로 인해 자식 키우는 보람을 만끽할 것이다.

◇ **광채가 나는 학이 자신의 어깨에 날아와 사뿐히 앉은 꿈**

대학 강단에 서거나 이론가로 이름을 떨칠 자식을 얻을 징조. 고귀한 품성과 굳은 절개, 신념으로 대중의 정신적 지주로 군림하는 인물이 된다.

◇ **학이 품안으로 날아들거나 자신이 두 팔로 학을 안은 꿈**

정숙하고 지혜로운 딸아이를 출산하게 될 태몽. 학이 독수리처럼 날쌔고 무서워 보였다면 아들을 낳을 것을 암시한다.

◇ **잔잔한 바다에 배 한 척이 떠 있어서 가까이 다가가 보니 황금관 속에 학이 광채를 내며 앉아 있는 꿈**

국가적으로 이름을 떨칠 정치가, 군인, 운동선수로 대성할 훌륭한 아들을 두게 될 징조. 그 아들로 인해 집안의 이름을 떨치게 되므로 집안의 기쁨이 된다.

◇ **동자가 학을 타고 하늘을 날아다닌 꿈**

성직자나 종교계의 큰 스승으로 추앙받게 되거나 학문에 정진하여 학자로서 명예를 쌓을 아이를 임신하게 될 태몽으로 그 아이는 커서 부모의 자랑이 된다.

◇ 집안에서 봉황 한 쌍을 기른 꿈

훌륭한 재능과 준수한 외모를 가진 손자를 얻게 될 암시. 일반적으로는 귀인 상봉, 귀한 손님의 방문을 예시하는 행운의 꿈이다. 이일을 계기로 어려움은 해결된다.

◇ 공작새를 사로잡아서 집안의 닭장이나 우리에 가둬둔 꿈

예술가적 소질을 보이는 딸아이를 출산하게 될 징조. 그 아이는 미모와 재능, 부드러운 성격을 지녀서 주변 사람들의 사랑을 듬뿍 받으며 인기인으로 성장한다.

◇ 날카로운 눈매와 부리를 가진 독수리가 날아와 손가락을 깨문 꿈

이 꿈을 꾸고 낳은 아이는 사내아이일 확률이 높다. 그러나 그 자식의 출생은 부부 사이에 불화와 갈등을 불러올 수 있다. 반길반흉(半吉半凶)의 태몽이다.

◇ 자신이 잠자리 날개를 잡고 있어 잠자리가 날아가지 못한 꿈

임신 중의 여성은 태아가 유산될 우려가 있으니 주의를 요한다. 또한 재산 상실, 도둑 침입, 소매치기의 암시가 있으므로 재산 관리 및 소지품 관리에 만전을 기할 것.

◇ 사납고 커다랗게 보이는 매가 조그마한 나비나 금붕어 등으로 변한 꿈

이 꿈을 꾸고 태어난 아이는 연기자로서 소질을 발휘하고 다재다능하여 세간의 이목을 집중시키는 아이를 얻게 될 것을 암시한다. 특히 두뇌가 총명하고 예술적 조예가 깊어 훌륭한 인물로 가문을 빛낼 아이가 탄생하게 된다.

◇ **집안으로 꾀꼬리가 날아든 꿈**

군인으로 크게 성공할 아들을 낳거나 가수, 연예인으로 인기를 먹고 사는 아들을 낳게 될 태몽. 이 밖에도 만능 스포츠맨으로 자라게 된다.

◇ **꾀꼬리의 맑은 울음소리를 경청하는 꿈**

방송, 연예계로 데뷔하여 큰 인기를 얻을 아이를 낳게 될 것을 암시한다. 혹은 해외 무역이나 사업가로 성공할 아들을 낳게 될 태몽이다.

◇ **집안의 전깃줄이나 지붕에 여러 마리의 새가 앉아 있는 꿈**

회사의 사장이 되어 많은 직원을 거느리거나 단체의 리더가 되어 대중을 이끌 아들이 태어날 전망.

◇ **제비가 날아와 집안의 빨랫줄이나 지붕에 앉은 꿈**

기혼 여성이라면 곧 태기가 있을 것이고 이 태몽으로 태어난 아이는 훗날 건축업자로 성공하게 될 아들임이 분명하다. 일반적으로는 귀인 상봉, 행운의 기회 도래, 문제 해결이 예시된 행운의 꿈이다.

◇ 맑은 하늘에 여러 마리의 새가 날아간 꿈

불길한 태몽으로 이 꿈을 꾸고 임신을 해 아이를 낳는다면 부부의 정이 멀어지고 집안도 기울어서 불행한 결과가 되고 만다.

◇ 새들이 떼를 지어 먹이를 먹고 있는 꿈

이 꿈 역시 불길한 태몽이다. 이 꿈을 태몽으로 하고 출생한 아이는 부모의 이별, 별거, 파산을 지켜보게 된다.

◇ 닭 두 마리가 죽기 살기로 싸우는 가운데 한 마리의 닭이 계속 공격을 받아 닭 머리에서 피가 철철 흐르는 꿈

아내가 임신을 하여 기뻐하지만 오래지 않아 아내의 몸에 이상이 생기거나 의외의 사고를 당해 유산하게 될 흉몽이다. 보통은 동업자나 동료, 배우자의 배반과 배신을 암시하는 꿈이다.

◇ 원앙새 한 쌍을 친구에게 선물 받은 꿈

둘째 아이를 딸로 두게 될 전망이다. 이 딸아이는 자라면서 상류층 대열에 들어서서 뛰어난 두각을 나타낸다.

◇ 붕어가 너무 커서 무겁다면서 두 팔로 안은 꿈

결혼을 앞둔 남성이 이런 꿈을 꾸었다면 첫아들을 낳게 될 암시이다. 꿈에 보인 붕어가 살아 있었다면 자신의 생활에 활기가 넘치고 행운이 따를 길몽이다.

◇ 공작새가 화려한 날개를 펼친 채 자태를 뽐낸 꿈

이 꿈 역시 대중의 인기와 지지를 받으며 입신양명할 아이를 낳게 될 태몽이다. 특히 탤런트, 배우로 성공할 딸을 낳게 될 암시.

◇ **자신의 품으로 제비가 날아 온 꿈**

머리가 영특하고 다재다능한 아이를 임신할 태몽이다.

◇ **잉어를 어항에 담아 왔는데 붕어나 미꾸라지로 변한 꿈**

두뇌는 영특하지만 소심하고 이기적인 성격을 가질 자식을 출산하게 될 태몽이다. 가정교육에 힘써 자녀의 성격을 개조해야 한다.

◇ **잉어를 사왔지만 어항에 붕어가 가득차서 잉어를 놔둘 곳이 없었던 꿈**

이 꿈에서 여러 마리의 붕어는 딸을 나타내고 잉어는 아들을 나타낸다. 아들이 귀한 집에서 대를 이을 후손을 기다리지만 결국 딸이 태어나서 아버지의 실망이 클 것이다.

◇ **맑은 시냇물에서 잉어를 손으로 잡아 그릇에 담아 온 꿈**

집안에 즐거운 일이 겹칠 길몽이다. 부인이 임신 중이라면 첫아들을 낳게 될 태몽으로 안팎으로 웃음꽃이 피어난다.

◇ **팔뚝만 한 월척 붕어를 낚아 올리거나 팔로 안은 꿈**

아들을 낳을 태몽. 그 아들은 학문에 조예가 깊어서 전문분야의 연구가나 학자로 이름을 빛낸다.

◇ **떼를 지어 있던 참새들 중에서 한 마리가 자신의 집안으로 날아온 꿈**

신혼부부라면 곧 첫아들을 분만하여 축하받게 된다. 그 아들은 훗날 단체의 리더나 기업체의 사장이 되어 뭇사람들을 지휘하는 위치에 오르게 된다.

◇ **바닷가에서 낚시질을 하는데 배가 터진 고등어를 한 마리 잡은 꿈**

이러한 꿈은 임신 중인 여성이라면 대흉몽으로, 사고로 유산을 하게 되거나 낙태를 하게 되며 가족 가운데 한 명에게 불의의 사고가 닥치게 된다.

◇ **금붕어 여러 마리가 뒤엉켜 있는 꿈**

사회적으로 신임을 얻고 대기업의 간부로 출세할 자식이 태어날 태몽이다.

◇ **남편이 낚시질한 물고기를 패대기쳐 죽인 꿈**

아들을 출산하게 된다. 하지만 그 아들은 단명하여 부모의 슬픔이 되거나 문제아로 자라서 부모와 결별하게 된다.

◇ **생선을 맛있게 요리해서 먹은 꿈**

집안 형편이 좋지 않아서 임신한 아이의 출생 여부를 두고 고민하고 있다는 증거이다. 그리고 그 아이는 태어난 후에도 가정형편이 어려워 많은 고통을 겪게 된다.

◇ **물고기가 방안이나 거실에서 사람들과 더불어 논 꿈**

베스트셀러 작가로서 명성을 얻을 자녀를 얻게 된다. 혹은 방송, 연예계로 대성할 자녀가 태어날 징조.

◇ **큰 비닐봉지에 물을 채운 후에 거기에 금붕어를 담아 가져간 꿈**

아들이 귀한 집에서 정성으로 기도하며 아들을 염원하지만 이번에도 또 딸을 출산하게 될 징조. 실망이 클 수도 있지만 훗날 그 딸자식의 성공 덕분에 부유한 환경에서 안락한 노후를 보내게 된다.

◇ **낚시질해서 잡은 물고기를 냇물에 다시 놓아준 꿈**

사회사업가나 성직자로 존경받을 아들을 낳게 될 태몽이다. 혹은 집안의 기둥이 되어 부모를 모시고 재물을 모을 아들을 두게 된다.

◇ **방이나 거실에서 어항에 든 물고기가 헤엄치는 것을 바라본 꿈**

이 꿈은 어항에 든 물고기의 색깔에 따라서 해석을 달리 한다. 그 물고기가 은색이나 황금색의 한 종류였다면 아들을 낳게 되지만 다양한 색깔로 여러 종류였다면 딸을 낳게 된다.

◇ **강이나 냇물에서 물고기와 함께 즐겁게 논 꿈**

계속해서 딸아이를 낳게 될 것을 암시하는 태몽이다. 일반적으로는 경솔한 성격, 재능은 있지만 끈기가 없어서 실패하거나 실망하게 되는 것을 의미한다.

◇ **물고기가 시멘트나 맨땅 위에서 퍼덕거린 꿈**

아내가 임신을 하지만 곧 유산을 하거나 중절수술을 해야 하는 상황에 부닥치게 된다.

◇ **아이를 낳는 여자에게서 아이 대신 물고기가 태어난 꿈**

한동안 태기가 없던 집에 임신 소식이 들려서 경사라고 축하받지만 산모는 출산 시 산통이 커서 난산 끝에 아이를 낳게 됨을 암시하는 꿈이라 할 수 있다.

◇ **자신이 물고기가 되어 헤엄쳐 다니는 다른 물고기를 구경한 꿈**

교육자로 출세하거나 사회적으로 유명세를 얻을 딸아이를 낳게 될 전망이다. 또한 의식주의 걱정 없이 부유한 일생을 보내게 될 것을 암시하는 꿈이다.

◇ **생선이나 물고기의 비늘이 반짝거리고 광채가 난 꿈**

예술적인 재능이 많아서 그 분야로 이름을 떨칠 아이를 낳게 된다. 특히 신비하고 특이한 주제와 기법으로 세간의 이목을 집중시킬 유명 화가로 성공하게 된다.

◇ 물고기나 생선이 투명하게 속뼈가 훤히 비친 꿈

집 안에 막내아들을 두게 될 태몽이다. 특히 이 아들은 커서 예술적인 재능이 뛰어나 국위를 선양하며 유명세를 타게 됨을 암시한다. 외국에 나가서도 눈부신 활약을 하게 된다.

◇ 미꾸라지가 흙탕물 속에서 수십 마리 어울리며 장난치고 노는 꿈

가정환경은 넉넉하지만 결혼 후 오랫동안 자식이 없어 근심이 많던 집의 부인에게 태기가 있어서 잔치 분위기에 휩싸이게 되는 꿈. 딸이 태어날 태몽이지만 아들 못지않게 건강하고 씩씩하여 집안의 기둥이 되고 사회적으로도 여장부로서 이름을 빛내게 된다.

◇ 거북의 등을 타고 가거나 거북을 만진 꿈

임신 중인 여성이라면 이 꿈을 꾸고 낳은 아이가 장차 나라의 일을 맡아 처리할 고위 관료나 정치가, 대기업의 총수로서 가문의 명예를 떨치게 된다.

◇ 임산부가 오색 찬란한 물고기를 치마에 받는 꿈

태어날 아이가 장차 소설가가 되어 인기작품을 쓰거나 인기인이 되어 사회적으로 유명인이 되고 많은 재물을 모으게 되며, 높은 지위를 얻게 된다.

◇ 두 마리의 물고기를 잡았는데 그 중 한 마리는 놓아주고 나머지는 연못에 넣는 꿈

이 꿈은 태어날 아이가 쌍둥이일 가능성이 높은 것을 암시하며, 두 명의 자식 중에서 한 명은 유산이 되고 한 명은 순산할 것을 예시한 꿈이라 할 수 있다.

◇ 자신의 치마 속으로 개구리가 뛰어든 꿈

입고 있던 치마가 흰색이었다면 유산을 나타내는 불길한 꿈이다. 그 외의 색깔이라면 위로 딸 둘을 낳고 세 번째로 아들을 낳게 된다.

◇ 감을 먹고 있는데 안에서 커다란 미꾸라지가 나온 꿈

감을 먹는 것은 신분, 지위의 상승을 의미하고 미꾸라지처럼 미끌한 물고기는 특별한 재능을 타고난 아이를 의미하므로 지위 상승을 바라는 마음을 담은 태몽이다.

◇ 금붕어가 떼를 지어 노는 꿈

장차 예술, 공무원, 교육계에서 이름을 빛낼 아들을 출산할 예정이다. 이 아이는 창의력이 풍부하고 두뇌회전이 빠르며 명예와 의리를 중히 여기고 뛰어난 손재주를 지니고 있다.

사물과 관련된 태몽

◇ **집안의 가구가 물이나 비에 잠겨 낙담했던 꿈**
대를 이을 옥동자를 바라고 있지만 딸을 낳게 되어 산모의 슬픔이 커질 징조. 한편 일반적으로는 문서 보증을 서주었다가 재산 피해를 입을 징조이므로 요주의.

◇ **반질반질한 조약돌을 손에 쥐고 만지작거린 꿈**
세 명 이상의 자식을 출산하게 될 것을 암시. 다복한 가정에 자식 사랑이 넘치고 집안에 항상 활기가 넘친다.

◇ **강변이나 시냇가에서 조그마한 조약돌을 여러 개 주워 치마폭에 담아 온 꿈**
영특한 딸아이를 얻게 될 태몽이다. 귀여운 인상에 학업 성적도 우수하며 어려서부터 피아노나 그림 등에서 두각을 나타낸다.

◇ **불상이 공중에 둥둥 떠서 자신에게 다가온 꿈**
아들을 낳게 될 태몽이다. 그 아들은 좋은 성격과 리더십을 겸비하여 직장에서도 동료와의 관계가 원만하고 승진도 빨라서 성공적인 인생을 살게 된다. 유머가 많은 성격의 아들을 얻게 된다.

◇ **하늘을 올려다보니 비행기가 재빨리 지나간 꿈**
강한 성격에 튼튼한 체격을 갖춘 아들을 낳게 될 태몽이다. 그 아들은 훗날 처가 덕으로 경제력도 갖출 뿐만 아니라 금속이나 철강, 해외무역 등으로 큰 성공을 거두게 된다.

◇ 창문을 통해서 안을 들여다본 꿈

임신 중인 산모가 이런 꿈을 꾸었다면 출산 시 오랜 산고를 치르게 되고 난산으로 산모나 태아의 건강에 문제가 생긴다.

◇ 다른 사람에게 거울을 얻거나 주운 꿈

효성이 지극하여 노후를 의지할 만한 심덕이 고운 자식을 낳게 된다.

◇ 길을 가다가 누런빛이 나는 놋수저 한 벌을 보고 얼른 감춘 꿈

아들 못지않은 배짱과 정력적인 사회활동으로 집안의 기둥이 될 딸아이를 낳게 될 태몽이다.

◇ 축구공이나 배구공이 여러 개 있지만 모두 바람이 빠져 있어 실망하고 있을 때 누군가가 팽팽한 공 한 개를 건네줘서 기뻐한 꿈

연달아 딸만 있던 집안에 조상의 음덕으로 대를 이을 아들이 태어나 집안 잔치를 벌인다. 만능 스포츠맨으로서 공과계열에서 두각을 나타낼 아들이다.

◇ 귀걸이를 얻거나 자기의 귀에 귀걸이를 찬 꿈

결혼하여 낳는 첫아이를 딸로 두게 될 전망이다. 이 딸은 얼굴이 예쁘고 깜찍하여 많은 사람들에게 구애를 받으며 인덕이 많은 사람으로 성장한다.

◇ 치렁치렁한 머리를 고정시키느라 머리핀을 꽂아 단장한 꿈

그 머리핀이 검은색이었다면 태아가 태(胎) 속에서 사산되거나 유산될 우려가 높다. 혹은 뇌 질환을 앓는 아이를 낳게 될 징조이다. 그러나 머리핀의 모양이 예쁘고 밝은 색깔의 핀이었다면 밝고 건강한 사내아이를 출산하게 된다.

◇ **쇼윈도를 구경하다가 액세서리가 눈에 띠어 그 가게에 들어가 이런 저런 물건을 구경한 꿈**
딸아이를 낳게 될 태몽으로 그 딸은 아버지와 가족의 사랑을 듬뿍 받으며 귀하게 자라게 된다.

◇ **옛날 도령복 차림의 아이가 활을 갖고 논 꿈**
임신 중의 산모라면 불길한 암시가 있는 태몽. 유산하게 되거나 산고로 몸이 쇠약해져 오랫동안 병원에 입원하게 된다.

◇ **형님께서 책을 사준다고 해서 함께 서점을 둘러보았으나 자신이 원하는 책이 없어서 빈손으로 그냥 온 꿈**
사회적으로 지도자급으로 두각을 나타낼 위인이 태어날 태몽. 특히 아들을 낳아 집안 잔치를 벌이게 된다.

◇ **집안의 대들보나 마당에 심어진 나무에 열쇠가 걸려 있는 꿈**

집안의 기둥이 되어 부모를 효도로써 봉양할 심덕 깊은 아들을 얻게 될 태몽이다. 그 아들의 성공으로 가문의 영예가 후대에까지 남는다.

◇ **자신이 싸리나 수수대로 빗자루를 만들어서 사람들에게 나눠주고 함께 청소한 꿈**

대를 이을 아들을 낳으려고 자식을 여러 명 낳게 되지만 위로는 줄줄이 딸을 낳게 된다. 셋째 이상의 막내가 아들로 태어난다. 만약 빗자루가 튼튼하게 만들어지지 못했다면 태어난 후 잔병치레를 많이 하게 된다.

◇ **자신의 집 대들보에 고풍스러운 붓글씨로 어떤 내용이 글자로 써진 꿈**

대학 교수로 출세할 아들을 얻게 되거나 작가로 명성을 얻을 아들을 출산하게 될 태몽이다. 특히 딸만 많던 집에 옥동자가 탄생하여 가문의 즐거움이 오래 계속된다.

보석과 관련된 태몽

◇ 자신이 끼고 있는 다이아몬드반지를 언니가 빌려달라고 조른 꿈

화가로 성공하거나 패션 디자이너로 성공할 아들을 출산할 태몽을 의미한다. 언니나 다른 가족들에게 반지를 빌려 준 꿈도 같은 의미를 지닌다.

◇ 맑은 시냇물에서 비녀를 주운 꿈

쌍둥이 아들을 낳아 집안이 북적거리게 된다. 그러나 꿈에 보인 비녀가 구부러지거나 녹슬었다면 쌍둥이 중의 한 명에게 좋지 않은 일이 일어날 암시도 있다.

◇ 친언니나 친정어머니가 자신에게 보물이나 황금 칼을 준 꿈

남자답고 박력이 넘치는 성격의 아들을 출산하게 될 것을 암시. 그 아들은 훗날 군인이나 스포츠 선수로 성공하여 이름을 날린다.

◇ 금으로 된 촛대나 다이아몬드 등 화려한 보석으로 만들어진 촛대를 얻는 꿈

황금의 촛대를 본 꿈도 같은 의미를 지닌다. 대를 이을 아들을 기다리던 집에 마침내 옥동자가 출생하여 집안에 잔치 소리가 높고 재물복이 크며 경사가 겸전할 행운의 꿈이다.

◇ 금비녀를 줍거나 얻는 꿈

영부인으로 출세하거나 여성 정치가, 사회사업가로서 두각을 나타낼 딸을 낳게 된다.

◇ 금반지가 부풀어서 커다란 금덩어리로 변한 꿈

갓 결혼한 신혼의 남성이 이런 꿈을 꾸었다면 첫 아들을 낳게 될 태몽이다. 반지뿐만 아니라 조그마한 돌이 커서 금덩어리로 변하는 꿈도 마찬가지이다. 일반적으로는 반지가 재산이나 보물을 상징하기 때문에 장사가 잘 되어 많은 돈을 벌게 될 징조로 풀이한다.

◇ 타인으로부터 금반지를 받거나 금반지를 주운 꿈

심성이 곱고 학업성적이 우수하여 집안의 영예를 높일 딸아이를 낳게 될 태몽이다. 아들 못지않은 효도로써 부모의 의지가 될 딸이다.

◇ 금불상을 신령에게 하사 받거나 얻은 꿈

성직자나 승려로서 사람들에게 정신적 지주가 되어줄 아이를 출산하게 될 태몽. 그 아이는 진리 탐구와 철학적 사유로 한 시대의 정신적 스승으로 추앙받게 된다.

◇ 황금 옷을 얻거나 자신의 옷장에 황금색 옷이 걸려 있는 꿈

건강한 사내아이를 출산하게 된다. 일반적으로는 사업이 번창하거나 내 집 마련이 예시된 행운의 꿈이다.

◇ 자신의 아내가 황금색 자동차나 마차를 타고 연호하는 군중들 틈으로 지나간 꿈

고위 관료나 대기업 총수로 사회적인 존경을 받을 아들을 낳게 된다. 특히 두 명 이상의 아들을 두게 될 전망.

◇ 시댁 어른이나 타인에게 은수저를 받은 꿈

외모가 준수한 아들을 낳아 집안 어른들에게 총애를 받게 된다.

◇ **수염이 하얀 할아버지나 산신령이 손에 금반지를 끼워 주자 자신의 손이 광채가 나며 환해진 꿈**

위대한 인물이 태어날 징조. 특히 영특하여 뭇사람들에게 부러움을 살 아들을 낳아 부모로서의 기쁨을 만끽한다.

◇ **큰 나무 아래에 서 있는데 금은보화가 끝도 없이 떨어진 꿈**

여자아이의 경우 태몽 중에서도 아주 좋은 꿈으로 얼굴은 빛을 발하고 남에게 보여지는 것과 보는 것이 아름다우며 명예로 빛이 날 꿈이다.

◇ **보석이 촘촘하게 박힌 목걸이와 반지를 얻는 꿈**

보석의 태몽은 대부분 여자아이의 태몽으로 현모양처, 두뇌회전이 빠르고 마음이 정갈한 지적인 사람을 의미한다. 남자아이라면 머리가 좋고 자수성가할 위인이 될 것이다.

◇ **광채를 내뿜는 커다란 다이아몬드를 품에 안은 꿈**

다이아몬드가 꿈의 표상이니 장차 미모나 재능면에서 뛰어난 능력을 지닌 아이가 태어날 것을 예시하는 태몽이다. 태몽이 아닌 경우에는 재물운이나 좋은 이성의 상대방과 인연을 맺게 되는 일로 실현된다.

과일과 관련된 태몽
(사과, 복숭아, 배, 대추, 감, 포도 등)

◇ **제사상에 포도나 사과, 배 등의 과일만 잔뜩 차려진 꿈**
아들을 기다리고 있지만 딸을 낳게 된다. 그러나 똑똑하고 야무진 성격에 손재주가 있어서 훗날 패션디자이너나 연예인으로 성공하여 부모의 자랑거리가 될 것.

◇ **사과나 귤 등의 여러 종류의 과일이 놓인 가운데서 배를 집은 꿈**
대범한 성격과 탁월한 두뇌를 가진 똑똑한 아들을 낳게 된다. 이로 인해 집안도 화목해지고 번창한다.

◇ **사과나무에 사과가 주렁주렁 열린 꿈**
사과가 빨갛고 탐스럽게 보였다면 길몽이다. 재능이 출중한 자식을 얻

어서 가문의 영예를 빛내고 영특한 손자까지 보게 된다.

◇ **과수원에서 바구니 가득 잘 익은 사과를 딴 꿈**
딸아이를 출산하게 된다. 그 여자 아이는 심성이 곱고 얼굴도 예뻐서 부모에게 많은 기쁨을 선사한다.

◇ **길거리에 버려진 사과를 주워 먹은 꿈**
임신한 여성이라면 자신의 건강관리에 특히 주의해야 한다. 산모의 몸이 약해 태아의 건강도 좋지 않다는 증거이다.

◇ **대추가 주렁주렁 열려 장대를 흔들며 딴 꿈**
아버지의 총애를 듬뿍 받고 자랄 아들이 태어날 태몽이다. 아이는 머리가 총명하고 사내다운 성격을 지녀서 무리를 잘 이끌어 간다.

◇ **덜 익은 복숭아가 먹음직스럽게 보여 몇 개를 따서 집에 가져온 꿈**
그 복숭아는 딸을 예시하는 꿈의 상징. 방송계나 문학 분야로 나가 일가견을 이루며 유명인사가 될 딸을 얻게 된다.

◇ **선물로 받은 복숭아 상자에서 먹음직스러운 것만 몇 개 골라낸 꿈**
아들이 귀한 집에서 주변의 관심을 집중시키며 출산하지만 딸을 낳아 실망이 커진다.

◇ **사과나무 아래에 잘 익은 사과가 가득 쌓여 있는 꿈**
아들을 낳게 될 태몽이다. 그러나 이 아들은 사춘기 때부터 공부보다는 여자에 관심이 많고 이성에 대한 호기심으로 사고를 쳐서 집안의 근심거리가 된다.

◇ 과일나무에서 배를 따서 호주머니에 넣어 가지고 다닌 꿈
실하고 짙은 노란색의 배를 땄다면 아들을 낳을 태몽이다. 이 밖에도 자신의 동생이 임신하게 되거나 자신이 기업체, 영업점의 대표로 취임할 길몽.

◇ 벌레 먹은 사과나 썩은 사과를 먹은 꿈
임신 중인 여성이라면 자신의 몸이 약해서 태아가 유산될 암시가 있으니 주의를 요한다. 혹은 아이가 태어나더라도 불구가 되거나 비정상적인 아이로 자라서 근심거리를 안게 된다.

◇ 탐스럽게 익은 사과를 따서 반으로 쪼개 다른 사람과 나눠 먹은 꿈
손자를 얻게 되어 기쁨이 클 행운몽이다. 일반적으로는 사랑의 결실, 인기, 승진 등을 나타내는 길몽이다.

◇ 과일나무에서 복숭아가 떨어져서 먹으려고 했으나 썩어서 먹지 못한 꿈
이 꿈은 여성스러운 외모에 여성스러운 성격을 가지고 태어날 아들을 얻게 될 태몽으로 특히 그 아들은 둘째 아들일 확률이 높은 것을 암시한다.

◇ 친구네 집에 갔더니 복숭아가 큰 상자에 담겨 있어서 그 중에서 복숭아 두 개를 몰래 꺼내서 들고 온 꿈
세계적인 미인대회에 나가서도 손색이 없을 정도로 탁월한 미모를 갖고 태어날 딸아이를 출산하게 될 태몽이다. 특히 영화배우나 인기 탤런트로 성공하지만 남자들과의 구설수에 휘말릴 수 있으므로 항상 조심해야 할 것.

◇ **반으로 쪼갠 사과에 씨가 없었던 꿈**
성품이 유순하고 효심이 지극한 손자를 얻게 될 태몽. 특히 그 손자 덕분에 집안의 재물은 날로 늘어난다.

◇ **사과 꼭지나 배 꼭지를 딴 꿈**
대를 이을 첫아들이나 기다리던 옥동자를 분만하게 될 길몽.

◇ **배가 가득 열린 과수원에서 자신의 아내에게 탐스런 배를 하나 따서 건네 준 꿈**
방송이나 언론계로 성공할 아들을 낳게 된다. 아울러 화려한 배우나 다재다능한 연예인으로 출세할 아이를 가질 암시로도 풀이한다.

◇ **누군가 모르는 사람에게 대추를 한아름 선물 받은 꿈**
능력이 많고 사회성이 원만하여 대재벌가나 정치가로 성공할 아들을 낳게 될 것을 암시. 아울러 대추를 얻는 꿈을 꾸고 낳은 아들은 특히 아버지와 유대관계가 좋아 부자의 정이 깊다.

◇ **다른 사람에게서 품종이 다른 감나무를 얻은 꿈**
아들 대신 아들 노릇을 할 딸아이를 낳게 된다. 이 딸아이의 출산으로 집안의 재산은 점차 늘어나고 부유해지지만 어머니의 교육열이 지나쳐 치맛바람 소리까지 듣게 된다.

◇ **탐스럽게 열린 감을 가지째로 꺾어와 방에 걸어둔 꿈**
딸아이를 낳게 된다. 일반적으로는 부모님을 위해 자신의 이익을 희생하거나 모종의 결심을 하게 되며 자신의 신상을 정리하여 변화를 꾀하는 꿈이다.

◇ **대추를 따서 맛있게 먹은 꿈**

건강한 사내아이를 순산하여 시부모에게 기쁨을 안겨 드린다.

◇ **감이 잘 익다 못해 홍시가 되어 빨갛게 익어 터진 꿈**

산모가 이런 종류의 꿈을 꾸었다면 불길한 징조이다. 유산의 위험이 있거나 태아에게 좋지 않은 질병이 침입할 것을 암시.

◇ **황금빛의 비가 내리는 가운데 잘 익은 석류가 터진 채 나무에 열린 꿈**

재물복이 많고 욕심이 많아 큰돈을 저축하며 재벌가의 안방주인으로 살아갈 딸아이를 낳게 된다. 부모의 욕심으로 예능교육을 시키지만 학업보다는 이재(理財)에 눈이 밝다.

◇ **마당의 감나무에 홍시가 주렁주렁 열린 꿈**

아들을 생각하며 임신했지만 이번에도 딸을 출산하게 되어 산모의 실망감은 크다.

◇ **앵두나 포도송이처럼 알이 작은 열매를 입 안에 가득 넣고 씹은 꿈**
딸아이를 출산하게 된다. 특히 내리 딸을 낳아서 아들을 손꼽아 기다리는 집이라면 산모의 실망이 클 것을 암시.

◇ **잘 영근 포도송이들이 땅으로 우르르 떨어져 내린 꿈**
교육자로 나서거나 종교계의 지주로 존경을 받게 될 자녀를 임신할 태몽이다. 집안에 재물이 늘고 경사가 겹친다.

◇ **탐스럽게 송이가 맺혀 잘 익은 포도를 따먹는 꿈**
딸아이를 갖게 될 태몽이지만 꿈에 청포도를 먹었다면 아들을 얻게 된다. 보통은 소원의 성취 및 시험 합격, 승진운 등을 나타내는 길몽.

식물과 관련된 태몽
(고추, 꽃, 나무, 밤, 고구마, 감자 등)

◇ **밭에 잘 익은 빨간 고추가 가득 열려 있거나 그것을 만지는 꿈**

딸이 많은 집에 대를 이을 아들이 태어날 것을 암시. 특히 막내를 아들로 얻을 확률이 높다.

◇ **돌아가신 조상이 나타나 고추를 한바구니 주었던 꿈**

결혼 후 한동안 아이 소식이 없던 집에 건강한 아들이 태어나 온 집안에 웃음꽃이 만발한다. 이럴 경우 대개는 돌아가신 시아버지나 시어머니가 나타나기 마련이다. 그 아들은 장차 두둑한 배짱과 처세술로 입신양명하게 될 것.

◇ **넓은 고추밭에서 잘 익은 빨간 고추를 신이 나서 딴 꿈**

일반적으로는 잘 익은 고추가 아들에 관한 태몽일 것으로 추측하지만 해몽상으로는 딸을 낳게 될 태몽으로 풀이한다.

◇ **시댁 어른들이나 시어머니가 고추를 색깔별로 치마폭에 담아 가져온 꿈**

건축업이나 토목업으로 성공할 자식, 특히 아들을 낳게 될 것을 암시.

◇ **바깥나들이를 가는 길에 예쁜 꽃이 만발한 꿈**

사회적으로 입신양명하고 경제적인 풍요를 누릴 아이를 출산하게 될 길몽이다. 일반적으로는 조상의 음덕으로 집안이 태평하고 안락해질 것을 암시.

◇ **초록이 선명한 풋고추를 열심히 딴 꿈**

건강한 아들을 출산하게 된다. 태몽에서 빨간 고추는 여자 아이를 풋고추는 남자 아이를 낳게 될 것을 암시.

◇ **고추밭에서 고추를 보거나 햇볕에 말리는 고추를 본 꿈**

아이를 낳게 될 태몽. 사회적으로 대인관계가 넓고 명랑한 기질을 지닐 아들을 낳는다.

◇ **가족 가운데 누군가가 아들을 낳았다면서 대문에 고추를 꿰서 금줄을 매단 꿈**

임산부의 몸이 약해 태아가 유산될 우려가 높으니 건강에 신경을 써야 함을 암시. 이런 고비를 넘기고 아이를 낳는다면 예술적 성향이 풍부하고 섬세한 성격을 가진 사내아이를 낳게 될 것이므로 임신중에는 특별히 주의해야 한다.

◇ **고추를 따서 큰 자루에 담아둔 꿈**

아들을 낳을 태몽. 그러나 성장과정에서 부상을 당하거나 화상을 입어서 몸에 상처, 흉터가 생긴다.

◇ **좋아하는 남자나 남편에게 꽃을 선물 받은 꿈**

미혼 여성이 이 꿈을 꾸었다면 곧 천생연분을 만나게 될 것을 암시. 기혼 여성이라면 예쁜 아이를 임신하게 될 징조.

◇ **친한 친구에게 꽃을 선물해준 꿈**

그 친구에게 조만간 첫아이 임신 소식을 듣게 되고, 그로 인해 축하해 줄 일이 생긴다.

◇ 마당에 가득 핀 꽃들을 꺾은 꿈

예술적인 소질이 있고 조용한 성격을 가질 아들을 낳게 될 태몽이다.

◇ 다른 사람에게 꽃을 선물 받은 꿈

미모와 재능을 겸비한 딸아이를 임신할 징조이다. 혹은 예술적 소질이 있고 특히 그림에 재능을 보일 아이를 낳게 된다.

◇ 오솔길에 아카시아꽃이 만발한 꿈

학문에 정진하여 집안의 명예를 빛낼 자식을 두게 된다.

◇ 나뭇잎을 긁어모으고 있는데 조개가 나온 꿈

결혼 후에 한동안 아이가 없어서 애를 태우게 될 조짐. 그러나 시간이 흐른 후에 그토록 기다리던 첫아들이 태어나 시어머니의 근심이 풀어진다.

◇ 노란 국화꽃을 한아름 가득 꺾은 꿈

학업성적이 좋고 사회성이 발달하여 부모에게 기쁨을 안겨줄 자녀를 낳게 된다.

◇ 누군가 다른 사람이 꽃을 꺾어 가진 꿈

임신 중인 아이가 유산되거나 태어난 후에 허약하여 병치레로 단명할 것을 암시한다.

◇ 벚꽃이 만발하여 흐드러지게 핀 꿈

효성이 깊고 미모를 갖춘 딸아이를 낳게 될 태몽. 그 딸아이는 훗날 학문에 정진하여 교수나 연구가로서도 명성을 얻는다.

◇ **산신령이나 신적인 존재로부터 연꽃을 선물 받은 꿈**

아들이 없던 집안에 아들이 태어날 태몽이다. 더구나 그 아들은 사교성이 뛰어나고 자신의 일에 충실하여 사회적으로 일가견을 이룬다.

◇ **고목나무에 꽃이 하얗게 핀 꿈**

첫아이로 아들을 임신할 태몽이다. 그러나 아이가 태어나면 그 부모는 별거를 하거나 이혼하여 부모와 떨어져 살 확률이 높다.

◇ **마당에 과일나무를 심은 꿈**

집안의 경제력을 한 단계 높일 아들을 낳게 된다. 그 아들은 이재(理財)에 밝아서 사회적인 출세도 빠르다.

◇ **나무 밑동에서 열매를 딴 꿈**

출세가 더디고 경제력이 빈약할 자식을 출산하게 된다. 그로 인해 부모의 마음도 편치 않을 것.

◇ **밤송이 3개가 무척 크고 실하게 익어 있던 꿈**
머리가 총명하고 학업 성적이 좋아 학자로서 명성을 쌓을 아들을 낳게 된다. 그러나 그 아들은 몸이 허약하고 소심한 성격의 소유자임이 분명하다.

◇ **나무 아래에 커다란 동물이 앉아 있는 꿈**
신분, 지위가 높은 사람 밑에서 일을 배우게 되거나 사업가로 대성할 자식을 출산하게 됨을 의미한다.

◇ **우물에 나뭇가지가 꼿꼿하게 서서 둥둥 떠 있는 꿈**
후손이 귀한 집에 특히 대를 이을 아들이 귀한 집에 옥동자가 탄생하여 집안에 웃음꽃이 만발한다.

◇ **싱싱한 오이를 친정아버지로부터 받은 꿈**
금융업으로 성공하거나 이재(理財)에 밝아 세무사나 회계사, 총무 분야에서 일가견을 이룰 아들을 얻게 될 태몽이다. 이 아들은 학교에서도 수학에 관심이 많고 이공계 대학으로 진학할 것.

◇ **산이나 길가에 핀 아카시아꽃 향기에 흠뻑 취한 꿈**
문학적인 감수성이 깊고 재능이 많은 아이를 출산하게 될 것을 암시. 성격적으로도 예민하고 섬세한 타입일 확률이 높다.

◇ **황금색 들판에서 잘 익은 벼를 흐뭇하게 쳐다본 꿈**
차분하고 재주가 많은 아들을 낳게 될 태몽이다. 특히 오랜 시간 동안 집중하여 목표를 달성하는 의지가 강하다. 국가고시에서 합격하고 가문의 명예를 빛낸다.

◇ 밭에서 알이 꽉 찬 마늘을 캐낸 꿈

체구는 작지만 용기가 있고 다부진 타입의 남자 아이를 얻게 될 태몽이다. 특히 그 아들은 고집이 세고 뚝심이 있어서 자신이 생각한 분야로 나아가 끝내 대성공을 거두게 된다. 꿈에 보인 마늘의 수효는 그 아이가 거치거나 갖게 될 직업적인 변화나 재능을 나타낸다.

◇ 고목나무에 꽃이 피어난 꿈

오랫동안 아이 소식이 없던 집에 임신 소식이 들린다. 이 아이는 아들로서 훗날 대중들을 정신적으로 계몽하고 지도하는 성격의 일을 하게 된다.

◇ 산이나 나무 밑동에 버섯이 아담하게 여러 송이 모여 있는 꿈

아들이 귀한 집에서 간절히 아들이 태어나길 원하고 있지만 딸아이가 태어나 산모의 실망감이 크다. 그러나 그 딸은 심성이 곱고 자신의 의지가 확고하여 자수성가하게 된다. 출판사의 편집자 등으로 일가견을 이룬다.

◇ 산에서 알이 굵고 실한 밤을 엄청나게 따거나 주운 꿈

딸아이를 낳게 된다. 그러나 목적이 뚜렷하고 의지가 강해서 사회적으로 성공할 딸아이가 분명하다. 여성으로서 남자들만의 분야에 진출하여 큰 업적을 남긴다.

◇ 아카시아 나무 그늘에서 쉬고 있거나 놀았던 꿈

아내가 임신하거나 여동생이 임신하여 그에 따른 기쁨과 보살핌이 따르게 된다. 아카시아 나무 아래에서 아이를 안고 있던 꿈도 같은 의미를 지닌다.

◇ 잘 익은 고구마를 맛있게 먹은 꿈
건강한 아들이 태어날 옥동자 분만의 꿈. 장차 집안의 기둥이 되어 부모에게 의지가 된다.

◇ 껍질을 깐 양파가 실하게 보여 사려고 했던 꿈
신혼부부라면 집안의 기둥이 되어줄 장녀를 출산하게 된다. 그 딸은 목표가 뚜렷하고 의지력도 강해서 언론이나 방송, 출판 분야로 나가 유명세를 얻게 된다.

◇ 덜 익은 푸른 호박을 딴 꿈
손재주가 있고 특히 미술가적인 소질이 많은 여자 아이를 낳게 된다. 그 딸은 사교성이 풍부하고 직장인으로도 손색이 없어서 자신의 역할을 다하는 사람으로 부모의 기쁨이 될 것.

◇ 밭에서 고구마와 감자가 실하게 자라서 신이 나서 캐낸 꿈
곧 임신을 하게 될 태몽이다. 이 꿈을 태몽으로 한 아이는 학자나 신문사의 기자, 전문 기술가로 명성을 얻게 된다.

◇ 고구마 밭에서 일하거나 고구마 밭이 주된 내용인 꿈
그림에 소질을 보이거나 손재주가 뛰어날 아이를 출산하게 된다.

◇ 고구마가 산같이 쌓여 있는 것을 보는 꿈
군중을 다스리거나 대가족의 집안을 다스릴 아이가 태어날 태몽이다.

◇ 알이 굵게 든 감자를 욕심껏 캐낸 꿈
경제계의 거물로 출세할 아들을 낳게 될 태몽이다. 성격도 서글서글하고 덩치가 커서 무리를 이끌어갈 지도자격의 위인으로 성장한다.

◇ **시어머니가 밭에서 주먹만 한 감자를 계속 캐낸 꿈**
대를 이을 아들을 낳아 근심을 덜게 된다. 더구나 그 아들은 효심이 깊고 건강하여 부모의 자랑거리가 될 것이다.

◇ **실하고 푸릇푸릇하게 잘 자란 부추를 묶은 꿈**
시부모의 아들 염원에도 불구하고 딸이 태어나서 집안 분위기가 냉랭해진다.

◇ **껍질을 벗기지 않은 땅콩을 한 됫박 사온 꿈**
가장의 실직으로 가정 형편이 나날이 기울어져 가는데 아이를 임신하게 되어 산모의 근심은 날로 커지고 경기가 회복될 전망은 좀처럼 보이지 않게 된다.

◇ **어린 남자 아이가 하얀 쌀밥을 맛있게 먹는 꿈**
아들이 태어날 것을 암시. 그러나 산모의 건강이 좋지 않거나 여러 가지의 사정으로 유산, 중절수술의 우려가 있으니 주의를 요한다.

◇ **농사꾼이 되어 배추밭에서 열심히 일한 꿈**
혼인을 앞둔 사람이 이 꿈을 꾸었다면 결혼 후 부모에게 극진히 효도함은 물론 학업에 정진하여 일류대학에 합격할 총명한 아들을 낳게 된다.

◇ **배추 장사꾼에게 크고 싱싱한 배추를 사온 꿈**
시장에서 채소를 사오는 꿈을 꾸고 태어난 아이는 어려운 여건을 극복하고 자신의 꿈을 실현하는 인물로 성장한다.

◇ 알이 꽉 찬 땅콩을 큰 봉지로 가득 사서 품에 안고 가져온 꿈

아들을 원해 둘째를 낳지만 또 딸을 낳게 될 전망. 산모의 실망은 크겠지만 훗날 그 딸자식의 효도로 삶의 보람을 찾게 된다.

◇ 다른 사람에게 인삼을 받은 꿈

사회적으로 두각을 나타낼 아들을 낳게 될 태몽. 일반적으로는 섬유, 의류, 식기 제조업으로 크게 성공할 암시가 있는 행운의 꿈이다.

◇ 집안에 둔 화분에 열매가 주렁주렁 열린 꿈

열매의 숫자가 홀수라면 딸이고 짝수라면 아들을 낳게 된다. 그 아이는 자라면서 자신의 욕심이 크고 의지가 강한 사람이 된다.

◇ 난초를 기르거나 죽순이 돋아난 꿈

자식이 귀한 집에 오랜만에 우렁찬 사내아이의 울음소리가 들린다. 학자나 고위 관료로 출세할 아들을 낳을 태몽.

자연과 관련된 태몽
(바다, 시냇물, 달, 해, 하늘 등)

◇ **바다나 개펄에서 게를 잡은 꿈**

전문 연구직이나 대학 교수 등으로 출세할 자녀가 태어날 것을 암시. 일반적으로는 까다로운 거래를 성사시키거나 첨단 산업으로 승부를 걸어 회사를 번창시키게 될 행운의 꿈.

◇ **파도가 세차게 몰아치는 것을 본 꿈**

군인이나 스포츠 선수가 적성에 맞는 남자 아이를 출산하게 될 태몽이다. 의지가 굳고 과감한 성격을 가진 아들일 것.

◇ **바닷가에 서 있는 자신의 주변으로 수많은 갈매기가 모여든 꿈**

남편이 외도를 일삼은 끝에 다른 여자에게서 낳은 아이를 데리고 오게 될 것을 암시. 혹은 남편의 바람기로 별거에 이를 흉몽이다.

◇ **바닷가나 갯벌에서 신나게 조개를 주운 꿈**

조개가 많아서 정신없이 주워 담았다면 사회적 활동력이 왕성하고 배짱이 두둑한 아들을 낳게 될 태몽.

◇ **냇물이 마른 계곡에 산삼 꽃이라고 생각되는 예쁜 꽃이 피어 꺾으려고 다가갔으나 산비탈이 가팔라서 꺾지 못한 꿈**

대를 이을 아들을 기다리며 임신한 산모의 소망이 반영된 태몽이나 예쁜 딸아이를 낳게 된다. 그 딸아이의 앞날은 순탄치 않고 크고 작은 난관이 닥치나 끝내 곤경을 헤치고 여장부로서 세상의 명예를 얻게 됨.

◇ **시냇물이 맑게 흐르는 가운데 그 물 속에 황금덩어리가 있어 주운 꿈**
유복하고 행복한 집안에 옥동자가 태어나 그 기쁨을 이웃과 함께 나누게 된다. 전기나 기계, 금속 분야에서 두각을 나타내며 학업성적이 우수한 아들 덕분에 부모로서의 기쁨은 배가 된다.

◇ **맑은 샘물을 마신 꿈**
예술적 감수성이 풍부하여 화가나 작가로서 존경받으며 입지를 굳힐 자식을 얻게 된다.

◇ **남편을 따라서 냇물을 건너가려고 하지만 냇물이 더러워 보여 망설인 꿈**
한 집안에 아들이 태어나기를 모두 기다리고 있지만 끝내 딸을 출산하여 산모의 실망감이 클 것을 암시하는 꿈이다. 이 꿈은 대개 임신 중기에 꾸게 된다.

◇ **냇물이나 강가에서 게를 잡은 꿈**
대학교수나 전문분야의 연구자로 나아갈 자녀를 얻게 될 것을 암시.

◇ **삼킨 해를 토해내려고 했으나 끝내 토하지 못한 꿈**
의도적으로 유산을 하려고 하지만 태아가 건강하게 살아 남아서 열 달을 채우고 세상의 빛을 보게 된다. 특히 나라의 일을 맡아 보고 후대에까지 그 이름을 떨칠 위대한 인물이 탄생한다.

◇ **해나 달을 자신이 짊어진 꿈**
지성과 미모를 겸비하여 훗날 영부인으로서 국가적 존경을 받을 딸아이를 출산할 것을 암시.

◇ **시골의 냇가를 산책하는데 자갈이 모두 달걀처럼 하얗고 반들반들하게 보인 꿈**

기다리던 첫아들을 출산하게 될 태몽이다. 그러나 이 아들의 출생 후에는 부부의 정이 멀어지고 남편의 외도로 아들과 떨어져 살게 되는 슬픔을 감수하게 된다.

◇ **강가에서 값비싼 수석이나 빛이 나는 수석을 주운 꿈**

고위 관료로 출세하거나 학자로서 명예를 떨칠 아이를 낳게 된다.

◇ **달빛을 보며 감탄하다가 치마폭에 달빛을 가득 담은 꿈**

미모와 재능을 겸비한 딸아이를 임신할 태몽이다. 특히 외모가 출중하여 훗날 큰 명예를 얻게 된다.

◇ **대낮처럼 환한 달빛을 바라보며 경탄한 꿈**

얼굴이 곱고 심성이 유순한 딸아이를 임신할 태몽이다. 특히 아버지의 총애를 듬뿍 받으며 성장하게 된다.

◇ **달을 바라보며 간절히 기도를 하거나 소원을 빈 꿈**

정성으로 불공을 드리거나 신께 소원을 빈 끝에 그토록 기다리던 아들을 출산하게 된다. 다만 먼저 본인의 간절한 기도가 선행되어야 아이를 갖게 된다.

◇ **하늘에 떠 있던 태양이 자신의 입 속으로 들어온 꿈**

자수성가하여 부모를 평안하게 봉양할 아들이 태어날 것을 암시. 부모에게 도움은 받기 힘들어도 학업을 계속하여 건축, 토목업 분야로 일가견을 이룬다.

◇ 해나 달을 손으로 만진 꿈

국가의 지도자나 대기업 총수로 입신양명할 위인이 출생할 징조. 특히 대장부다운 아들을 얻게 된다.

◇ 태양이 두 개가 나란히 맞붙어 보인 꿈

쌍둥이 아들을 낳을 것을 암시. 혹은 두 개의 큰 사업체를 이끌어갈 능력이 있는 아이가 출생한다.

◇ 하늘에 있던 해를 손으로 따 가진 꿈

국가의 지도자나 국회의원, 재벌총수 등으로 대성할 아이를 출산케 된다. 평생토록 위인의 반열에 서서 가문을 빛낸다.

◇ 강물 위로 해가 떠오르는 것을 지켜본 꿈

대를 이을 아들을 낳게 되지만 그 아들의 출생으로 인한 기쁨은 잠시뿐, 가정불화나 태아의 사고로 인해 헤어질 우려가 있으니 항상 조심해야 한다.

◇ 따스한 햇볕이 내리쬐는 마당에 앉아 있는데 나비가 한 마리 날아와 자신이 어깨나 몸에 앉은 꿈

마음이 여리고 온순한 딸아이를 낳게 된다. 그러나 나비가 앉을까 말까 망설이면서 주변을 빙빙 돌았다면 성격이 까다로운 태아를 임신하게 될 징조이다.

◇ 자신의 품안으로 별이 떨어지거나 쏟아진 꿈

종교적으로 대성할 위대한 아이를 출산하게 될 것을 암시. 한 집안의 영예에 그치지 않고 나라의 보석이 된다.

◇ **가을 들녘에 오곡백과가 무르익어 풍요로워 보인 꿈**

대기업 총수로 이름을 날리며 집안에 부귀영화를 안겨줄 옥동자를 분만하게 될 것을 암시. 이 또한 조상의 보살핌이 크다.

◇ **붉은 빛깔을 띤 나비가 꽃밭이나 하늘을 날아다닌 꿈**

정치가로서 명예를 떨치거나 고위 공무원으로 입신양명할 아들을 낳아 일가가 행복을 만끽한다.

◇ **별이 땅에 떨어지자 그 자리에 벌 세 마리가 날아와 맴돈 꿈**

세 명의 여자와 관계를 맺어서 세 명의 딸을 낳게 된다. 일반적으로는 세 가지의 위대한 업적을 남겨 자손대대로 명예를 떨칠 길몽이다.

◇ **높은 산에 올라가 촛불을 켜고 치성으로 기도한 꿈**

기다리던 아들 대신 딸이 태어날 태몽이다. 이 딸은 부모의 사랑을 독차지하며 지혜롭고 헌신적인 성향의 처녀로 성장하며, 종교계나 사회봉사 분야에 몸담게 될 것.

◇ **서산으로 해가 지는 것을 안타깝게 바라본 꿈**

아들을 기다리고 있지만 딸을 낳게 됨을 암시한다.

◇ **하늘에 무지개가 찬란히 떠있거나 무지개를 손으로 만진 꿈**

인기 연예인이나 대중 작가로서 명성을 얻을 아이를 낳게 될 전망이다. 무지개를 향해 뛰어간 꿈도 같은 의미를 지닌다.

◇ **커다란 불덩이가 자신에게 다가와 뱃속으로 들어온 꿈**

대를 이을 아들을 기다리던 집에 마침내 옥동자가 출생할 것을 암시. 그 아들은 몸도 튼튼하고 대장부다운 성격으로 집안의 기둥이 된다.

◇ **마당의 우물이 철철 넘쳐 온 집안을 뒤덮은 꿈**

도량이 넓고 호방한 성품의 아들을 낳게 될 태몽이다. 일반적으로는 재물을 얻고 부귀를 누릴 길몽으로 풀이한다.

◇ **바위에 전복이 다닥다닥 붙어 있는 꿈**

딸아이를 낳게 됨을 암시. 만약 전복이 한 개만 있었다면 아들을 낳을 태몽이다. 일반적으로는 가족 중에서 외항선원으로 배를 탈 사람이 나오거나 건어물 장사를 하는 이가 생긴다.

기타
(음식, 친인척, 아이 등)

◇ 음식이나 음료수 등을 먹고 토한 꿈
속이 거북하여 토한 꿈도 같은 의미를 갖는다. 임신 도중에 유산될 우려가 있고 재산상의 실패를 한 번쯤 겪게 될 자식을 낳을 징조.

◇ 떡시루에 담긴 떡을 모두 먹어버린 꿈
사회 봉사자로 이름을 떨치거나 종교계로 입신할 아이가 태어날 암시.

◇ 돌아가신 친정 부모나 시댁 어른들이 나타나 반가워하며 웃는데 이빨이 몽땅 빠져 있어 놀란 꿈
산모의 건강에 이상이 생겨 유산될 우려가 있다. 열 달을 무사히 넘기고 낳는다면 아들일 확률이 높다. 그러나 선천적인 장애아나 질병을 안고 태어나서 집안의 근심이 커진다.

◇ 돌아가신 친정어머니가 흰옷을 입고 나타나 사내아이를 건네주고 사라진 꿈
꿈과 반대로 딸아이를 출산하게 된다. 그 딸은 조숙하여 마음씨가 곱고 봉사정신이 투철한 편으로서 훗날 사회봉사자나 간호사, 수녀 등이 되어 많은 사람들을 돌보게 된다.

◇ 낯선 청년이 술 한 병을 주길래 뚜껑을 열고 한 모금 마시니 너무 독해 마시지 못한 꿈
장사나 상업분야에서 재능을 보일 아들을 출산하게 될 태몽이다. 아울러 가업인 양조장이나 주류점 등을 물려받아 번창시킨다.

◇ **남편이 검은색 두루마기에 눈부신 흰 동정을 달고 훤칠한 모습으로 나타난 꿈**

공무원이나 대학교수로 나가 큰 성공을 거둘 호남형의 아들이 태어날 태몽이다. 신앙심이 깊고 자신의 명예를 소중히 여기는 기질의 소유자가 될 것.

◇ **몸이 아파서 고통을 호소하는 자신 앞에 부모님이 나타나서는 아무 말 없이 고무줄을 전해주고 사라진 꿈**

검은색의 고무줄이었다면 아들을 낳게 되지만 빨간색이나 파란색의 고무줄이었다면 자식이 귀한 집에 딸아이가 태어나 조금은 실망하게 될 징조.

◇ **나이가 든 사람이 길을 걷고 있는데 바위에서 아이가 기어나와 놀란 꿈**

신혼부부라면 이 꿈을 계기로 총명한 아들을 얻게 되는 것을 암시한다. 일반적으로는 부동산 가격의 상승이나 장사가 잘 되어 거금을 희롱하게 된다.

◇ **신적인 존재나 연륜이 있어 보이는 어르신이 어린 사내아이를 데리고 나타난 꿈**

조상이나 돌아가신 시부모가 동자를 데리고 온 꿈도 같은 의미를 지닌다. 아들이 귀한 집에 옥동자가 태어나서 잔치 분위기에 휩싸일 전망. 그 아이는 자라서 학자로서 후학들의 존경을 받는 인물이 된다.

◇ **불구자로 보이는 아이 두 명이 유모차에 앉아 있는 꿈**

가정형편이 어려워 피임하고 있지만 뜻밖에 둘째 아이를 임신하게 된다. 일반적으로는 자신의 딸, 아들에게 큰 병이 찾아와 한동안 병원신세를 지게 될 것을 암시한다.

◇ **학창시절의 미남 선생님 두 분이 동시에 자신에게 사랑을 호소한 꿈**
용모가 준수하고 인기가 많은 아들을 임신하게 될 태몽이다. 타고난 외모 덕분에 여자들과의 관계가 복잡해지거나 구설수에 오를 가능성이 있다. 사내다운 호방한 성품에 사교성도 있으니 정치가나 사업가, 교육 사업가로 성공할 수 있다.

◇ **남편이 높은 인물로 추대되거나 승진한 꿈**
회사의 중역으로 출세하거나 학업 성적이 우수할 아들을 낳게 될 것을 암시. 일반적으로 남편에게 신분 상승의 기회가 도래한다.

◇ **자신이 임신 중인데 낯선 남자와 성교를 한 꿈**
부모에게 불손하고 함께 살지 못할 아이가 태어날 징조이다.

◇ **갓난애가 어른처럼 말하거나 책을 읽은 꿈**
신문 기자나 문학가로서 대성할 자식을 얻게 될 태몽이다.

◇ **대문에서 승려가 염불하고 있어서 시주를 하려고 준비한 꿈**
고위 공무원으로 이름을 떨치거나 학자, 작가로서 성공할 아들을 낳게 될 조짐이다.

◇ **친정어머니나 자매로부터 속옷을 선물 받은 꿈**
여장부로서 사회사업가나 정치가로 성공할 딸을 출산하게 되는 태몽이다. 이 아이는 어려서부터 부모의 속을 훤히 헤아리며 효성이 지극한 딸이다.

◇ **연륜이 깊은 노인에게서 깨끗한 면도칼을 선물 받은 꿈**

결혼 후 첫째 아이로 아들을 낳게 될 암시. 신앙심이 깊은 가정에서 아량이 넓고 학문에 정진하여 두각을 나타내는 듬직한 장남이 될 것이다.

◇ **조그마한 어린 아이가 학을 타고 하늘을 날아다닌 꿈**

씩씩하고 남자다운 성격을 지닌 아들을 낳게 될 것을 암시한다. 특히 아들이 귀한 집에는 경사가 겹친다. 일반적으로는 재물이 늘어가고 복권당첨, 포상금 수여, 합격 등을 예시한 길몽이다.

◇ **자신이 전문서적을 탐독하며 학문에 정진한 꿈**

학업에 몰두하여 뛰어난 학업 성적으로 두각을 나타낼 자녀를 출산할 태몽. 그 아이는 훗날 대학교수나 과학자로서 큰 족적을 남기게 된다.

◇ **조그마한 사내아이를 데리고 언덕이나 고개를 힘겹게 넘어가는데 주변에 꽃들이 만발하여 꽃향기가 가득했던 꿈**

임신 중인 여성이라면 입덧이 심해서 오랫동안 고생하지만 아들을 낳아 시부모의 사랑을 받는 가운데 아들도 건강하고 지혜가 있어서 보람을 느끼게 된다.

◇ **자신이 옷을 다 벗고 알몸으로 냇가에서 친구들과 수영하고 논 꿈**
신경질적이고 건강이 좋지 않은 아이를 임신할 징조이다. 어려서 혈압이나 기관지 계통의 질병을 앓을 우려가 있으니 아이의 건강에 만전을 기해야 한다.

◇ **용모가 단정하고 착하게 보이는 소년에게 길 안내를 받은 꿈**
미소년에게 길을 알려 준 꿈도 같은 의미를 지닌다. 꿈과 반대로 어여쁜 딸아이를 낳게 될 태몽이다. 그러나 이 딸아이의 출산으로 사회적인 유대관계는 더욱 넓어지고 남편과의 애정은 더욱 깊어진다.

◇ **갓난아이를 낚시질로 잡았으나 곧 다시 놓아줘버리는 꿈**
줄줄이 딸을 낳아 초조하게 아들을 기다리던 집안에 마침내 막내아들이 태어나 집안 잔치를 벌이게 될 전망. 사업가는 날로 사업이 번창하고 고민이나 근심은 얼마의 시간이 경과된 후에 해소된다.

◇ **낯선 타인이나 신적인 존재가 나타나 아이를 낳게 해주겠다고 말한 꿈**
결혼한 지 몇 년이 지나도록 아이가 없던 집안에 뜻밖에 태기(胎氣)가 있어서 집안 잔치를 벌이며 기뻐할 것을 암시.

◇ **사람이 없는 텅 빈 교회에 혼자 앉아 기도를 간절히 한 꿈**
집안의 사랑을 독차지할 딸아이를 얻게 될 조짐이다. 그로 인해 부부의 정은 깊어지고 화목함도 더해진다.

◇ 죽은 사람의 시체를 임금 왕(王)자처럼 밧줄로 묶은 꿈

몸이 허약하여 병치레를 자주하지만 머리가 총명하고 학문에 조예가 깊어서 사람들의 관심을 집중시킬 위인을 출산하게 될 태몽이다. 특히 예술 방면으로 소질이 많고 감수성도 풍부하여 주목을 받는 작품을 창작하게 된다.

◇ 하늘에서 내려온 어린 아이를 두 팔로 소중하게 감싸 안은 꿈

늦게 낳은 자식이 아들일 확률이 높다. 또한 낳을 생각이 없던 태아가 아들이라서 부부의 기쁨은 의외로 커질 전망. 그 막내아들의 지극한 효성으로 말년은 행복과 축복 속에 다복함을 느낄 징조이다.

◇ 자신이 학창시절로 되돌아가 교실에서 교복을 입고 공부하고 있는 꿈

법관이나 판사, 대학교수, 연구가로 이름을 떨칠 아들을 낳게 될 태몽이다. 혹은 금융, 증권, 법률 분야에서 해박한 지식을 자랑하며 전문가로 지위를 다질 아들을 얻게 될 것을 암시.

◇ 이사를 간다며 짐을 싸고 옮기는 분주한 가운데 친구들이 도와주겠다며 함께 이사를 거든 꿈

임산부의 몸이 다소 허약하여 태아의 건강에도 지장이 따를 우려가 높다. 또한 사춘기 시절까지는 그 아이가 잔병치레를 자주하여 부모의 속을 태우게 된다.

◇ 낯선 사람이나 신적인 존재가 아들이라며 낯선 사내아이를 자신에게 맡아달라고 건네주고 사라진 꿈

대를 이을 아들이 귀하던 집에 늦둥이로 아들이 태어나 가문의 잔치가 벌어질 전망. 그러나 산모는 산통(産痛)이 심하여 힘든 시간을 겪어 아이를 낳게 된다. 결국 건강한 옥동자를 분만하여 안팎으로 축하를 받으며 효성이 지극한 아들을 얻게 된다.

◇ **연륜이 깊어 보이는 스님이 가부좌를 하고 앉아 목탁을 치며 염불하고 있는 꿈**

자신의 몸이 허약하여 좀처럼 태기가 없어 속을 태우지만 시어머니의 간절한 기도와 정성으로 아이를 임신하게 될 태몽이다. 그 아이는 아들이 아니라 딸이며 장녀의 출생으로 곧 둘째 아이를 임신하고 가정 사정이 원활해지는 행운을 맞이하게 된다.

◇ **어머니와 함께 시장을 보러 가서 먹을 것을 사가지고 온 꿈**

사업가로 수완을 발휘하거나 영업능력이 탁월한 아들을 출산하게 될 태몽이다. 그 아들은 자라면서 사교성이 풍부하고 인덕이 많아서 남보다 출세와 성공이 빠를 전망이다.

◇ **광채가 나는 황금 비늘을 가진 인어가 자신의 집 소파나 서재에 앉아 있던 꿈**

굉장한 미모를 가진 딸아이를 낳아 많은 사람들에게 부러움을 산다. 그 딸아이는 문학적 소질이나 미술적 재능도 겸비하여 청혼자들이 줄을 서게 된다. 재물운도 있어서 넉넉한 인생을 꾸린다.

◇ **남편이 친형제나 집안 어른들과 함께 비행기에서 내린 꿈**

임산부가 이런 종류의 꿈을 꾸었다면 태아에게 이상이 생겨 근심이 따를 흉몽이다. 일반적으로는 집안에 종교 문제나 유산상속 문제로 불화가 따르고 불의의 사고가 겹쳐서 우환이 따를 징조.

◇ **친한 친구 집에 놀러갔으나 그 친구가 자신을 모르는 사람이라고 하면서 문전박대하여 허탕치고 온 꿈**

결혼한 지 오래도록 자식이 없어서 주부의 걱정과 고통은 이루 형용하기 힘들 정도로 크다. 후사를 염려해서 배 다른 아이라도 들이려고 하지만 원하는 아들은 얻지 못한다.

◇ **빌딩 공사장이나 집을 짓는 현장에 있던 남편이 주변에 있던 낯선 여인들과 춤을 추며 기뻐하는 꿈**

예술적 감각이 풍부한 아들을 임신할 태몽. 일반적으로는 남편이 부동산 투기나 건축업에 뛰어들어 사업체를 차리지만 몇 번이나 위기를 겪으며 부인의 속을 태우게 될 것을 암시.

◇ **시골 버스를 타고 가는데 낯선 노인이 자신에게 인삼 한 뿌리를 준 꿈**

사회 봉사자로 일하거나 교육 사업에 헌신하여 이름을 떨칠 아들을 낳게 될 태몽이다. 특히 조상의 음덕으로 대를 이을 아들을 얻게 되어 산모의 기쁨은 크다.

◇ **산에서 산신령이 동자를 데려다 자신에게 준 꿈**

태어날 아이는 학문에 매진하여 명성을 얻게 될 태몽으로 꿈에서 느끼는 행복감과 만족감이 클수록 좋은 꿈이다.

◇ **사찰에 들어가 불상이나 목탁을 손으로 만지는 꿈**

신앙심이 돈독하고 성실하며 부모를 잘 섬기는 효자나 효녀를 임신하게 될 태몽이다.

◇ **신적인 존재나 유명한 사람과 한 이불을 덮고 잔 꿈**

이름을 떨칠 아이를 가지게 될 태몽으로 신적인 존재와 조상님의 보살핌을 받는 아이가 태어난다.

제2장

재물운과 사업운에 관한 꿈

재물운과 사업운이 좋은 꿈은 어떤 꿈일까?
대표적인 사물로는 돼지와 똥, 불 등에 관련된 꿈이다.
그 외에는 돌아가신 조상을 꿈에서 보는 것인데 표정이 밝았다면 재물운이 가득한 꿈으로
이러한 꿈은 복권 당첨이나 원하던 일을
이뤄낸 사례가 적지 않다.

◇ **낯선 누군가와 손을 포개거나 맞잡은 꿈**
나에게 도움이 될 사람이 나타날 것을 암시. 사업상의 자금 후원자나 계약과 관련된 후원자의 큰 도움으로 거래가 성사된다. 이 밖에도 취업이나 공동의 일에 있어서 소원이 성취된다.

◇ **영적인 존재나 불상에 절을 올린 꿈**
소망 성취, 유산 상속 등의 행운이 찾아오거나, 경영주나 부친으로부터 사업체를 물려받아 경영주로서의 능력을 발휘하게 된다. 이 밖에도 상사나 상급기관, 윗사람에게 청탁할 일이 생길 가능성을 암시.

◇ **타인과 악수한 손을 흔들며 반가워한 꿈**
이미 성사된 것으로 알고 있는 거래나 관청의 서류 등에 뭔가 문제가 생겨서 거래가 취소되거나 문서를 다시 작성하게 된다. 꿈에서의 악수란 사업 파트너와의 교류나 계약, 토지나 소유권 등의 문서 계약을 상징한다. 손이 흔들린 건 그런 계약상의 현안들에 하자가 생겼다는 의미이다.

◇ **인사를 했지만 상대방이 자기 인사를 무시하고 고개를 돌린 꿈**

사업 계약은 점차 불리해지고 관공서나 거래처에서 사전 약속을 이행하지 않아서 몹시 난처한 입장에 빠진다. 약속 취소 및 부탁의 거절이 암시된 꿈이다.

◇ **꽃씨나 곡물의 종자 따위를 엄청나게 갖고 다닌 꿈**

누군가의 사업체에 자금 후원자로 나서서 큰 돈을 투자하게 될 것을 암시. 한편 들이나 논에 씨를 뿌리고 다닌 꿈도 사업 자금을 뿌리게 된다는 것으로 풀이한다.

◇ **잘 말려진 생선을 시장에서 사 온 꿈**

겉으로는 초라하고 소규모의 사업 같지만 내용은 알차고 실속이 큰 장사를 시작하게 되어 적지 않은 돈을 모으게 된다.

◇ **우리를 뛰쳐나간 돼지를 잡으러 다닌 꿈**

재물운이 상승하고 큰 돈이 집안에 들어올 행운몽이다. 새끼가 많을수록 재물운도 좋고 금전적 액수도 높아진다.

◇ **변기에 대변이 꽉 차서 넘친 꿈**

복권 당첨, 유산상속, 사업 성공, 부동산 가격의 상승 등으로 큰 재물을 만지게 된다. 사업상으로는 상품 판매가 날로 급상승하여 탄탄한 기반을 닦게 된다.

◇ **목장이나 벌판 등에서 여러 마리의 소가 풀을 뜯고 있는 꿈**

사업을 일으킬 인재를 채용하게 되고 그 혜택으로 인해 곧 사업은 안정된 반열에 들어서게 된다.

◇ **한 마리의 돼지를 우리에 가둬 놓았는데 나중에 보니 여러 마리로 늘어나 있는 꿈**

이 꿈 역시 목돈이 생길 행운몽이다. 특히 예기치 않은 사회적 환경의 변화나 유행을 타고 갑자기 거부(巨富)의 대열에 들어서게 됨을 암시하는 꿈이다.

◇ **집이나 건물, 어느 지역의 위치가 그려진 지도나 약도를 받은 꿈**

토지 매매나 상품 판매에서 뜻한 대로 일이 성취된다. 또한 한동안 해결 기미 없이 지지부진하던 사업 계약이나 빌려 준 돈 문제 등이 양쪽 모두의 한발 양보로 명확히 해결된다.

◇ **복권을 사거나 다른 사람에게 받은 꿈**

타인의 도움으로 사업이나 직장에서 유리한 거래 조건을 따내게 된다. 이로 인해 목돈이 들어오고 사업운도 순조로워진다. 금전적으로도 가계에 큰 보탬이 될 계기가 마련된다.

◇ **짐승이나 맹수 등이 다른 짐승이나 맹수를 쫓아다니며 물어뜯는 것을 본 꿈**

사업 내용이나 이해관계를 달리하는 업체끼리 생존전략을 위하여 합병하거나 공동으로 사업을 주관하게 된다.

◇ **높은 기둥이나 빌딩에 올라간 꿈**

관공서의 고위층 인사나 사회적으로 연배인 지인(知人)의 알선으로 좋은 취직자리나 목돈이 생길 일을 하게 된다. 사업가라면 상급 기관의 후원으로 사업상의 난제(難題)들을 원만하게 처리하여 큰 돈을 벌게 된다. 승진과 진학의 암시도 있다.

◇ **여러 마리의 소가 외양간에 매어져 있는 꿈**

성실하고 능력 있는 직원들의 노력과 협조로 사업상의 성공을 기약하게 되고 집안에 큰 돈이 들어온다. 부동산 가격의 상승이나 적금, 곗돈 등을 타서 목돈 마련 가능.

◇ **자기 집에 화재가 나서 활활 불길이 치솟고 있는 꿈**

횡재, 금전운 대통, 사업 발전에 대한 길몽 중의 길몽이다. 집안은 날로 안정되고 남부럽지 않을 만큼 돈을 모아 여유 있는 삶을 산다.

◇ **마당이나 방 안에 꽃상여가 놓인 꿈**

천금을 희롱하게 될 부귀영화의 꿈이다. 개인적으로는 명예가 상승하고 사회적으로 존귀한 인물이 될 입신출세의 꿈이다.

◇ **시체가 없는 빈 관을 들고 장례를 치른 꿈**

거래처의 사기나 부도, 계약파탄으로 인해 커다란 금전적 손실을 당할 흉몽이다. 집안에서도 빚보증이나 연대보증 등으로 금전적 피해를 입게 된다.

◇ **커다란 돼지가 졸졸 따라다닌 꿈**

기업체의 경영주나 최고 명예직 등을 맡아 사회적으로 입신양명하게 되고 가정적으로는 재물운이 따라 부유층으로 편입하게 된다.

◇ **이빨이 몽땅 빠져 버린 꿈**

새로운 일이나 사업을 벌여 금전상의 이득이 높아진다. 사업가라면 사업 내용을 혁신하거나 직원을 대폭 물갈이하여 발전적인 근무 기강을 확립하게 된다.

◇ **빠지려고 하거나 이미 빠진 이빨을 얼른 끼워 넣은 꿈**
부도 위기에 처한 사업체를 인수하여 경영을 혁신한 결과 탄탄한 기반을 잡게 된다. 가정적으로는 많은 재물을 손실하겠으나 얼마 후에 재기하여 경제력을 회복하게 된다.

◇ **이빨이 한두 개 빠져버린 꿈**
일반적으로는 건강 악화나 가족들에게 일어날 불행을 암시하며 사업상으로는 거래처 중의 한두 군데를 잃게 되거나 회사의 중요한 직원이 다른 회사로 전직하는 일이 발생할 암시로 풀이한다. 개인적으로는 돈의 지출이 심해지고 금전상으로 타인으로 인해 손해를 보게 된다.

◇ **돼지를 등에 지고 오거나 밖에서 끌고 온 꿈**
뜻밖의 재물이 굴러들어올 행운의 꿈이다. 생각지 못한 유산상속, 포상금 수여, 복권 당첨, 부동산 가격의 상승 등으로 목돈을 저축하고 여유로운 생활을 하게 된다.

◇ **송장이 물에 불어서 부풀려진 꿈**
집안이 가난하여 경제적인 어려움이 몹시 심하다는 증거이다. 가장(家長)이라면 부채가 날로 늘어나 감당하기 벅찬 상태까지 갈 수 있으니 주의를 요한다.

◇ **우시장에 나가 윤기 있어 보이는 소를 한 마리 산 꿈**
돈 줄이 막히지 않아 사업에 애로가 없고 샐러리맨은 차곡차곡 저축을 하여 남부럽지 않을 만큼의 돈을 모으게 된다. 일반적으로는 직원을 채용하거나 며느리를 맞아들일 암시이며 사업상으로 유리한 입장에 서게 된다.

◇ **트럭이나 리어카 등에 돼지를 가득 싣고 다닌 꿈**

목돈을 벌 수 있는 사업이나 일에 뛰어들어 일약 거부(巨富)의 반열에 올라선다. 가는 곳마다 돈을 벌어들일 기회가 생긴다.

◇ **자기 자신이 돼지로 변하여 우리 속에 갇힌 꿈**

이 꿈 역시 행운과 횡재를 나타낸다. 복권당첨, 유산상속 등으로 많은 재물을 모으게 된다.

◇ **흙탕물이 된 논이나 저수지 바닥에서 붕어나 잉어를 잡은 꿈**

옳지 못한 수단이나 방법을 통해서 개인적으로 재산을 모으거나 법에 저촉되는 사업을 비밀리에 진행하여 돈을 벌어들일 것을 암시한다.

◇ **조개가 진주를 토해낸 꿈**

복권 당첨과 같은 뜻밖의 행운이 찾아올 행운몽이다. 이 밖에도 의외의 사람에게서 유산을 물려받거나 값비싼 보석을 선물 받게 된다.

◇ **채소를 팔로 가득 안고 다닌 꿈**
뜻밖의 돈이 생기거나 포상금 수여, 경품당첨 등의 행운을 맞이한다.

◇ **송장이 흙 속에 온전히 묻히지 않은 채 엉성하게 가매장되어 있는 꿈**
공금 횡령이 발각되거나 비자금이 탄로 나서 곤경에 처하게 된다. 한편 개인적으로는 아무도 모르게 제3의 비자금을 조성하거나 돈을 은닉하게 될 징조이며 개인적인 비밀이 생긴다.

◇ **얕은 저수지나 논두렁에서 게를 잡은 꿈**
이 꿈 역시 횡재의 암시가 담겨져 있다. 복권 당첨, 사업거래의 성공, 재산상속 등의 절호의 찬스가 생긴다. 잡은 게의 숫자만큼 행운의 크기도 크다.

◇ **과일을 자루나 상자에 담아 가져오거나 받은 꿈**
예기치 않은 행운이 통째로 찾아올 것을 의미한다. 일시에 목돈을 쥐게 되고 급여가 높은 직책이나 직장으로 발령받게 된다.

◇ **소를 내다 판 꿈**
저축한 돈을 까먹게 되고 사업 자금이 막혀 위기를 느끼게 된다. 또한 성실하고 능력 있는 직원이 사직서를 내거나 며느리에게 문제가 생길 가능성이 농후하다.

◇ **염소나 양을 몰아서 집안으로 끌고 온 꿈**
돈이 들어오거나 자손 경사의 암시. 혹은 참한 며느릿감이 생길 전망. 가정적으로나 경제적으로 넉넉해지고 화목함이 넘친다.

◇ **자신이 탄 차가 뒤집혀 사고가 난 꿈**

이 꿈은 나중의 상황에 따라 꿈 해석이 달라진다. 뒤집힌 차가 완전히 부서져버렸다면 사업상의 위기나 가정적 곤란 끝에 새로운 기회가 찾아오게 될 것을 나타낸다. 그러나 뒤집힌 채 차가 찌그러진 정도에 그쳤다면 사업계획은 중도에서 좌절되고 직장을 잃거나 소원이 무산될 흉몽이다.

◇ **지도나 지구본을 들여다보며 위치를 확인한 꿈**

사업 영역을 해외로까지 넓히게 된다. 해외 지사를 설치하게 되거나 해외 지점을 개설하게 된다. 혹은 기획안의 작성과 검토를 암시.

◇ **다양한 색채의 실로 카펫을 짠 꿈**

사회적으로 기반이 확고한 선배나 유명 인사들과 친분을 넓혀 출세의 기회를 만들게 되고 사업상의 확실한 후원자들과 개인적으로 교류를 하면서 안정된 생활을 하게 된다. 사람들과의 친분 관계, 대인관계의 원만성 등을 나타낸다. 아울러 계약이나 거래상의 유리한 조건을 자신이 쥐게 된다. 매사가 마음먹은 대로 성사되고 엮어져 나간다.

◇ **돗자리를 펴고 눕거나 휴식을 취한 꿈**

사업 영역을 넓히기 위해 거래처를 수소문하고 있거나 관계자를 만나 사업 상담을 하게 된다. 작가라면 자기 작품이 출판사에 채택되어 세상 사람들에게 널리 알려지게 된다.

◇ **잃어버린 서류봉투나 문서를 되찾은 꿈**

돈을 쓸 일이 생겨 가계 지출이 늘어나고 개인적으로는 직장을 잃거나 사업 계약이 취소되는 불운을 겪게 된다.

◇ **백화점에서 쇼핑한 꿈**

금전적 고통에서 벗어날 좋은 계기가 마련된다. 조만간 목돈이 들어오거나 고정급을 받을 튼튼한 직장이 마련되어 경제적인 여유를 누릴 수 있다.

◇ **서류봉투를 잃어버린 꿈**

꿈과 반대로 금전운과 관련된 행운몽이다. 많은 돈은 아니지만 저축의 기회가 생기며 직장이나 사업상으로도 즐거운 소식을 듣게 된다. 서류봉투를 전철이나 기타 교통수단 등에 놓고 깜빡 잊어버린 꿈도 마찬가지의 의미를 갖는다.

◇ **자신이 사는 마을이나 동네가 지진이 나서 폐허로 변한 꿈**

정리해고를 당해 실업자가 되거나 하급부서로 좌천될 흉조. 사업상으로도 어음 부도나 거래 취소, 자금난 심화가 더해져 위기를 맞이한다. 경제 여건의 악화가 이 꿈의 주된 의미라고 하겠다.

◇ **상사나 경영주가 자신만 승진 명단에서 탈락시켜 억울했던 꿈**

뜻밖의 행운이 찾아온다. 아울러 예기치 않은 유산을 물려받거나 재물을 만지게 된다. 승진 요구를 묵살당한 꿈 역시 유사한 의미가 있다.

◇ **산더미처럼 쌓인 동전더미를 보고 그 중 일부를 자루에 퍼 담아 들고 온 꿈**

조상의 음덕으로 복권 당첨이나 경품 당첨, 포상금 등의 거액을 받아 여유로운 생활을 하게 된다. 또한 토지 거래나 주식 투자 등으로 큰 이익을 남긴다. 다만 이렇게 벌어들인 돈으로 무리하게 큰 사업을 벌인다면 망하기 십상이다. 은행에 저축해 두는 것이 안전하다.

◇ **월급을 지불하거나 시킨 일에 대한 대가를 치른 꿈**

가정적으로 적지 않은 돈이 들어와 오랜만에 주부의 주름살이 펴질 행운의 꿈이다. 타인에게 돈을 지불하거나 대가를 치른 꿈은 자신에게 금전적 소득이 따르는 길몽이다.

◇ **잃어버린 물건을 찾아준 사람에게 일정한 돈을 대가로 지불하려고 했으나 잔돈이 없어 끝내 주지 못한 꿈**

돈을 쓸 일이 생기게 되고 가정적으로나 개인적으로 수입보다 지출이 많아져 금전적 곤란을 느끼게 된다. 타인에게 돈을 주거나 신세를 질 일이 생길 징조로도 해석.

◇ **임신했다고 축하받은 꿈**

미혼 여성이라면 신상에 즐거운 일이 생기거나 목돈이 들어올 기회가 생긴다. 주부라면 남편에게 행운이 찾아올 징조로서 유산 상속, 고위직으로의 승진, 입신출세를 암시. 가정에 경사가 베풀어진다.

◇ **친구나 동료 직원의 감언이설에 의해 자신이 누명을 쓰고 회사에서 쫓겨난 꿈**

동료직원이나 부서의 업무상 실패, 불만족스런 일처리로 인해 자신이 그 피해를 받게 된다. 아울러 문서 보증이나 신용 보증을 서주었다가 예기치 않은 손해를 입을 가능성이 높다.

◇ **대통령이나 국회의원 등 신분이 높은 사람과 악수한 꿈**

사업은 날로 번창하여 탄탄대로를 걷게 되고 많은 돈을 벌어들여 천금을 희롱할 수 있게 된다. 사회적으로는 자신의 입지를 강화하는 좋은 기회를 맞이할 수 있게 된다.

◇ 호랑이 목에 밧줄을 맨 채 끌고 다닌 꿈

사업상의 큰 계약을 자신의 뜻대로 성사시키며 직장에서는 최고 책임자나 핵심부서의 부서장을 맡아 이름을 떨치게 된다. 또한 개인적인 권위나 능력 발휘의 기회를 맞아 재물운도 상승하게 된다.

◇ 귀중품이나 아끼는 소지품, 서류를 도난당한 꿈

가치가 큰 귀중품일수록 그것을 잃어버린 꿈은 행운을 가져온다. 일시적으로 거액의 자금이 들어오고 개인적으로도 재물운이 따르게 된다. 상업에 종사하는 사람이나 사업가라면 의외의 장사 기회, 계약 성사 등으로 금전 융통이 활발해진다.

◇ 마당에 나무 기둥을 박거나 세운 꿈

하고 있는 사업은 좀 더 확실하고 규모가 큰 이윤을 남기게 되고 직장은 보다 견실한 기반을 갖추게 된다. 아울러 자신의 능력을 발휘하거나 승진 등의 찬스를 맞아 금전 소득이 증가하게 된다.

◇ 타인의 장례식에 참석한 꿈

뜻밖의 친척이나 먼 일가붙이에게서 재물이나 토지를 상속받게 된다. 이 밖에도 복권 당첨, 포상금 수여 등의 행운이 암시된다.

◇ 나무 기둥이 갑자기 굵어지면서 우람해진 꿈

명예 상승과 입신출세의 행운을 예시한 꿈이다. 가정적으로는 가장이 승진을 하거나 사업에서 큰 이득을 남겨 목돈을 저축할 수 있게 되고 부동산 가격 상승이나 유산 상속 등의 재물운이 따른다.

◇ 똥통이나 똥 더미에서 허우적거리는 돼지를 끄집어낸 꿈

주식 투자나 토지 매매로 인해 큰 재물을 얻게 된다. 또한 가정적으로나 개인적으로 하고자 하는 일이 순조롭게 진행되어 금전, 승진, 출세의 면에서 행운이 따른다.

◇ 아이에게 젖을 먹이는 여자가 등장한 꿈

현재는 금전적 곤란이 심해 심신이 불안하지만 곧 이를 도와주거나 해결해 줄 귀인을 만나 가난으로부터 벗어날 수 있게 된다.

◇ 소털이나 개털, 양털을 달라고 늙은 할머니가 떼를 쓴 꿈

사업 규모를 줄이거나 부서를 개편하게 될 것을 암시. 만약 그렇지 않을 경우엔 부도 위기, 정리해고의 순간을 맞이하게 된다. 자신이 하고 있는 일에 대한 모종의 변화가 동물의 털로 나타난 것이다.

◇ 거울로 들여다본 자신의 눈이 반짝반짝 빛이 난 꿈

입신양명, 부귀영화를 한 몸에 누리게 된다. 사회적으로 널리 이름을 떨치고 대사업가, 대재벌의 반열에 들어서게 된다.

◇ 거꾸로 뒤집혀진 배를 바로 세워서 탄 꿈

꿈의 외형과 반대로 매사 중도 좌절 된다. 계약은 성사되기 직전에 결렬되고 직장에서도 신임을 잃거나 업무상 과실로 곤경에 처하게 되며 금전적으로도 막힘이 많아진다.

◇ 동그랗게 생긴 테이블에 여러 사람이 앉아 토론이나 회의를 한 꿈

동그란 테이블에서 대화를 나눈 꿈도 같은 의미가 담겨 있다. 거래처와 불편한 관계가 해소되어 이익이 큰 계약을 하게 되고, 직장에서도 동료나 부서간의 갈등이 해소되어 순조로운 직장생활을 하게 됨을 의미하는 꿈이다.

◇ 눈 내린 들이나 산에서 눈덩이를 굴려서 점점 크게 만든 꿈

저축액은 갈수록 늘어나 풍요로움을 만끽하며 생활하게 된다. 작은 회사로 출발했으나 멀지 않은 장래에 규모가 큰 회사로 발전하게 된다.

◇ 방 안에 흰 눈이 가득 내려 쌓인 꿈

풍요와 결실, 금전적 행운을 암시하는 꿈이다. 가정에는 날로 저축액이 늘고 뜻밖의 사례금이나 포상금 등이 주어지는 경사가 이어진다.

◇ 시체를 보고 두려워 도망친 꿈

금전적, 사회적 행운과 출세의 기회를 목전에서 놓치게 된다. 복권 당첨 등의 횡재의 기회도 아슬아슬하게 자신에게서 벗어나 버린다.

◇ 다리 위로 리어카나 마차 등이 지나간 꿈

사업상의 계약을 성사시켜 재물을 거둬들이려면 이를 도와주고 후원해 줄 중개자나 중간 상인이 필요하다는 의미이다. 제3의 타인이 자신이

의도한 일을 쉽게 성사시킬 수 있는 열쇠를 쥐고 있다.

◇ **마당에 여러 마리의 돼지를 풀어두자 뿔뿔이 흩어져버린 꿈**

큰 재산을 벌어 뭇사람들의 부러움을 사지만 조만간 사업 실패, 투자의 실패로 모든 재산을 잃게 된다. 자금 관리에 대한 주의가 요구되는 꿈이다.

◇ **모서리가 진 사각형의 테이블에서 대화를 한 꿈**

사업가라면 현재 진행 중인 계약이나 일에 대하여 극도로 신경을 써야 할 듯. 뜻밖의 이해 상충, 의견 결렬, 거래처와의 불화로 사업 거래는 취소되고 사업 현황도 부진하게 된다. 결국은 금전적 손실을 감수하는 상황이 발생한다.

◇ **소나 돼지의 발길에 채이거나 밟힌 꿈**

경제적 궁핍함으로 인해 시달림을 받게 될 징조. 특히 사업가라면 공장이 문을 닫거나 파산 위기에 몰려서 사채업자들의 빚 독촉으로 심신이 고달파진다.

◇ **썩거나 날파리가 엉겨 붙어 있는 죽은 돼지를 등에 짊어지고 집으로 온 꿈**

사업가라면 도산의 위기에 처하게 되고 개인적으로는 가족 중의 누군가가 중병에 걸려 신음하게 될 흉몽이다.

◇ **입이 엄청나게 커다랗게 보인 꿈**

정력적인 사회활동과 크나큰 재물을 암시한다. 많은 재산을 모아 두고 여유로운 생활을 하게 된다.

◇ **백로나 백조 여러 마리가 논바닥에 앉아 노니는 꿈**
사회적으로 명예와 인품이 보장된 일에 종사하게 되며 개인적으로는 그로 인해 목돈을 저축하며 풍요로운 생활을 누린다. 대인의 풍모가 느껴지는 직업에 종사한다.

◇ **독사나 뱀에게 물려 온몸에 독이 퍼진 꿈**
길몽 중의 길몽이다. 권력과 부귀영화를 한 몸에 지닌 채 천금을 희롱하며 상류층 대열에서 생활하게 된다. 경제적인 여유뿐만 아니라 사회적으로도 여러 부하 직원을 거느리며 고위직에 종사하게 된다.

◇ **들판의 보리나 벼 속에서 새알을 주운 꿈**
값비싼 보석을 선물 받거나 상품, 경품 등을 얻게 된다. 또한 연구 과제, 발명, 기획 안건 등에 있어서 결정적인 아이디어가 떠올라 일에 진척이 있게 되며 곤란에 빠진 현재의 상황을 개선해 줄 좋은 계기를 만나게 된다.

◇ **사람 해골을 공처럼 차고 다닌 꿈**
먼 친척의 유산을 상속받거나 땅값이 상승하거나 사는 지역이 도시개발계획지역 등으로 지정되어 큰 돈을 만지게 된다. 의외의 재물을 획득할 절호의 찬스를 의미한다.

◇ **자기 팔이 검은 털로 뒤덮인 꿈**
털이 시커멓게 돋아 온통 팔을 뒤덮을 정도로 덥수룩했다면 예기치 못한 행운을 안게 될 길몽(吉夢)이다. 의욕적이고 정열적인 사회활동의 결과로 사회적인 명성과 능력을 인정받게 된다. 대내외적으로 기쁨이 겸전한다.

◇ **자신의 귀 안에 쌀이나 보리가 가득찬 꿈**

적지 않은 재물이 들어올 징조. 가정적으로 어렵지 않게 살만큼 목돈이 들어오는 행운이 따른다. 토지 가격의 상승, 재개발 지역으로의 확정, 유산 상속 등이 암시된다.

◇ **코피가 터져 붉은 피가 줄줄 흐른 꿈**

자신에게 돌아오는 금전적인 소득은 의외로 규모가 크다. 승진, 취직에서도 유리하며 통장에 저금한 돈도 꽤 많은 액수가 될 것.

◇ **몸에서 피가 새나가서 결국 한 방울도 남지 않은 꿈**

운세의 쇠퇴 기미. 금전적으로나 사회적 활동면에서 자신의 입지가 약화되고 사업운은 왠지 침체된 채 회복하기 힘들다.

◇ **낮았던 자신의 코가 오뚝하게 높이 솟아 보인 꿈**

그간의 노력과 땀에 대한 대가로 명예와 재물이 주어진다는 것을 암시. 뭇사람들에게 존경을 받을 만한 직위에 올라 능력을 발휘하게 된다.

◇ **음식물을 토해낸 꿈**

구토를 한 꿈은 가졌던 것을 되돌려 준다는 의미가 강하다. 옳지 못한 수단과 방법으로 축적한 돈은 결국 법에 의해 사회에 환원되며 자신이 갖고 있는 부(富)의 일부를 타인을 위해 쓰게 된다.

◇ **물건이나 돈을 찾았으나 끝내 찾지 못한 꿈**

찾으려고 한 물건이 상징하는 의미나 일로부터 회피하려는 심리를 나타낸다. 또한 돈을 찾으려고 했다면 금전적 고통으로부터 벗어나고 싶다는 심리를 드러낸 꿈이다.

◇ **침이 마르고 입안이 매우 건조해진 느낌을 가진 꿈**

건강이 악화돼 가고 있음을 나타내는 한편 사업자금의 고갈과 경제적 궁핍, 사회적 입지의 약화를 의미한다.

◇ **날아다니는 말벌을 손으로 때려잡은 꿈**

사업상의 계약, 그것도 꽤 규모가 큰 계약에서 유리한 조건으로 거래를 성사시키게 된다. 또한 취직자리가 생기고 가정적으로 입신출세하는 인물이 배출된다. 해당 부서의 책임자급으로 승진하여 명예와 재산을 동시에 거머쥐게 된다.

◇ **교통사고를 당해 온몸이 피투성이가 된 꿈**

뜻하지 않은 재물이 들어오고 일신상의 명예를 얻게 된다. 좀 더 강력한 행운이 자신에게 찾아 올 것.

◇ **곰의 웅담을 꺼내거나 웅담을 얻은 꿈**

금전적으로나 일신상의 문제로 곤경에 처했을 때 귀인을 만나거나 뜻밖의 협조를 얻어낼 수 있다. 후원자의 도움으로 부도 위기, 실직의 위기를 벗어나 사업가는 큰 계약을 성사시키고 샐러리맨은 결정적인 순간에 회사에 기여를 해서 그 업적을 인정받게 된다.

◇ 타인에게 상해를 당하거나 다쳐서 온몸에 피가 흐른 꿈

복록이 무궁할 길몽 중의 길몽이다. 이제까지 겪었던 경제적 궁핍은 내일을 향한 밑거름이 된다. 복권 당첨, 유산 상속, 계약 성사, 포상금 수여 등으로 의외의 목돈을 만지게 된다. 하고자 하는 일마다 행운이 따르고 가정에 경사가 겹친다.

◇ 소를 끌고 산이나 높은 곳으로 올라간 꿈

발전적인 앞날을 향해 올라간다는 것을 나타낸다. 특히 귀인을 만나 귀인의 협조로 많은 행운을 맞이한다. 금전적인 기쁨과 명예 상승의 기쁨이 그 행운에 속한다.

◇ 금화가 가득 든 금고나 궤짝을 들고 온 꿈

동전이 가득 든 금고를 가져온 꿈도 같은 의미가 있다. 자금 후원자의 전폭적인 지지로 어렵던 사업은 기반을 잡게 되고 친척의 도움으로 가정적인 궁핍함도 면할 수 있게 된다. 밖에서 들고 온 돈 궤짝이나 금고의 의미는 제3자의 후원과 도움을 상징한다.

◇ 바닥에 떨어져 있는 지폐 몇 장을 얼른 주웠던 꿈

기쁜 소식을 듣게 된다. 특히 무역업이나 해외 수출과 관련된 신용장을 받아 사업은 날로 번창하고 외국 유학에 대한 기다리던 소식을 받게 된다. 사무직 종사자라면 승진이나 해외 발령 등의 전보를 받을 것을 암시한다.

◇ **10원짜리 동전 몇 개를 길에서 주운 꿈**
저축액이 날로 줄어 경제적인 어려움이 커지고 자신이나 가족의 건강에 문제가 생긴다.

◇ **반짝거리며 광채를 내는 동전이나 금화를 주운 꿈**
같은 동전이라도 이렇게 반짝반짝 빛이 나는 동전이라면 행운을 가져올 암시로 본다. 취직이나 승진, 사업 번창 등의 면에서 소원을 성취할 수 있다. 통장의 저축액은 상당한 수준에 이른다.

◇ **시체가 점점 불어나서 풍선처럼 부풀더니 방안을 가득 메운 꿈**
자신의 이름을 세상에 널리 떨치고 국가의 관록을 먹는 사람으로서 위인의 대열에 들어선다.

◇ **어떤 일을 해준 대가나 월급을 현금이 아닌 수표로 받은 꿈**
수입이 날로 늘어나 경제적인 풍요로움을 만끽하게 되며 사업규모는 커지고 직책은 보다 중요하고 높은 자리로 수직 상승된다. 특히 사업가라면 중요한 계약이 성사되어 사업에 활기를 찾는다.

◇ **대소변을 밭의 작물에다가 거름으로 뿌려준 꿈**
지금 하고 있는 일이나 사업이 보잘 것 없고 작아 보여도 시일이 지나면 그 고생의 대가를 받는다. 중견 간부나 중견 기업체로 발전하여 재물이나 명예의 면에서 남부럽지 않은 삶을 살게 된다.

◇ **자신의 옷에 대변이나 소변이 묻은 꿈**
지지부진하던 사업 계약은 이 꿈을 계기로 원만히 타협되어 생산에 박차를 가하게 되고 가정에 여유 자금이 돌아 여유로움을 되찾는다. 또한 개인적으로는 입신양명의 암시가 강하며 금전상의 횡재운도 따른다.

◇ 큰 구렁이나 뱀을 칼로 토막 내거나 뱀의 목을 자른 꿈

이 꿈 역시 길몽 중의 길몽이다. 국가의 기밀을 다루는 부문에 종사하여 관록을 먹게 되며 일신상으로 막대한 돈을 지니게 된다. 사업가라면 사업이 날로 번창하여 기반이 탄탄한 중견 실업인으로서 위상을 세우게 된다.

◇ 낚시로 물고기를 낚아 올린 꿈

획기적인 사업 아이템으로 승부하여 큰돈을 벌게 되고 업무적으로도 회사에 큰 도움이 되는 아이디어를 제공함으로써 중요한 인물로 급부상하게 된다.

◇ 보신탕을 맛있게 먹은 꿈

금전적인 손해를 볼 일이 생기거나 계획이 중도좌절 된다. 개고기를 먹은 꿈은 일의 방해, 손실, 실패감 등을 나타낸다.

◇ **닭요리를 얻어먹거나 요리용 생닭고기를 얻은 꿈**
재물이 들어오고 오랫동안 계획해온 장사 밑천을 마련할 수 있게 된다. 이미 사업이나 상업에 종사하는 사람이라면 목돈이 들어올 좋은 기회를 맞이한다.

◇ **산 속의 불상에 불공을 올리다가 뒤를 돌아보니 지폐 여러 다발이 떨어져 있던 꿈**
오랜 노력과 정성에 대한 보답을 받게 된다. 대인관계는 원만해지고 그 사람들의 후원과 조상의 음덕이 겹쳐서 하고자 하는 일에 막힘이 없어진다. 자금 압박, 경제적 궁핍함으로 고통을 받은 사람이라면 더할 나위 없는 길몽으로 많은 재물이 주어진다.

◇ **어딘가를 가다가 장례식이 거행되는 것을 본 꿈**
이 꿈 역시 상여 꿈과 같은 의미를 지닌다. 뜻밖의 찬스, 의외의 재물운이 따라서 어렵지 않게 성공의 순간을 만끽하게 된다.

◇ **길을 지나다가 상여가 지나는 행렬을 본 꿈**
예기치 않은 일이나 기회로 거금을 손에 쥐게 되고 사회적으로 유명 인사나 스타로 급부상하여 금전상의 이득도 얻게 된다.

◇ **동물의 가죽을 벗겨 손질하거나 얻은 꿈**
이 꿈은 호랑이 가죽을 얻은 꿈과 같은 의미를 지닌다. 일신상의 명예와 금전적 소득을 암시한다.

◇ **호랑이 가죽을 얻어 오거나 호랑이 가죽을 정성스레 손질한 꿈**
귀인과 상봉하거나 집안의 경사, 금전적인 횡재로 기쁨을 만끽하게 된다. 호랑이 가죽은 특히 권위나 명예의 상승을 암시 한다. 샐러리맨이라면 직장 상사의 신임을 듬뿍 얻거나 그로 인해 승진이 순조로움을 의미한다.

◇ 큰 뱀을 칼로 쳐서 사방에 그 피가 튄 꿈
입신출세와 복록이 따를 행운몽이다. 많은 사람들을 호령하면서 관록에 앉아 위인의 대열에 오른다.

◇ 하늘과 땅이 큰 소리를 내면서 하나로 합쳐진 꿈
부귀(富貴)를 겸전하여 위인의 반열에 들어선다. 부귀공명과 출세가 한 몸에 있으니 남부러울 게 없는 삶을 살게 된다.

◇ 웅장하게 만들어진 하늘의 대문을 열고 그 안으로 들어간 꿈
하늘의 대문은 상징적인 의미를 지닌다. 최상의 자리에 올라 천하를 호령하게 되고 기업체라면 날로 사업이 번창하여 규모가 큰 회사로 성장, 발전하게 된다. 입신양명과 재물운에 관한 꿈이다.

◇ 경마나 도박에 돈을 크게 걸었다가 손해만 본 꿈
꿈의 외형과 반대로 기쁘고 즐거운 일이 찾아온다. 사업은 날로 번창하게 되고 가정에 많은 돈이 들어와 주부의 주름살이 펴진다. 일신상으로 재물과 명예가 따르는 행운의 꿈인 셈이다.

◇ 가을 들판에서 곡식을 거둬들이거나 추수한 꿈
추수와 관련된 꿈은 금전운을 상징한다. 목돈이 들어오고 사업적인 이윤도 매우 커진다. 혹은 유산 상속, 소유한 땅값(특히 고향의 선산 등)의 급상으로 예기치 않은 거금을 손에 쥘 기회가 생긴다.

◇ **무덤 주변에 보석이나 값비싼 패물이 놓여 있던 꿈**

자금난을 일시에 해소해줄 후원자를 만나서 사업적인 의욕을 되찾게 된다. 또한 개인적으로는 인생의 방향을 바꿔버릴 만큼 중요한 고비에서 귀인을 만나 명예와 재물이 따르는 일을 맡아 처리하게 된다.

◇ **맑고 잔잔한 하늘이 드넓게 펼쳐진 꿈**

현재는 잠시 휴식을 취하고 있는 것으로 생각하라. 멀지 않아 입신출세의 기회를 잡게 된다. 사방에 이름을 널리 떨치고 천금을 희롱하며 사람들의 부러움을 받으며 생활할 수 있는 날이 다가오고 있다.

◇ **가을 들판에서 누렇게 잘 익은 벼를 베어 거둬들인 꿈**

대단한 행운몽이다. 가정과 사회적인 분야에서 모두 능력을 인정받고 재물도 거둬들인다. 대내외적으로 복록이 무궁하고 경사가 겸전한다. 통장의 잔고는 헤아리기 힘들 정도로 거금을 모을 기회가 생긴다.

◇ **몸이나 옷에 묻은 피를 닦아내거나 피 묻은 옷을 빤 꿈**

많은 돈을 잃게 되고 건강이 악화될 징조. 노력한 만큼의 재물운이 따르지 않아 낙담하게 될 것이다. 더구나 목전(目前)에서 행운을 놓치고 후회하게 된다.

◇ **집이 불에 다 타버리고 시커먼 재만 남은 꿈**

꽤 큰 규모로까지 번창했던 사업이 뜻밖의 실수나 환경의 변화로 막대한 손해만 본 채 파산의 고배를 마시게 된다.

◇ **개구리를 잡은 꿈**

잡은 개구리를 죽이지 않고 그저 구경했다면 대단한 길몽이다. 특히 상업에 종사하는 사람에게 목돈 마련의 기회가 주어질 행운몽이다. 장사로 한밑천 건지게 된다. 하지만 개구리를 잡아서 죽였다면 행운이 오다가 도망가는 경우. 이로 인해 재물을 잃고 신용을 잃게 된다.

◇ 집안의 귀중품이나 자신의 휴대품을 도둑맞은 꿈

신용보증이나 부동산 담보 등을 잘못 서주어 타인으로 인해 적지 않은 돈을 잃게 된다. 사업상의 동업이라면 다시 한번 손익을 따져볼 필요가 있다. 동업자로 인해 막대한 빚을 질 수도 있다. 전반적으로 운세의 쇠약이 암시된 흉몽이다.

◇ 물통이나 그릇, 냄비에서 물이 넘쳐흐른 꿈

철철 넘쳐흐르고 있다면 그 넘치는 만큼의 돈을 지출해야할 일이 생겨서 금전적인 손실을 입게 된다. 대부분은 어리석은 실수나 판단 착오로 인해서 금전 손실을 감수할 처지가 된다.

◇ 음식이 잘 차려진 잔칫상에 앉았지만 어떠한 이유로 음식을 먹지 못한 꿈

음식상을 받고도 먹지 못한 꿈은 그간의 노력이 수포로 돌아갈 전망을 나타낸다. 거래를 성사시키려던 물질적, 정신적 후원과 교류도 무위로 끝나고 당사자와의 계약에 하자가 생겨 물품 납품이 중단되고 승진 직전에 어떤 이유로 승진이 취소되는 불운을 겪는다. 영관을 목전에 두고 그것을 이룰 수 없음을 상징적으로 나타낸 것.

◇ 오르가즘에 도달한 채 사정한 꿈

심신이 지치고 힘들어진다. 금전적인 지출도 많아져 안팎으로 여유가 없어진다.

◇ **산에서 나무를 베거나 잘라서 집으로 가져온 꿈**

집안의 경제적인 문제를 책임질 자녀가 출세하거나 성공하여 가정적인 풍족함을 누리게 되고 사업가라면 자신의 사업을 일으켜 세워줄 만큼 능력이 많은 부하 직원을 채용하여 사업에 활기를 띠게 된다.

◇ **곗돈이나 정기적금을 타서 기분이 좋았던 꿈**

목돈이 들어올 것에 대한 완전한 예지몽이다. 이로 인해 그간의 경제적 어려움은 해소되고 새로운 일을 도모할 수 있게 된다. 사업상으로는 그간 차일피일 연기되었던 큰 계약이 성사되어 안도하게 된다.

◇ **성행위를 하던 도중 타인이 나타나서 방해하거나 방문을 닫아 도중에 그만둔 꿈**

매사가 뜻대로 풀리지 않아 생활의 어려움을 느끼게 된다. 사업은 좀처럼 활기를 찾지 못하고 계약도 뜻대로 성사되지 않는다. 직장에서도 업무적인 능력 발휘의 기회가 없어지고 실책을 추궁당하는 가운데 일신상으로 돈으로 인한 곤란을 느끼게 된다.

◇ **낯선 타인이나 배우자를 막론하고 만족스럽게 성관계를 가진 꿈**

이 꿈은 계획한 대로 매사가 진행되어 갈 것을 암시. 계약은 사업 당사자 간의 원만한 타협으로 쉽게 성사되고 직장에서도 자신의 의지대로 업무를 처리할 수 있게 되며 사회적으로도 매우 영향력 있는 인물로 추앙받는다.

◇ **잘 자란 굵은 대나무가 마당을 가득 덮은 꿈**

관직으로 나아가 대성(大成)할 것을 암시. 가문의 명예를 빛내고 이로 인해 재물운도 따르게 된다. 부귀와 영화가 겸전할 길몽.

◇ **자신을 비롯한 몇 사람이 한 이불을 덮고 있던 꿈**

여러 사람이 공동으로 투자하거나 개발하는 일에 있어서 큰 성공을 거둘 것의 암시이다. 사업가라면 몇 사람이 공동으로 경영주가 되는 형식을 취해서 사업을 추진하는 것이 유리하다.

◇ **살인범이나 강도를 개가 쫓아 주어 위기를 모면한 꿈**

아무리 어려워도 노력하다 보면 협력자가 나타나기 마련이다. 그간의 선행이나 조상의 음덕이 곤경에 빠진 사업상의 위기나 일신상의 궁핍함을 해소할 수 있도록 돕는다. 복권 당첨이나 자금 후원자를 만나는 등으로 뜻밖의 행운을 만나 활기찬 삶을 다시 시작하게 된다.

◇ **바지나 방바닥, 침대에 쏟은 정액을 수건 등으로 닦아낸 꿈**

마음먹은 대로, 예정한 대로 매사를 진행시킬 수 있게 되며 사업가라면 이미 포기한 거래가 다시 성사되거나 재고품이 다시 유행을 타서 판매고가 올라가는 등으로 뒤늦은 기쁨을 안게 된다.

◇ 돼지 두 마리가 교미하는 것을 본 꿈

많은 재물이 자신의 소유로 들어오게 된다. 특히 동업자와의 사업이나 직장 동료들과 함께 기획한 일에서 대성공을 거둘 행운의 꿈이다. 이로 인해 거금의 자본금을 마련하게 되고 가정에 여유로움이 넘친다.

◇ 낯선 타인과 성관계를 가지며 즐거워한 꿈

금전운 대길(大吉)의 행운몽이다. 특히 사업가에게 운세 상승을 가져온다. 계약 성사, 상품의 대규모 납품 등이 암시되며 일신상으로 승진, 영전, 능력 발휘의 기회가 마련되어 부귀영화가 겸전한다.

◇ 조미료 통마다 조미료나 양념이 가득가득 차 있는 꿈

적지 않은 돈이 들어올 금전운 대통의 꿈이다. 저축액은 날로 늘어나고 사업 수완을 발휘하여 자본금이 넉넉한 중견 기업체로 성장시킨다. 장사하는 사람이라면 대목을 만나서 수입이 크게 증가한다.

◇ 바윗덩어리가 지붕에 떨어져 있는 꿈

반길반흉(半吉半凶)의 꿈이다. 목돈이 생길 암시로도 볼 수 있고 중병에 걸릴 암시로도 풀이된다.

◇ 무거운 물통이나 물건, 나무, 철근 등이 갑자기 가벼워진 꿈

시행착오 끝에 사업은 안정된 기반을 갖추게 되고 집안의 가장으로서 느꼈던 중압감, 특히 경제적인 장애를 털어버릴 수 있는 좋은 기회를 맞이한다.

◇ 강도나 흉악범이 침입하여 겁에 질린 꿈

뜻하지 않은 즐거운 일이 가족 간에 생기고 이로 인해 가정에 웃음꽃이 만발한다. 먼 친척으로부터 얼마간의 재산을 물려받거나 유산으로 받은 토지가 갑자기 값이 뛰어서 금전적 여유가 생긴다.

◇ 남성이 임신하거나 남편인 자기 자신이 임신한 꿈

남편에게 승진, 영전, 사업 번창의 경사가 생길 예지몽이다. 미혼 여성이라면 남자가 임신한 것을 본 것은 조만간 직장에서 능력을 발휘할 절호의 찬스를 맞이하게 된다는 것, 천생연분을 만날 기회를 얻는 것 등을 나타낸다. 경사가 겹칠 행운몽이다.

◇ 집이 무너져버렸거나 가운데가 움푹 꺼져 있는 꿈

가장(家長)이 실직하거나 사업상의 부도에 몰려 경제적으로 몹시 쪼들리게 된다. 그렇지 않다면 재물을 잃는 대신 가장의 건강에 문제가 생겨 우환에 시달린다.

◇ 황금색을 띤 용이 지붕을 뚫고 승천한 꿈

권력과 명예, 재물을 줄 수 있는 운수대통의 꿈이다. 사회적으로 널리 이름을 떨치면서 상류사회에서 생활하는 위인이 될 징조. 복권 당첨과 같은 우연한 행운이 기다리고 있다.

◇ 귀에 사마귀나 혹이 생긴 꿈

이 꿈 역시 운세의 쇠퇴와 질환 암시의 흉몽이다. 가정적으로나 사업상으로 지출할 일이 발생하여 금전적인 어려움을 겪는다.

◇ 자신의 몸을 바위나 돌덩어리가 짓누르고 있던 꿈

이 꿈 역시 반길반흉으로 일신상의 명예나 재물운이 따를 암시도 있으나 질환으로 인해 시달릴 암시도 있다.

◇ 귀여워하던 개를 잃어버려 찾아다닌 꿈

개가 집을 나간 꿈도 유사한 의미를 지닌다. 많은 돈을 지출할 일이 생기고 생각하지 못했던 일로 재물 손실을 감수하게 된다. 일신상으로는 자신을 신임하던 직장 상사나 후원자가 다른 곳으로 옮겨 가는 바람에 승진과 재정적인 면에서 위축될 처지에 놓인다.

◇ 사자가 동물원이나 우리를 뛰쳐나와 인명을 살상한 꿈

업무상으로나 금전적으로 강력한 라이벌, 모함꾼이 나타나서 심신이 고달파지고 어려움을 겪게 된다. 사업상 최대의 위기에 직면했으니 이 시기를 잘 견뎌야 중견 기업으로 성장할 수 있다.

◇ 수십 마리가 넘는 뽀송뽀송한 병아리들이 막 부화되어 알에서 나오는 꿈

한 푼, 두 푼 모았던 돈이 이제는 꽤 큰돈이 되어 경제적인 여유를 누리게 하며 소규모로 시작한 사업이 어느 정도 자리를 잡아갈 수 있게 된다. 이 밖에도 임신과 출산으로 가족이 늘어날 암시도 있다.

◇ 소나기가 내리는 비에 흠뻑 젖어 마음이 상쾌해진 꿈

지지부진하던 계약은 성사되고 업무상으로 밀렸던 과제는 신속히 처리되며 안팎으로 느꼈던 근심들도 모두 해소된다. 금전적인 행운도 따르는 길몽.

◇ 수도꼭지를 틀자 물이 꽐꽐 쏟아진 꿈

이 꿈 역시 재물과 운세면에서 대길(大吉)함을 나타낸다. 적금을 타거나 친척으로부터 일정한 유산을 상속받게 되고 경영하고 있는 가게나 공장, 회사가 날로 번창한다.

◇ **웅덩이나 옹달샘에서 맑은 물이 콸콸 쏟아져 나오는 꿈**
귀인의 도움과 능력의 발휘로 목돈이 자기 수중으로 들어온다. 아울러 매사가 원만히 해결되고 사업가라면 자금줄이 막힘없이 뚫려서 경영이 날로 순조로워진다.

◇ **광활한 들판이나 사막 한가운데에 커다란 바위가 놓인 꿈**
예기치 않은 일을 계기로 막대한 재물을 거둬들이게 된다. 포상금 수여, 복권 당첨, 신춘문예 당선 등으로 명예와 재물이 겸전한다.

◇ **코에 뾰루지가 나거나 콧등에 점이 난 꿈**
목돈을 지출할 일이 생겨 경제적인 손실이 커진다. 건강상으로도 컨디션이 악화되어 질병이 우려되며 전반적으로 운세가 쇠퇴한다.

◇ **목이 몹시 말라서 샘물을 퍼마시거나 생수를 얻어 목을 축인 꿈**
실업자라면 오랜 방황 끝에 좋은 직장을 얻어 경제적으로 궁핍함을 면하게 된다. 경영주라면 자금난을 해소해줄 큰 계약을 성사시키거나 자금 후원자를 만나서 위기를 넘기고 번창하게 된다.

◇ **건물 윗층이나 다리 위에서 누군가가 불러서 올라간 꿈**
직장 상사나 상류층 인사, 집안 어른들의 신임과 전폭적인 협조로 출세의 찬스를 맞이하며 사업상으로도 그들의 도움에 힘입어 자금난이나 계약과 관련된 문제를 수월하게 해결할 수 있게 된다.

◇ **부상당한 사람의 몸에서 피가 콸콸 흐른 꿈**
제3자나 먼 친척의 도움으로 많은 재물을 거둬들이게 된다. 사업상으로도 후원자의 협조가 결정적 계기가 되어 큰 계약을 성사시킨다.

◇ **길을 가다가 주운 수표에 동그라미가 너무 많아 액수를 헤아릴 수 없었던 꿈**

행운과 횡재가 중중한 운수대통의 꿈이다. 실제로도 헤아리기 힘들 만큼 막대한 돈을 거둬들이게 된다. 거액의 현상금이나 복권에 당첨되어 현재와 다른 삶을 살게 된다.

◇ **자신의 아내가 스님처럼 머리를 박박 깎은 채로 나타난 꿈**

자신의 일방적인 생각으로 서 준 신용보증, 부동산 담보 등이 뜻밖의 손해를 보게 한다. 아내의 깎인 머리는 불행과 손실의 미래를 예시한 것.

◇ **회사에서 쓰는 업무용 자가용이 불길에 휩싸여 타고 있던 꿈**

경영주가 이 꿈을 꾸었다면 이제 사업은 번창 일로에 있다. 새로 시도하는 사업마다 대성공을 거두어 기반이 탄탄한 기업체로 키워갈 수 있을 것. 개인적으로는 회사의 발전에 기여하거나 능력을 발휘하여 중견 간부로 승진한다.

◇ **자동차를 운전하고 가는데 갑자기 시동이 꺼져버린 꿈**

사업가라면 공장이 파업 등으로 인해 조업이 중단된 채 막대한 손해를 입게 되고 일신상으로는 직장을 잃는 등으로 생활의 어려움을 겪게 될 것을 암시하는 것으로 모든 계획이 중도 좌절되고 연기될 가능성이 높아진다.

◇ **누군가가 차를 세워 태워 주려고 했으나 안을 들여다보더니 타지 않은 꿈**

동업자의 비협조나 거래 당사자 간의 이해관계가 맞지 않아 계약이 성사되지 않는다. 개인적으로는 연구 논문이 심사에서 통과되지 않고 직장에서도 상사나 동료의 도움을 받기 어렵다.

◇ **손이나 손목, 팔, 다리 등의 부위에 화상을 입은 꿈**

이 꿈은 우연한 기회에 목돈을 마련할 수 있게 되며 일신상으로 명예를 얻을 기회를 맞이한다. 사업가라면 사업번창, 계약 성사 등의 경사를 암시한다.

◇ **부상이나 사고를 당한 사람의 피가 자신의 옷이나 몸에 튀어 묻은 꿈**

타인의 도움으로 목돈을 마련할 수 있게 되고 타인에게 돌아갈 금전운도 자신이 차지하게 된다. 사업가라면 다른 기업체로 돌아갈 거래가 자신의 회사로 돌아와 자금 문제를 해소할 수 있게 된다.

◇ **눈썹이 갑자기 흰색으로 변해버린 꿈**

사회적 저명인사를 만나서 그 사람의 도움을 받아 명예와 재물운이 겸전한다. 사회적 저명 인사가 아니더라도 경제력이 큰 사람, 직장 상사의 도움으로 행운의 기회를 맞이한다.

◇ **낯선 타인이 자신의 수염을 뽑은 꿈**

통장 관리에 신경을 쓸 때가 왔다. 자신의 업무적 라이벌이나 경쟁업체의 방해로 인하여 금전적인 손해를 입게 된다.

◇ **항문에서 시뻘건 피가 줄줄 흐른 꿈**

예기치 않은 일로 돈을 지출하게 된다. 기업의 경영주라면 부정한 방법을 써서 공금을 횡령하는 부하 직원의 음모로 인해 자금면에서 큰 손실을 입게 된다.

◇ **갓난애에게 자신의 젖을 먹인 꿈**

현재는 비록 보잘 것 없는 회사나 직장이라도 최선을 다해 노력과 땀을 흘리고 투자한다면 장래에 그 보답이나 대가를 받을 수 있게 된다. 노력에 대한 결실을 암시하는 꿈이다.

◇ **화장실에서 볼 일을 보다가 갓난애를 출산한 꿈**

뜻밖의 기회에 행운을 거머쥐게 된다. 재물운과 명예 상승의 기회를 우연한 기회에 맞이하여 입신양명하고 가문을 일으키는 인물이 된다.

◇ **허리띠를 맨 꿈**

계약 체결, 권위, 관록의 암시가 강하다. 이와 함께 과도한 업무나 심리적 압박감으로 스트레스를 받는 것을 나타내기도 하여 반길반흉의 꿈으로 풀이할 수 있다.

◇ **수염을 깎거나 수염을 잘린 꿈**

이 꿈 역시 재산 피해, 경쟁 업체의 방해로 입게 되는 사업상의 타격을 나타낸다.

◇ **멋진 카이젤 수염이나 황금색 빛이 나는 수염을 기른 꿈**
권위와 명예, 황금을 얻을 행운의 꿈이다. 직위 상승, 상류층으로의 편입도 암시된다.

◇ **자신의 이빨이 유난히 하얗고 단정하게 난 꿈**
금전적 소득 증가, 사회활동의 적극성, 명예와 권력 쟁취 등의 의미가 있다. 매사에 자신감을 가지고 임할 것.

◇ **유난히 넓고 훤해 보이는 이마가 주된 이미지였던 꿈**
넓은 이마는 권력과 재물운의 상징이다. 왕성한 사회활동가, 사업가로 성공하여 뭇사람들의 주목을 받게 된다.

◇ **맹수가 집에서 기르던 가축을 물고 가버린 꿈**
윗사람의 모함, 권력층의 방해로 도모하는 일에 좌절감을 느끼게 된다. 승진의 기회가 박탈되고 사업 거래도 취소된다. 금전적인 손실도 커서 가정 경제에 주름살이 늘어난다.

◇ **사슴뿔이나 노루뿔을 잘라 가지거나 얻은 꿈**
새롭고 창작적인 아이디어를 제출하여 능력을 발휘할 뿐만 아니라 그로 인해 직장에서 신임을 얻게 되고 사업도 번창한다. 명예와 재물운이 겸전한다.

◇ **황금색을 띤 황룡이 큰 강이나 호수에서 노니는 꿈**
가문 대대로 전해져온 골동품이나 유품의 문화 사료적 가치가 높아져 큰돈을 벌어들이게 되고 고향 선산 등이 토지개발 지역 등으로 확정되어 부동산으로 인한 막대한 자금을 소유하게 된다.

◇ **사냥한 꿩을 허리춤에 차고 다닌 꿈**

업무상으로 시도한 계약과 사업상의 투자, 모험이 예상 밖의 좋은 결과를 가져온다. 적극적인 도전이 행운으로 이어진다.

◇ **여우나 늑대의 습격으로 집에서 키우던 가축이 살상을 당한 꿈**

맹수의 습격으로 가축이 피를 흘리고 있었다면 길몽이다. 고위층의 신임이나 권력자의 도움으로 명예와 재물을 얻게 된다.

◇ **여러 마리의 토끼를 토끼장에 넣고 사육한 꿈**

사업 자금은 원만하게 준비할 수 있으며 단계적으로 사업 규모도 커질 꿈이다. 한편 회사나 학교에서 인재를 발굴, 육성하는 일에 수완을 발휘한다.

◇ **냇가나 논에서 바닥을 손으로 더듬어 물고기를 잡은 꿈**

통장의 저축액은 날로 증가하고 직장인은 성실히 노력한 결과 중견간부로 승진한다. 사업가라면 투자와 거래에서 발군의 능력을 발휘하여 이익을 크게 남긴다.

◇ **연못이나 강에 뱀이 수십 마리 우글거린 꿈**

집안의 유품이나 골동품, 유산으로 받은 토지 등으로 일시에 막대한 수입을 올리게 된다.

◇ **송장을 떠메고 다니거나 시체를 집으로 가져온 꿈**

집안에 막대한 돈이 생기게 된다. 사업 번창으로 인한 재물이든, 복권 당첨과 같은 행운에 의해서든 일약 거부(巨富)의 유명세를 얻으며 천금을 희롱하게 된다.

◇ **공동묘지에 시체를 묻은 꿈**

사회복지사업에서 일가견을 이루게 되고 그로 인해 입신출세하게 되며 재물운도 따르게 된다.

◇ **허리띠가 끊어져 버린 꿈**

계약은 성사 직전에 결렬이 되고 업무상의 교류도 모종의 불화로 중단이 된다. 이 밖에도 직장을 잃거나 부도, 좌천, 탈락 등의 암시가 있는 꿈이다.

◇ **장례식을 치르는 가운데 상주(喪主)가 여러 사람이라서 의아해한 꿈**

선친으로부터 유산을 상속받게 되지만 상속자가 많아서 자신에게 돌아올 상속지분은 상대적으로 적어진다.

◇ **벌집이나 개미집이 선명하게 부각된 꿈**

회사의 한 부서, 사업상의 한 분야를 맡아서 능력을 발휘하게 되며 그 결과 적지 않은 이윤과 업적을 남기게 된다.

◇ 낙엽을 자루에 가득 담아 집에 가져온 꿈

주식이나 토지 매매 등에 자본을 투자하여 큰 이득을 남기게 된다. 사업가라면 값이 싸거나 단가가 낮은 상품을 판매하여 오히려 많은 수입을 거두게 된다. 개인적으로는 나날이 저축액이 쌓여 가고 있다는 것을 암시한다.

◇ 염소 떼를 몰고 다니거나 염소 떼가 풀을 뜯어 먹는 꿈

가문의 사업을 계승하여 경제적인 안정을 추구하게 되고 가정적으로 화목함을 되찾는다. 미혼 남녀에겐 혼담이 성사될 것을 암시.

◇ 집안에서 해골이 무더기로 발견된 꿈

가문에 경사가 겹치고 집안이 풍족해질 운수대통의 꿈이다. 많은 해골은 많은 돈, 많은 기쁨을 상징한다.

◇ 상아로 만든 장신구를 얻은 꿈

독창적인 아이디어로 승부를 하는 사업 전선에 뛰어들어 큰 이득을 거둔다. 아울러 값비싼 보석을 선물 받거나 지위가 확고한 자리에 올라 책임자로서 능력을 발휘한다.

◇ 손톱이 길게 자라나 마녀의 손톱처럼 흉측하게 구부러진 꿈

욕심이 지나쳐 친구와 이웃, 재산까지 잃게 될 징조이다.

◇ 누런 똥을 손으로 주물거리거나 밟은 꿈

복권 당첨, 포상금 수여, 신춘문예 당선 등 큰 행운이 따르는 길몽이다. 한편 오랫동안 받지 못한 빌려준 돈을 되찾게 되거나 유산을 물려 받게 된다.

◇ 예쁜 웨딩드레스를 입고 결혼식장으로 들어간 꿈
사업 내용을 개편하거나 규모를 확장, 변동하여 새로운 출발을 하게 된다. 일신상으로는 새로운 직장에 나가거나 업종의 변경 등 인생의 전환기를 맞게 된다.

◇ 똥물이나 똥을 뒤집어쓴 꿈
이 꿈 역시 길몽이다. 재산이 날로 늘어나고 입신출세의 기회를 맞이하게 된다.

◇ 말을 타고 집에 돌아오거나 말을 끌고 와 집에 놔둔 꿈
이름을 널리 떨치는 관록을 먹게 되고 재물운도 양호하다. 하는 일이 가정에 큰 보탬이 된다.

◇ 금덩어리를 캐내거나 광산을 발견한 꿈
금전운 대통의 길몽이라 할 수 있다. 이런 꿈은 가정의 안정을 가져올 재물이 늘어나고 장사는 더욱 활기를 띠어 짧은 시일 안에 큰 돈을 벌어들인다.

◇ 손톱이 쑥쑥 자라난 꿈
가문이 날로 번창하고 일신상의 복록이 증가한다. 재물운과 명예 상승의 암시가 강하다.

◇ 기차나 화물차에 연탄이나 산업용 자재가 가득 실린 채 움직인 꿈
권력층의 실세나 고위직에 있는 친척의 도움으로 사업상의 이윤을 꾀할 수 있게 된다. 직장인이라면 상사의 신임으로 승진과 금전운이 모두 양호해진다.

◇ **낙엽을 한 군데로 긁어모은 꿈**
자본금을 마련하기 위해 한동안 분주한 생활을 하게 된다. 직장에서는 동료들과 의견을 조정하여 공동으로 일을 수행할 것을 암시.

◇ **석탄이나 화물 따위를 가득 실은 화물선이 항구에 돛을 내린 꿈**
우연한 행운으로 재물을 얻을 것을 암시한다. 직장에서는 상사의 두터운 신임으로 중책을 맡아 능력을 발휘하며 이로 인해 많은 돈을 저축하게 된다. 또한 유산을 상속받거나 사업 번창으로 거대한 자금을 쥐게 된다.

◇ **황금을 자루 가득 담아온 꿈**
사업상의 번창이 가속화되고 집안에 많은 재물이 들어온다.

◇ **망치나 돌 같은 것을 두드려 못을 박는 꿈**
어렵게 보이던 계약을 성사시키거나 이제껏 불안정하던 자신의 지위를 확고히 다질 찬스를 맞이한다.

◇ **화물열차에 연탄이나 석유, 통나무 등이 가득 실린 채 움직인 꿈**
고위층 인사나 정부의 도움으로 사업상의 이윤을 꾀할 수 있게 되고 확고한 발판을 마련한다. 직장인이라면 상사의 신임으로 승진과 금전운이 모두 양호해진다.

◇ **몰래 도망치는 쥐를 죽인 꿈**
큰 돈을 잃거나 사기를 당할 위험으로부터 간신히 빠져 나간다. 경쟁업체 혹은 라이벌의 음모나 방해로 결렬되려던 계약 건을 무사히 성사시킨다.

◇ **빨랫줄이 끊어지거나 두 기둥 사이에 매어진 밧줄이 끊어진 꿈**
협조 요청은 거절되고 사업상의 흥망을 가늠할 만한 자금 후원자의 협조도 뚝 끊어진다. 매사가 중도 좌절될 흉몽이다.

◇ **가구를 만드느라 못을 박은 꿈**
이 꿈 역시 사업 성공과 개인적 출세가 암시된다. 특히 이해관계가 다른 두 기업체간에 공동으로 합작하여 완제품을 만들거나 상품 선전을 하여 보다 큰 이익을 얻는다.

◇ **유리컵이나 유리그릇을 내던져 박살낸 꿈**
좀처럼 풀리지 않던 사업이 바야흐로 활기를 띠게 된다. 일신상으로도 막혔던 운세가 트이면서 사회적으로 이름을 떨칠 수 있는 직업이나 직장을 갖게 된다. 금전운도 대통할 것을 암시.

◇ **깨진 냄비나 깨진 그릇을 사용한 꿈**
공장 노동자들의 파업이나 부서간의 마찰로 능률이 저하하고 경제적인 곤란이 가중된다. 아울러 계약 파기나 위반을 당하며 생산에 차질을 빚게 된다. 개인적으로는 가정파탄, 부부 싸움에 주의를 요한다.

◇ **사람들 앞에서 연설을 하거나 설명을 한 꿈**
대기업의 사장이 되거나 사회적으로 유명인사가 될 전조(前兆)이다. 소속된 곳의 우두머리로서 수안을 발휘하여 금전운, 명예운이 상승할 꿈.

◇ **돌아가신 부모님이나 조상의 묘지에 절을 올린 꿈**
자신의 사업 영역을 확충하거나 승진 등을 위해 상급기관이나 상사에게 청탁을 할 일이 생기고 일이 잘 되어 금전적인 횡재를 하게 된다.

◇ **자신이 새신랑이 되어 신부와 맞절을 한 꿈**
동업자와의 일이 뜻대로 진척되지 않거나 동업자와 함께 하는 사업에서 이윤이 생각보다 적어서 불만을 품게 될 징조다.

◇ **아무도 없는 빈 집에 혼자 있거나 잠을 자다가 깬 꿈**
경제적인 궁핍과 사회적 좌절감으로 침체되어 있는 자신의 모습을 나타낸 꿈이다. 하지만 이 시기를 지나고 나면 자신의 능력을 온당하게 평가하고 이끌어줄 윗사람이나 경제적 후원자를 만나 삶의 보람을 되찾는다.

◇ **이혼하거나 파혼한 꿈**
재취업이나 재계약에 실패하여 경제적인 곤란을 겪으며 사업상의 부도 위기에 직면한다.

◇ **시체가 썩으면서 그 부패된 물이 냇물처럼 줄줄 흘러가는 꿈**
뭇사람들에게 존경을 받거나 부러움을 사게 될 권력과 재물을 얻게 될

다. 시체의 꿈은 통상적으로 길몽이다.

◇ 무덤에서 손이 솟아나와 자신에게 오라고 손짓하거나 손을 흔들고 있는 꿈

갚지 못한 빚을 두고 심리적으로 괴로워하고 있다는 증거이다. 사업가라면 심각한 재정난으로 공장폐쇄를 결심하게 된다.

◇ 수돗물이 흐르지만 물 받을 그릇이 없어 아깝게 느낀 꿈

벌어들인 것은 많아도 낭비가 많아서 저금할 여력이 없어진다. 사업상으로도 판매고가 높은 편이지만 신규 투자나 분쟁에 휘말려 자본금이 모이지 않게 된다.

◇ 과일이 주렁주렁 탐스럽게 열린 꿈

과수원에 가서 과일 나무를 보았든 마당에 심어진 나무가 그랬든 간에 탐스럽게 열린 과일 나무의 꿈은 재물과 복록, 행운을 맞이하게 될 것의 암시이다.

◇ 자신을 쫓아다니는 사람을 화가 나서 쓰러뜨린 꿈

경쟁 업체의 방해를 따돌리고 수주 경쟁에서 수위를 차지하여 먼저 유리한 고지에 들어선다. 개인적으로는 직장 동료나 경쟁 부서와의 경쟁을 멋지게 따돌리고 승진이나 인사고과에서 높은 성적을 올린다.

◇ 물탱크나 마당에 파인 샘에 생수가 가득 찬 꿈

많은 돈을 벌어들일 행운을 맞이하여 살림살이가 넉넉해지고 사업가라면 신제품 개발이나 사업 확장을 위한 자본금을 충분히 준비할 수 있게 된다.

◇ **결혼식에 참석한 꿈**
사업 구상을 위한 활동으로 분주해지고 자신만의 이익집단이나 단체를 결성하여 능력을 발휘한다. 인기 상승과 재물운이 겸전한다.

◇ **같은 남자끼리, 혹은 여자끼리 포옹한 꿈**
직장에서는 자신의 의지대로 업무가 이뤄지고 직장 내 신임도 돈독해진다. 사업가라면 소득이 날로 커지고 번창하게 된다.

◇ **수도꼭지를 틀어도 물이 나오지 않은 꿈**
남편의 실직이나 사업상의 파산으로 인해 궁핍한 생활을 계속하게 되며, 가족 중의 누군가가 건강이 악화되어 입원하거나 곤경에 처할 것을 암시하는 꿈이다.

◇ **샘물이 바닥나거나 우물이 말라서 물을 먹지 못한 꿈**
이 꿈 역시 경제적인 파탄과 곤란을 암시한다. 통장의 잔고는 바닥나고 가장의 실직은 한동안 계속된다.

◇ **몇 갈래로 나누어진 맑은 도랑물이 자기 집을 향해 흘러들어오는 것을 본 꿈**
남편의 월급 외에 부정기적인 수입이 생기고 부업, 임대료 등으로 짭짤한 수입을 올리게 된다.

◇ **동네 공동 우물에서 물을 떠다가 집안의 물통에 채워 넣은 꿈**
목돈이 들어오고 사업 자금을 대출받아 의욕적으로 새로운 일을 착수할 만반의 준비를 시작한다. 경제적인 풍요와 여유로움을 상징하는 길몽이다.

◇ **멀리 도망가는 기린을 바라보고만 있던 꿈**

사업상의 실패, 직위 상실을 암시하는 흉몽이다.

◇ **수산시장이나 생선 좌판에서 고기를 산 꿈**

오랜 연구 끝에 치밀한 사업 계획을 세워서 막대한 이윤을 남기게 된다. 기획 분야나 설계, 예술적 재능의 면에서 능력을 발휘하고 이로 인해 재물운이 상승한다.

제3장

시험운과 합격운에 관한 꿈

큰 시험을 앞두거나 요즘 같은 취업난에 환영받을 만한 꿈은
다리를 무사히 건너거나 수험생이 총에 맞는 등의 꿈이다.
그러나 꿈이란 신성한 영적 능력에서 비롯되는 고도의 정신 능력이므로
좋은 꿈을 꾸려면 본인의 바른 마음가짐이 가장 중요하다.

◇ **호랑이와 같은 사나운 짐승에게 물린 꿈**

자신이 원하던 학교나 직장에 순조롭게 합격된다. 사업가에게는 계약 체결이나 목돈이 마련될 행운의 꿈이다.

◇ **동물을 죽이고 나서 죄책감 때문에 대성통곡한 꿈**

공무원 시험이나 관청의 시험 등에 일등으로 합격하게 된다. 이 밖에도 여러 종류의 시험에서도 우수한 성적을 거둔다. 사람을 죽이고 대성통곡한 꿈도 마찬가지의 의미를 지닌다.

◇ **용이나 하마, 악어, 호랑이처럼 덩치가 큰 짐승이 바다나 강물로 뛰어 들어간 꿈**

입사시험에 합격하여 능력을 발휘하게 되고 관청에 발탁되는 행운도 얻게 된다. 특히 출판업 계통의 종사자나 작가에게는 뜻밖의 좋은 기회가 찾아온다.

◇ **자신이 물고기가 되어 바닷속을 헤엄쳐 다닌 꿈**

승진 시험이나 임용고시에서 노력한 만큼의 결실을 거두게 되고 하는 일마다 뜻대로 결실을 거두게 된다. 직장이나 학교에서도 뛰어난 능력을 발휘하게 된다.

◇ **사슴이나 노루를 사로잡은 꿈**

대기업 입사시험에 합격하게 되거나 명문대학 인기학과에 무난히 합격하게 될 것의 암시이다.

◇ **용이나 하마, 고래 등에게 삼켜져 뱃속으로 들어간 꿈**

커다란 동물들에게 삼켜진 것은 행운에 삼켜진다는 것을 뜻한다. 취직이나 입학, 승진 시험에서 소원한 것을 성취할 수 있게 된다. 내 집 마련이 꿈인 사람이라면 마침내 자신의 집을 장만할 찬스를 잡게 된다.

◇ **노루를 잡았는데 잡고 보니 개로 변한 꿈**
성적에 비해 낮은 학교나 커트라인이 낮은 학과에 하향지원하게 된다. 몇 군데에 이력서를 제출했다면 기대 이하의 회사에서 입사 소식이 들려온다.

◇ **토끼 두 마리를 바위 속에서 잡은 꿈**
4년제 대학 진학에는 실패하겠지만 전문대학이나 2년제 특별과정에 합격하여 학업을 계속하게 된다.

◇ **물살을 가르며 강을 헤엄쳐 건넌 꿈**
상급 학교로의 진학을 무사히 이루게 되며 승진 시험에서도 기대한 결과를 얻게 된다.

◇ **자신이 돼지나 낙타 등의 동물의 목을 타고 힘겹게 목적지까지 도착한 꿈**

뒤척이는 동물을 타고 끝까지 버틴 꿈도 마찬가지의 의미를 지닌다. 내용이 몹시 까다로운 시험이나 경쟁률이 치열한 시험에서 당당히 수석으로 합격할 것의 암시이다.

◇ **용이 호랑이나 악어 등으로 변하다가 결국 용의 형상으로 되돌아온 것을 자신의 힘으로 죽인 꿈**

임용고사나 사법고시 등에서 몇 차례 실패를 맛보지만 결국은 합격권 안에 들어 입신출세하게 된다.

◇ **타인이 자신의 땀을 닦아 준 꿈**

주변 친척이나 부모님의 도움으로 일자리를 얻게 되고 각종 시험에서도 부모님이나 윗분의 도움으로 좋은 결과를 얻게 된다. 타인에게 타월 종류를 선물 받는 꿈도 같은 의미를 지닌다.

◇ **산 속을 헤매다가 옹달샘을 발견하고 물을 마신 꿈**

옹달샘 물에 목욕을 하거나 맑은 물을 몸에 끼얹는 꿈도 같은 의미를 지닌다. 행정, 외무, 사법고시 등에서 기대 이상의 성적을 거둬서 공무원으로서 입신출세하게 되고 상급학교 진학, 일류대학으로의 진학도 소원대로 성취될 행운몽이다.

◇ **사람을 죽이거나 반대로 죽임을 당한 꿈**

어느 경우이건 합격의 쾌거를 올리게 된다. 입학이나 입사, 승진 시험 등에서 노력한 것 이상의 성적을 올리게 된다. 작가나 기타 예술 관계자라면 작품에 대한 평가가 세인의 관심을 집중시킨다.

◇ **햇볕에 말린 나락(벼)이 용이 되어 꿈틀거리며 승천한 꿈**

자녀나 형제, 가족 중에서 국가의 고위 공직자로 명성을 떨칠 사람이 나올 암시이다. 각종 국가고시에 응시해서 뛰어난 성적을 거두게 된다.

◇ **절친한 친구를 죽인 꿈**

승부의 갈림길, 중대한 기로, 시험, 모험 등의 인생의 도전장에서 자신이 유리한 고지에 오르게 될 암시이다. 특히 경쟁자와의 단독 승부가 걸린 문제라면 더욱 유리한 입장에 놓인다.

◇ **동굴이나 흙구덩이를 파헤치고 들어간 꿈**

아파트 분양 당첨이나 국가고시에 패스하는 행운몽이다. 승진시험이나 수능고시, 입사시험에서도 기쁜 소식을 듣게 된다.

◇ **머리를 빗는 빗 종류를 선물 받거나 주운 꿈**

이런저런 방해나 경쟁자들의 도전을 이겨내고 시험에 합격하게 된다. 취직이나 입학 등에서 길몽이다.

◇ **자신의 머리를 빗으로 단정하게 빗은 꿈**

이 꿈 역시 역경을 이겨내고 시험이나 경쟁에서 유리한 위치에 서게 될 것을 암시하는 길몽이다.

◇ **백지 수백 장을 줍거나 받은 꿈**

시험공부에 좀 더 오랜 시일 열중해야만 원하는 상급학교에 진학할 수 있겠다. 취직과 관련된 것도 마찬가지며, 원하는 회사에 들어가려면 조금 더 분발해야 한다. 이 꿈에서의 백지는 앞으로 처리할 과제나 노력 등을 나타낸다.

◇ 갓난애를 죽이고도 양심의 가책이 느껴지지 않았던 꿈

근심으로부터 벗어나게 될 것을 나타낸다. 오랫동안 국가고시나 취직 시험을 준비해 온 사람이라면 가까운 시일 안에 소원 성취하여 기쁨을 만끽할 기회가 찾아온다.

◇ 애써 작성한 답안지가 찢어져버리거나 갑자기 훼손된 꿈

가령 답안지에 물이 엎어져 엉망이 되거나 하는 꿈들을 말한다. 이런 꿈들은 입시 실패, 취직이나 승진 시험 탈락을 예고하는 불길한 꿈이다. 그러나 답안지 표기를 잘못하거나 기타 실수를 할까봐 걱정하는 꿈은 본인의 심리가 반영된 단순한 심적몽일 확률이 높다.

◇ 시험 결과가 발표된 게시판이나 합격자 명단에 자기 이름이 없어서 몹시 낙담하거나 슬피 운 꿈

이 꿈은 전형적인 역몽(逆夢)이다. 조만간 시험에서 수석을 차지하거나 승진, 합격 등의 기쁜 소식을 듣게 된다.

◇ 합격자 명단에 자신의 이름이 없어서 엉엉 울면서 집으로 돌아간 꿈

이 꿈 역시 행운몽이다. 합격, 취직의 소식이 집안에 전해져 가족 간의 경사로 축제 분위기에 휩싸이며, 가문을 빛낼 입신양명의 꿈이라 할 수 있다.

◇ 고인이 되신 부모님이나 조부모에게 생전의 모습으로 음식상을 차리고 대접한 꿈

시험이나 경쟁관계에서 열세를 면치 못하겠으나 조상의 크나큰 도움으로 기쁜 소식을 듣게 된다. 공무원으로 이름을 떨치게 되고 직장에서도 순조롭게 승진 대열에 들어선다.

◇ **학생 신분인 사람이 군대의 장교나 높은 직위의 상관이 되어 있는 꿈**
학교나 학급의 반장, 임원을 맡아서 통솔력을 발휘하게 될 암시이며 군관 계통의 입학시험에서 좋은 성적을 거둘 것을 예지한 예지몽이다.

◇ **갈증이 나서 우물이나 수도를 찾아 헤맨 꿈**
직장을 옮기려 하나 뜻과 같지 않다. 원하는 일자리도 쉽게 나서지 않고 환경상 장애도 따르게 된다. 학생이라면 진학할 대학을 선정하지 못해 심리적으로 혼란스러워져 있다는 증거.

◇ **맑은 샘물을 퍼마시거나 우물물을 길어 얼굴이나 손발 등 신체를 닦은 꿈**
입시, 입사시험, 승진, 국가고시 등에서 좋은 소식을 듣게 될 꿈으로, 특히 재수나 삼수생과 같이 오랜 시일동안 노력한 이에게는 기대 이상의 결과가 기다리고 있겠다. 개인적으로는 천생배필을 만나 사랑하게 될 암시의 꿈이다.

◇ **부모님께 큰 절을 올린 꿈**
곧 취직하게 되거나 입학시험에 무사히 통과되어 금의환향하게 된다. 관록을 먹는 사람이라면 직위가 한 단계 높아지고 송사 사건에서 유리한 입장에 서게 된다.

◇ **연필이나 볼펜, 색연필 따위의 필기구를 사거나 선물 받은 꿈**
독창적인 학습법을 개발하거나 다양한 아이디어를 활용하여 학교시험에서는 높은 성적을 거두게 되고 입사, 승진 시험도 무난히 통과하게 된다. 국가고시를 준비 중인 사람이라면 자신의 노력 끝에 이번에는 기쁜 소식을 들을 수 있을 것.

◇ **적군이나 도둑 등을 한 사람씩 차례대로 죽인 꿈**

총이나 화살 등으로 한 사람씩 적군을 조준하여 죽인 꿈은 여러 사람이 주관하는 시험이나 심사에서 좋은 결과를 가져다준다. 가령 대기업의 면접시험이라든가 방송국의 면접시험, 박사 논문 심사와 같이 다수의 심사위원이 점수를 매기는 일에서 훌륭한 성적을 거두게 된다.

◇ **자신에게 배달된 편지나 서류가 누런색 봉투에 담겨진 꿈**

고대하던 합격 소식을 듣게 될 전망이다. 모든 시험이나 경쟁에서 자신이 무사히 통과하게 된다. 다만 질병 중인 환자가 이런 꿈을 꾸었다면 병이 깊어질 흉몽으로 풀이한다.

◇ **열쇠를 줍거나 선물 받은 꿈**

원하던 회사나 부서에 입사할 수 있게 되고 작성에 맞는 대학 학과에 진학할 수 있게 된다. 열쇠를 주운 꿈은 행운을 주운 것과 같다.

◇ **만년필이 부서지거나 연필심이 부러진 꿈**

시험 결과는 저조하며 취직의 기회는 멀어진다. 성적이 나쁘거나 기대

이하의 수준이라서 상급학교 진학도 어려워진다. 작품을 쓰는 작가가 이런 꿈을 꾸었다면 자신의 작품이 세인의 관심을 끌지 못하고 사장될 처지에 놓여 심리적으로 상처를 입게 된다.

◇ **시험지에 답안을 모두 쓰고 감독관에게 제출한 꿈**
시험운은 비교적 만족할 만한 수준에 이르고 아울러 직장을 옮기거나 아예 직업을 바꾸려 하고 있다면 좋은 기회가 오고 있으니 지금이 찬스.

◇ **양복저고리나 재킷, 롱코트 등을 구입한 꿈**
이름 있는 학교나 번듯한 직장에 들어갈 수 있게 된다. 자신의 명예도 그만큼 높아지고 사람들의 주목을 받게 된다.

◇ **구두나 운동화를 구입한 꿈**
새 출발의 의미가 담겨 있다. 입학시험에 통과되어 활기찬 생활을 하게 되고 입사, 승진 시험에서 좋은 결과를 맞이하게 된다.

◇ **이미 성인이 된 자신의 친구들이 어린 아이들로 나타난 꿈**
입학과 취직, 승진 시험에서 자신이 경쟁자들을 물리치고 월등한 성적을 거두게 될 행운몽이다. 경쟁자들보다 한 수 위라는 것을 나타내는 꿈이다.

◇ **하늘을 훨훨 날아다닌 꿈**
학생 신분인 사람이 이런 꿈을 꾸었다면 길몽이다. 성적은 계속 상위권에 머물게 되고 학급의 반장이나 기타 임원을 맡아 통솔력을 발휘하게 된다. 그러나 성인이 이런 꿈을 꾸었다면 구속된 생활에서 벗어나고 싶다는 심리가 반영된 심적몽으로 볼 수 있다.

◇ 친구나 동료들은 성인의 모습인데 자신만 어린 아이로 나타난 꿈

위의 꿈과 정반대의 의미를 지닌다. 각종 시험에서 성적이 나빠서 탈락, 낙방의 고배를 마시고 실망하게 된다.

◇ 예전 임금이나 신하들이 쓰던 금관이나 관모를 쓴 꿈

입신출세와 명예의 상징몽이다. 수석합격, 직위 상승(승진) 등의 경사가 따를 것이다.

◇ 여러 개의 묘지 중에서 자신의 부모나 가족, 조상의 묘를 찾았으나 찾지 못한 꿈

이 꿈은 지원하는 입사 시험에서 계속 떨어져 실직자로 전전하게 되고 학생은 원하는 대학입시에서 낙방의 고배를 마시게 됨을 암시하는 꿈이다.

◇ 집안이나 마루 등을 걸레질하고 먼지를 쓸어낸 꿈

시험운은 매우 좋아 원하던 대학이나 회사에 들어가게 된다. 이로 인해 집안은 경사 분위기에 휩싸이고 가문을 빛낼 위인이 된다.

◇ 방이나 마루 등의 집안청소를 하는데 먼지를 쓸어도 쓸어도 깨끗해지지 않은 꿈

걸레로 닦아도 계속 먼지가 묻거나 더러워진 꿈도 마찬가지이다. 입학이나 취직, 승진 시험에서 기대치에 미치지 않는 저조한 성적을 거두게 되며 한동안 절망에 빠진다.

◇ 산신령에게 인삼이나 약초를 얻은 꿈

취직시험이나 입학시험 등에서 무난히 합격하게 되며 개인적으로는 횡

재, 유산상속, 재물운 상승 등의 경사가 생길 것을 암시한다.

◇ 커다란 산에서 폭포가 쏟아져 나온 꿈
수석합격, 일류대학 진학, 국가고시 패스 등으로 집안에 경사가 따르고 뭇사람들의 칭찬을 듣게 된다.

◇ 위태로워 보이는 절벽이나 비탈에 핀 꽃을 힘들게 꺾어온 꿈
아슬아슬한 고비를 넘기고 시험에 합격한다. 수험생, 취직을 준비하고 있는 사람이라면 기대를 해도 좋을 것이다. 일반적으로는 사랑의 완결, 결실을 의미하는 꿈으로서 이성간에 애정을 확인하여 결혼에 도달할 것을 암시.

◇ 교실에서 자기 의자가 없거나 책상을 찾지 못해 당황한 꿈
전직, 전업을 꾀하고 있다면 뜻대로 되지 않을 것이다. 간부직을 맡고 있다면 직위를 잃을 우려가 있으며 시험운도 매우 불리하다. 단순히 자신의 현재 입지나 생활에 대한 불안이 반영된 심적몽인 경우도 있다.

◇ 사다리를 타고 높은 벽으로 올라간 꿈
까다로운 시험이나 절차가 복잡한 시험에서 차근차근 단계를 밟아 끝내 영광의 자리에 오르게 된다. 노력한 만큼 성공을 거두게 되는 꿈이다. 특히 승진시험이나 진학시험에서 유리하다.

◇ 돌로 된 탑 위에 올라가 꼭대기에 다다른 꿈
단계를 밟은 승진, 순조로운 상급학교 진학, 시험에서의 일등을 암시하는 길조(吉兆)이다. 해당 부서에서는 최고 책임자, 사장으로 추대될 징조이다.

◇ **아래 계단에서 계단 위로 올라간 꿈**

매사에 성공, 발전이 기약된다. 건물의 아래층에서 위층으로 가거나 엘리베이터, 에스컬레이터를 타고 위로 올라간 꿈도 마찬가지의 의미를 지닌다. 상급 학교로의 진학도 순조롭고 승진도 유리하다. 신분 상승에 대한 상징몽.

◇ **백화점에서 에스컬레이터를 타고 매장을 구경한 꿈**

그저 올라가기만 했다면 여러 사람을 거느리거나 뭇사람의 부러움을 사는 직위로 승진, 영전하게 될 것을 암시이다. 그러나 오르내렸다면 당분간 자신의 입지가 불안정해져서 심리적으로 어려움을 느끼게 될 징조이다.

◇ **누군가의 병이 다 나았다고 기뻐한 꿈**

입학이나 취직, 승진 시험 및 각종 고시에서 좋은 성적을 거두게 됨을 암시한다.

◇ **불공을 드리는 스님께 쌀이나 돈, 보석을 시주한 꿈**

조상의 음덕으로 집안에 경사가 생긴다. 수능고사에서 좋은 성적을 거두어 진학이 순조로우며 취직, 승진시험에서도 안정권 안에 들게 된다.

◇ **임금이 입던 곤룡포를 얻거나 입는 꿈**

국가고시에 합격하여 가문을 빛내게 되고 대학 입학시험에서 수석합격의 영예를 안게 된다.

◇ **머릿돌이나 대리석판에 자신의 이름이 새겨진 꿈**

길몽 중의 길몽이다. 수험생은 높은 성적으로 대학에 진학하게 되고 입사를 준비 중이라면 곧 직장이 마련된다. 일반적으로는 아파트 분양 당첨이나 경품 당첨, 복권 당첨 등의 횡재수가 찾아올 암시.

◇ **학생 때 자신을 아껴주던 선생님을 만나 함께 걷거나 얘기한 꿈**
시험에서 좋은 성적을 거두게 되고 자신의 능력을 올바로 발휘하여 사회적으로 존경받는 지위를 얻게 된다.

◇ **관청의 입구에 열린 포도덩굴에서 잘 익은 포도를 따먹은 꿈**
국가고시에 합격하여 일신상의 명예를 갖추게 되고 시험운은 최상이다. 이웃집이나 기타 남의 집 입구에 열린 포도덩굴에서 포도를 따먹은 꿈도 이와 유사한 의미를 지닌다.

◇ **어린 아이들의 장난처럼 모래로 성(成)을 쌓거나 집을 만든 꿈**
그간의 노력이 수포로 돌아갈 것을 예견한 꿈이다. 시험운은 불리해지고 연구 업적이나 자신의 학문적 성과는 쉽게 무너지고 만다. 직위 상실, 좌천에 대한 흉조(凶兆).

◇ 금이나 은 따위의 보석으로 치장된 고급 옷을 입은 꿈

관료로 임명되거나 고위직으로 발탁될 암시이다. 시험을 준비 중인 사람이라면 장래에 원하던 기쁜 소식을 듣게 된다.

◇ 기름진 쌀밥을 대접받거나 먹은 꿈

시험운은 유리하고 승진이나 논문심사에서도 자신의 의사를 관철할 수 있을 것이다. 그러나 쌀밥이 아닌 보리밥이나 식은 밥이었다면 시험 결과는 좋지 않다.

◇ 강물이나 연못에서 빠져 나오려 하지만 뭔가가 몸을 휘감아 나올 수 없던 꿈

점점 늪에 빠져든다거나 이상한 동물의 꼬리나 나무가 휘감아 나올 수 없는 꿈도 마찬가지의 의미를 지닌다. 시험 성적은 노력한 것에 미치지 못할 만큼 저조하며 승진시험도 결과가 나쁘다. 또한 직장을 옮기려 하지만 주변 여건이 여의치 않아서 갈팡질팡하게 된다.

◇ 사람을 죽이고 경찰에 쫓겨 다닌 꿈

시험을 앞두고 불안한 심리가 고조되었음이 꿈에 나타난 것이다. 특히 이런 꿈을 자주 꾸는 경우엔 심리적 초조함을 반영한 것으로 풀이한다. 한편 승부나 경쟁의 기로에서 자신이 불리해질 것을 나타내는 흉조로도 풀이한다.

◇ 부처나 하느님, 예수와 같이 어떤 신적인 존재와 악수한 꿈

소원성취의 대행운몽이다. 일류대학에 진학하게 되거나 대기업 공채에 합격하여 탄탄대로를 걷게 된다. 학자라면 일신상으로 학문적 업적과 명예를 겸비하게 된다.

◇ 강물에 떠내려온 시체를 발견한 꿈

취직시험, 승진시험에서 기쁜 소식을 듣게 되고 의외의 재물을 얻게 된다. 산이나 호수 등에서 시체를 발견한 꿈도 같은 해석이 가능하다.

◇ 밀가루로 빵이나 수제비를 만들어 먹은 꿈

학위논문이나 연구논문이 무사히 통과되어 학문적 업적을 인정받게 되고 작가라면 자신의 작품으로 일약 베스트셀러 작가로 떠오르게 된다. 신춘문예 응모자라면 장래에 당선 통고를 받을 암시.

◇ 직장 상사나 웃어른에게 음료수나 음식을 쟁반에 바쳐서 가져다 주는 꿈

꿈속의 그 상사나 웃어른이 음료수를 흔쾌히 마시거나 맛있게 먹었다면 시험운은 최상으로 길하다. 특히 친척 어른이나 상사의 도움으로 취직이 되거나 승진에서 유리한 위치에 서게 된다. 그러나 뭔지 모르게 머뭇거리면서 대접한 음료수나 음식을 거절했다면 당분간은 시험이나 승부의 결판이 나지 않을 것이다. 좀 더 기다려야 소망이 성취된다.

◇ 허기진 배를 달래면서 먹을 곳을 찾아 헤맨 꿈

직장을 잃거나 시험에 낙방할 암시이다. 상급학교 진학도 성적이 나빠지거나 경제 사정 등으로 인하여 전망이 불투명해지고 자신의 앞날에 대한 불안이 증폭된다.

◇ 시골집의 툇마루나 신발을 놓는 댓돌 위로 성큼 올라간 꿈

직위가 높아지고 신분이 상승될 행운의 꿈이다. 대학 입시나 상급학교 진학 등의 문제도 생각한 대로 이루어질 전망이다. 대기업에 취직되거나 승진의 가능성이 매우 높아진다.

◇ **사우나탕이나 온천, 목욕탕에서 여러 사람들과 함께 어울려 목욕을 하는 꿈**

시험에 합격하여 명예와 재물운을 겸비하게 되고 학문적으로 이름을 널리 떨치게 된다. 혹은 국가 공무원이나 관공서의 중요 인사로 임용, 발탁되어 대민봉사 업무에 전념케 되거나 종교적인 일에 몰두할 암시.

◇ **재판을 받아 사형을 언도받은 꿈**

꿈의 외형은 끔찍하지만 해석은 대길하다. 힘든 시련을 견디고 노력한 끝에 국가고시에 패스하고 각종 시험에서 우수한 성적을 거두게 된다.

◇ **서랍이나 상자, 장롱을 열고 그 안에서 물건을 꺼낸 꿈**

합격통지서를 받게 될 상징몽이다. 선거 당선이나 임용고시, 취직시험에서 기쁜 소식을 듣는다. 이 밖에도 문서나 소송사건에서 유리한 위치에 서게 될 것을 암시한다.

◇ **시험답안을 쓰려고 하지만 필기도구가 없어 쩔쩔맨 꿈**

시험에 탈락하여 좌절할 흉조이다. 또한 전직, 전업을 도모하고 있으나 여건이 여의치 않아 심리적으로 불안한 나날이 계속된다.

◇ **남의 시험답안을 훔쳐보고 정답을 써낸 꿈**

마침내 합격자 명단에 올라 오랜 수고에 대한 보상을 받는다. 경쟁자와의 승부나 승진, 영전 심사에서도 유리한 위치에 오른다.

◇ **문제를 풀지 못해 끝내 정답을 써내지 못한 꿈**

진로나 장래 문제가 불확실한 채 시간만 끌게 된다. 상급학교로의 진학은 불투명해지고 시험운도 좋지 않다. 또한 전직, 전업을 도모하고 있으나 마땅한 일자리가 나서지 않아 갈등에 빠진다.

◇ 거목이나 장대를 기어 올라간 꿈
굳은 신념으로 노력한 끝에 원하는 위치에 오르게 될 행운몽이다. 고생을 마다하지 않도록 하라. 노력한 만큼, 아니 그 이상의 성공이 기다리고 있다. 시험이나 경쟁 등에서 소원을 성취가게 된다.

◇ 가시가 돋친 밤송이에서 밤알을 꺼내 먹은 꿈
장애가 많은 문서나 소송건에서 자신이 유리한 위치에 서게 되고 경쟁률이 높은 시험에서 당당히 합격하여 주변의 부러움을 사게 된다. 수능고사나 진학시험, 취직시험, 국가고시에서 높은 성적을 거둔다.

◇ 과일이 탐스럽게 열린 나무에 올라가거나 거기에 올라가 과일을 따 먹은 꿈
고생한 보람으로 시험에 무난히 통과하게 된다. 명문대학이나 대기업 공채를 목표로 공부해 왔다면 이제 그 결실을 거두게 될 것이다.

◇ 유서 깊은 사찰이나 궁궐 안을 둘러본 꿈
명문대학이나 전통이 깊은 회사에 들어가서 입신양명의 기회를 맞이한다. 특히 순수학문을 연구하는 학자라면 자신의 학문적 성과가 학계나 세인의 주목을 받게 되며 명예를 떨친다.

◇ 미끌미끌한 뱀장어나 미꾸라지를 손으로 잡은 꿈
경쟁률이 높은 시험에서 우수한 성적을 거두며 합격의 영광을 안게 된다. 특히 인기 학과나 인기를 먹고 사는 방송국(탤런트, 가수 등)의 시험에 통과되어 대중의 사랑을 받으며 전성기를 구가한다.

◇ **자신이 초상집의 상주(喪主)가 되어 상복을 입은 채로 조문을 받고 있는 꿈**

꿈의 외형과 반대로 기쁘고 즐거운 소식을 듣게 된다. 국가고시나 대학 입시에서 월등한 성적으로 합격하게 되고 고위직으로 승진하여 많은 부하 직원을 거느리게 된다.

◇ **합격자 명부나 벽보에 자신의 이름이 뚜렷이 써진 꿈**

자신의 의도대로 매사를 추진할 수 있다. 행운은 이제 자신의 편에 서 있다. 각종 시험이나 승부에서 경쟁자를 물리칠 수 있다. 자신감을 갖고 도전해도 좋을 듯하다.

◇ **뼈가 없는 낙지나 문어 등의 발에 온몸이 휘감긴 꿈**

입학이나 취직시험에서 좋은 결과가 기다리고 있다. 그러나 일신상으로는 법적인 소송사건에 휘말려들거나 조서를 받게 될 수도 있으니 행동에 조심을 기해야 한다.

◇ 뱀을 죽이거나 뱀에게 물린 꿈

각종 시험에서 좋은 성적을 거둬서 대학 진학, 입사, 승진의 면에서 경사가 생길 암시이다. 또한 상사의 신임을 받게 되거나 행운의 기회를 맞이하게 된다.

◇ 경찰서에 출두하라는 소환명령이나 소환장을 받은 꿈

합격의 통지서를 받게 되리라는 축하의 꿈이다. 입사시험이나 입학, 영전의 시험에서 영광의 주인공이 된다. 다만 일신상으로는 건강이 나빠져 입원하라는 통보를 받을 우려도 있다.

◇ 예쁘거나 고급스러워 보이는 손목시계를 새로 사서 찬 꿈

취직, 입학, 승진시험에서 기대 이상의 성적을 거두며 영광을 안게 된다. 특히 관록을 먹는 국가고시나 임용고시 등에서 기쁜 소식을 듣는다.

◇ 4층짜리 건물이나 4단계로 만들어진 구조물에서 뛰어내려 가볍게 땅에 안착한 꿈

학업이 순탄치 않았지만 이제는 주변 환경의 개선으로 4년제 정규대학을 무사히 마칠 수 있을 것이다. 낙담하지 말고 계속 분발하도록 한다.

제4장

직업적인 길흉 암시에 관한 꿈

고대인들은 꿈이 미래에 전개될 사건의 전조라고 믿고 그 꿈을 해석하여 길흉을 점 치려고 했다.
꿈의 상징적인 의미를 알아내는 방법은 개인에 따라 차이가 있고
꿈풀이 방식에 의해 길몽도 되고 흉몽으로도 해석되므로
경고와 암시를 잘 받아들인다면 결국 자신에게 이로운 일이 될 것이다.

◇ **집안의 관상목이 싱싱하게 줄기를 뻗으며 자라나서 지붕을 뚫고 솟아오른 꿈**

직장인에겐 직위 상승을 암시하는 행운의 꿈이다. 또한 자신의 능력을 인정받거나 그로 인해 금전이 들어올 길몽이다. 사업인에게도 행운의 꿈이다.

◇ **옷을 벗고 나체로 걸어 다니거나 자기 옷이 없어져 당황한 꿈**

몸담고 있는 직장으로부터 해고당하거나 업무상의 실수로 인해 직장에서 곤란한 처지에 놓일 암시이다. 자신의 업무상 처리를 재삼 점검하여 최악의 경우를 피하도록 한다. 사업가는 경쟁 업체로 인해 적지 않은 타격을 입게 된다.

◇ **매우 긴 뱀의 꼬리가 잘려져 나간 꿈**

자기 부서의 직원 중 몇 명이 해고될 암시이다. 잘려 나간 뱀꼬리를 아무 느낌 없이 그저 보고 있었다면 이번 감원에서 자신은 무사히 살아남게 된다.

◇ **돼지나 소 등의 동물이 하늘을 날아다니는 꿈**

사업가나 직장인 모두에게 활력을 불어넣을 일이 생길 징조이다. 특히 자신이 개발한 상품이나 자신의 아이디어, 자기 사업체의 상품이 대중적인 인기를 얻어 재물이 들어온다.

◇ **자신이 서 있는 언덕이나 산, 담벼락, 지붕 등이 무너져 내리면서 자기 몸도 추락하는 꿈**

직장인에게나 사업가에게 매우 좋지 않은 꿈이다. 직장을 잃거나 신분 추락, 명예 상실, 사업상의 부도, 건강상의 손실 등을 나타낸다.

◇ **바다나 호수, 강물에 들어가서 유연한 포즈로 수영을 즐긴 꿈**
거래가 순조로워지고 직장에서의 능력 발휘가 암시된 길몽(吉夢)이다. 승진의 암시도 있다. 그러나 물살에 떠밀려 앞으로 나아가기가 곤란했다면 매사에 막힘이 많을 징조이다.

◇ **자신이 시험에서 일등을 한 꿈**
꿈 그대로 매우 기쁜 일이 생기게 된다. 자신의 아이디어가 채택되어 특별수당을 받거나 원하던 부서로 옮기거나 맡은 일에서 뛰어난 능력을 발휘하여 주변을 놀라게 한다.

◇ **뱀을 죽였더니 피가 사방에 번진 꿈**
사업상 어마어마한 계약을 성사시키거나 일개 직원에서 경영주로 승진할 길몽이다. 원고를 쓰는 작가라면 자신이 쓴 원고가 대중에게 엄청난 인기를 얻어 일약 베스트셀러로 급부상할 징조이다.

◇ **대통령이 앉았던 의지나 임금의 용상에 앉았던 꿈**
국가의 관록을 먹을 자리로 승진할 암시이다. 아울러 해당 부서의 최고 직위나 회사의 대표자로서 입신출세하게 될 예지몽이다.

◇ **어떤 사람이 부엌에서 설거지를 하거나 요리를 하는 꿈**
자신이 사업가라면 회사의 재정을 담당한 부하 직원의 노력과 공로로 인해 회사에 큰 이익이 생길 조짐이다.

◇ **황새 여러 마리가 나무 위에 앉아 있는 꿈**
단체의 최고 책임자가 되거나 국가 공무원으로 임용되어 능력을 발휘할 행운몽이다.

◇ **사람 덩치만큼 큰 유서 깊은 사찰이나 궁궐 안을 둘러본 꿈**

명문대학이나 전통이 깊은 회사에 들어가서 입신양명의 기회를 맞이한다. 특히 순수학문을 연구하는 학자라면 자신의 학문적 성과가 학계나 세인의 주목을 받게 되며 명예를 떨친다.

◇ **승천하는 용을 타고 오르거나 용을 죽인 꿈**

많은 사람들이 우러러볼 자리에 오르거나 그런 일을 하게 될 꿈이다. 사업상의 큰 이익, 사회적인 입신출세가 암시되었다.

◇ **레스토랑이나 카페, 음식점에 들어간 꿈**

그간의 연구에 대한 성과를 얻거나 오랫동안 계획해온 일의 결실을 얻을 행운몽이다. 또한 실업자에게는 직장을 얻게 될 암시.

◇ **여흥 분위기가 확연한 술집이나 카바레에 드나든 꿈**

대중을 상대로 한 홍보직이나 광고직에 종사하게 될 암시. 혹은 여러 사람들을 계도하는 훈련원의 교관이나 학생들의 훈육과 관련된 일에 종사할 암시.

◇ **새로 산 신발이 발에 맞지 않아 고민한 꿈**

입사한 회사나 신규로 문을 연 사업이 자신의 적성에 맞지 않을 조짐이다. 혹은 자신의 능력에 비해 직책이 낮거나 보수(급여)가 작아서 갈등에 빠지게 된다.

◇ **누군가가 지켜보고 있어서 대소변을 볼 수 없었던 꿈**

경쟁 업체의 견제나 직장 내의 경쟁자의 방해로 중요한 거래가 취소되거나 능력 발휘의 기회가 무산될 흉몽이다.

◇ **화장실을 찾아다녔으나 끝내 찾지 못한 꿈**

직장을 옮기려고 이곳저곳 알아보지만 마땅한 자리를 찾을 수 없게 된다. 혹은 사업상의 중요한 계약이 뜻밖의 방해공작이나 의외의 사고가 발생해서 계약이 성사되지 못한다.

◇ **흰 눈이 산을 소복하게 내리덮은 가운데 꽃이 피어 있는 꿈**

사업상의 첫 거래가 성사되거나 최첨단을 걷는 부서에 발령이 나서 능력을 발휘할 암시이다. 또한 모험이 따르는 첫 시도에서 중요한 역할을 맡게 될 꿈이다. 주변 사람들의 협조도 순조롭게 된다.

◇ **여러 켤레의 신발이 놓인 신발장을 본 꿈**

여러 사람이 공동으로 추진하는 일에 노력을 기울이면 성공을 하게 된다는 의미이다. 신발이 현관에 여러 켤레 벗어져 있는 꿈도 이와 마찬가지이다. 공동으로 사업을 추진하거나 주식 투자를 하거나 단체의 일을 맡아 보는 것 등이 이에 속한다.

◇ **자신의 대소변이 한 마을을 뒤덮거나 큰 강물이 되어 흐른 꿈**
사업인, 직장인 모두에게 대길몽(大吉夢)이다. 자신의 업무상 능력이 최고 책임자의 눈에 띄어 일약 중역으로 승진되거나 자신의 원고, 미술 작품이 세인의 주목을 받아 유명 인사가 될 징조이다.

◇ **자신이 상주(喪主)가 되어 상복을 입은 채 집안사람이나 유명 인사의 장례식을 주도한 꿈**
관공서의 장(長)으로 승진되거나 직장의 최고 책임자로 발령받게 된다. 혹은 사업상 중요한 계약이 의외의 기회로 인해 성사된다.

◇ **살고 있는 자신의 집을 고치거나 단장을 새로 한 꿈**
부서 개편이 임박했음을 알리는 암시이다. 혹은 부하직원들의 변동, 사업상의 구상이 달라질 것을 나타낸다. 일신상으로는 건강이 악화돼 병원 신세를 질 일이 생길 수도 있다.

◇ **활활 타오르는 불덩이가 하늘로부터 떨어진 꿈**
직장에 모종의 변화의 기운이 몰려와 자신이 중책을 맡게 될 징조이다. 사회적인 대변화, 사업상의 혁신, 인사 교체 등을 암시하는 꿈이다.

◇ **산이나 언덕, 오르막길, 절벽 등을 올라가기 위해 애를 쓴 꿈**
맡은 일이나 계획한 일, 사업상의 상황이 몹시 불리한 형편에 처해 있으며 그것을 처리하기 위해서는 적지 않은 인내와 고통이 따르게 됨을 상징하고 있다.

◇ **산이나 언덕, 높은 고층 빌딩을 훨훨 날아서 올라간 꿈**
의도한 일이나 사업상의 계획이 뜻밖의 원조로 손쉽게 달성 될 것을 나타낸다. 결과 또한 기대 이상의 만족을 가져다준다.

◇ 물통이나 세숫대야를 받치고 수도를 틀었으나 수도꼭지에서 물이 나오지 않은 꿈

자금난에 봉착할 암시이니 사업가는 신중을 기해야 한다. 사업 구상을 재점검하고 무리한 투자를 하지 않도록 한다. 직장인이라면 동료 직원이나 상사의 도움을 전혀 기대할 수 없게 된다는 의미이다. 어렵더라도 혼자서 처리해야 한다.

◇ 애완견이나 관상용 새를 쓰다듬어 주는 꿈

출판업에 종사하는 사람이라면 가까운 시일 내에 좋은 일이 생길 징조이다. 특히 작가로서 명성을 날리게 되거나 번역가로서 능력을 인정받거나 문단에 데뷔할 기회를 얻게 된다.

◇ 과일나무를 심거나 바라본 꿈

그간의 노력이 마침내 결실을 맺게 된다. 소규모의 공장을 꾸려가던 사업주라면 기반이 견실한 사업체로 확장하게 되며 사무직 종사자라면 그간의 업무 성적이 높게 평가되어 중요한 일을 맡게 된다. 특히 작가 지망생들에게는 행운의 꿈이다. 자신의 작품이 스승이나 대중에게 인정을 받아 문단에 데뷔할 기회를 얻게 된다.

◇ 앞을 향하여 누군가와 손을 맞잡고 함께 뛰어간 꿈

동업자의 도움을 얻게 되거나 귀인의 도움을 얻어 막혔던 사업을 일으키고 직장에서 겪고 있는 어려움도 해결하게 된다. 새로운 직장 동료를 만나 의기투합하게 되거나 동업자와 새로운 사업을 일으킬 암시로도 풀이한다.

◇ **단단한 돌로 만들어진 다리를 건너간 꿈**

순탄한 앞날에 대한 암시이다. 직장에서나 사업상의 운세 면에서 계획한 대로 일이 성사되고 지위도 확고해진다. 경제적으로도 어려움 없이 여유 자금을 저축하고 살게 된다.

◇ **옷이나 보석 등의 물건을 사면서 돈을 지불해준 꿈**

꿈에서 지불한 액수만큼 행운을 얻게 된다. 성실히 노력한 사무직 종사자라면 그에 상응하는 상여금을 타게 되거나 승진의 기회를 얻게 된다. 즉 지불한 액수가 클수록 소망한 일이 쉽게 성취된다.

◇ **다리 위에 있는 누군가가 자신의 손을 잡아 위로 끌어올려 준 꿈**

실업자에게는 오랜만에 기쁜 소식이 들려온다. 귀인의 협조나 도움으로 일자리를 얻어 실업자 신세를 면하게 된다.

◇ **길을 새로 닦고 있거나 도로를 포장한 꿈**

그런 광경을 목격한 꿈 역시 마찬가지이다. 새로운 일자리(직장)를 얻게 되거나 여태 해보지 않은 새로운 일을 하게 된다. 사업가라면 다소 모험이 되는 일이지만 야심찬 사업 구상으로 새로운 분야를 개척하게 된다.

◇ **자신이 어떤 가게의 주인이 되어 물건을 팔면서 값을 받은 꿈**

이 꿈은 길흉이 반반인 꿈이다. 꿈에 받은 값만큼의 돈이나 보석 등을 분실할 암시가 있어서 흉몽으로 풀이한다. 한편 받은 돈의 액수에 상응하는 기간 동안 누군가를 자신의 고용인이나 임시직으로 쓰게 될 암시로도 풀이한다.

◇ **높은 산이나 강, 섬 사이를 훌쩍 뛰어넘어 단숨에 지난 꿈**

근무지를 옮기거나 해외출장, 해외근무를 떠날 암시이다. 혹은 해외여행에 대한 암시로도 풀이한다. 일반적으로는 승진운, 권위가 뒤따를 징조로 본다.

◇ **산이나 들판을 목적 없이 헤매고 다닌 꿈**

연구 결과가 나오지 않거나 새로 착수한 사업이 모종의 윤곽을 드러내지 않아 갈팡질팡하고 있음을 나타내는 심적몽이다. 소득이나 희망 없이 괜한 시간만 허비하고 있음을 경고하는 꿈.

◇ **평탄한 길에 갑자기 강이나 수영장이 나타나서 수영을 했던 꿈**

생각지도 못했던 아르바이트 일거리를 얻게 되거나 관공서에 임시로 발탁되어 능력을 발휘하게 된다. 사업상으로도 예기치 않은 주문을 받거나 계약이 성사되어 큰 이익을 얻게 된다.

◇ **한참 걷다가 길이 끝나서 멈춘 꿈**

직장에서 해고를 당하거나 일신상의 사정으로 한동안 휴가를 가게 됨을 암시하는 꿈이다. 혹은 자신의 계획이 일시 중단됨을 나타낸다. 사업상으로는 한동안 경기가 침체되거나 생산에 차질이 생길 것을 암시한다.

◇ **지팡이를 짚으면서 도보를 하거나 등산한 꿈**

업무 처리에 후원자나 조력자가 나타나서 어려움을 해결하게 됨을 암시한다. 또한 사업상으로는 자금 후원자나 뜻밖의 거래 성사로 인해 회사가 부도 위기에서 벗어나게 되고 빠른 시간내에 다시 정상을 되찾게 된다.

◇ **학교 대운동장에 서 있거나 학교 운동장에서 운동 등을 한 꿈**
언론에 자신의 이름이 소개되어 세인의 주목을 끌거나 대기업에 취직하게 될 징조이다. 사업가는 큰 계약에서 유리한 위치에 서게 된다. 대규모의 사업을 벌이게 된다.

◇ **자신이 누군가와 눈짓으로 의사를 소통하거나 지시를 받은 꿈**
사회적으로나 직업상으로 그다지 좋지 않은 일에 연루될 징조이다. 산업스파이, 이중계약, 불건전한 거래, 부당한 판매 등이 이 꿈에 암시된 내용이다.

◇ **땅에 있던 자신이 산이나 높은 건물, 나무에 올라간 꿈**
승진운이 열리고 입신출세의 기회가 도래했음을 나타낸다. 높은 곳에 올라서 상쾌함과 뿌듯함을 느낄수록 소망 성취의 폭은 커진다.

◇ **방해자가 나타나거나 다리가 끊어져 다리를 다 건너지 못한 꿈**
경영주에게는 매우 심각한 흉몽이다. 확장일로를 걷던 사업이 난관에 부딪혀 중단되고 파산의 위기에 직면하게 된다. 직장에서는 감당하기 힘든 시련이 자신에게 다가오고 있음을 나타낸다.

◇ **자갈길이나 굽이진 길, 좁은 길을 힘들게 간 꿈**
현재 맡고 있는 일이나 벌여둔 사업이 뜻대로 되지 않아 어려움을 겪게 된다. 꿈에서 걸어간 길이만큼 고난의 시간도 비례한다.

◇ **누군가를 뒤따라 걸어간 꿈**
사업상, 직무상 귀인의 도움을 받을 징조이다. 곤경에 처했다면 뜻밖의 협조자를 만나 위기를 모면하게 된다.

◇ **체육시간이나 체력장을 실시하는 곳에서 멀리뛰기를 한 꿈**
멀리뛰기는 행운의 폭을 암시한다. 멀리뛰기의 폭이 클수록 사회적 성취도가 커지고 출세의 길이 보장된다. 직장인이나 사업인 모두에게 길몽이다.

◇ **무덤이 높게 솟아올라 산처럼 커진 꿈**
만인이 우러러볼 위치에 오르게 될 길몽이다. 국가의 중요 관직에 등용되어 능력을 발휘하게 되고 국가의 중대사를 결정하는 직책을 맡아서 천하를 다스리게 된다. 직장인에게는 승진의 기회가 왔음을 나타낸다.

◇ **맑고 깨끗한 물에 손이나 발을 씻은 꿈**
직장인, 사업가 모두에게 행운이 다가올 길몽이다. 원하던 일자리를 얻게 되거나 자금 압박에서 해방되어 원대한 사업계획을 다시 구상할 수 있게 된다. 혹은 명예와 권위의 자리에 올라 이름을 떨칠 암시로도 풀이한다.

◇ **수저통이나 상 위에 수십 벌의 수저가 놓인 꿈**
대기업에 취직되거나 나이가 먹은 사람들과 관련된 일을 하게 된다. 사업가라면 사업이 날로 번창하며 큰 재물을 얻게 될 것을 암시.

◇ **길게 뻗은 복도를 따라 걸으면서 이 방, 저 방을 들여다본 꿈**
부서의 감찰이나 공공기관의 감사원으로 일하게 될 꿈이다. 혹은 공사장의 감독이나 현장 책임자로 임명될 암시. 어쨌든 상대편이나 단체의 행적을 감찰하고 사정하는 일을 맡게 된다.

◇ **걸음이 떼어지지 않아 걸을 수 없었던 꿈**
마음대로 걸을 수 없어서 애를 쓴 꿈은 사업이 침체되고 직장에서의 신임도가 하락할 암시이다. 결재서류나 기획안이 반려되고 관청에서 부정적인 답변을 듣게 된다.

◇ **어떤 사람이 자신이 사는 집안으로 성큼성큼 걸어 들어온 꿈**
그 사람과 관계된 계약이 성공적으로 이루어지거나 그 사람의 이미지가 암시하는 일에서 자신이 두각을 나타낼 행운의 꿈이다.

◇ **누군가가 자기 집에서 나가고 있거나 방에서 나가는 꿈**
언뜻 생각하기엔 흉몽이나 꿈풀이는 길몽이다. 추진하고 있는 일에서 후원자를 만나거나 상담 조건을 유리하게 바꿔줄 협조자나 기회를 만나서 계획한 대로 소원을 성취하게 된다.

◇ **자신이 어떤 사람과 나란히 걸어간 꿈**
사업상의 동업자를 얻게 되거나 자신의 직무를 분담해서 처리해줄 뜻이 맞는 동료, 인생의 동지나 친구를 만날 암시이다.

◇ **몸져누웠던 환자가 활기차게 걸어 다닌 꿈**

풀리지 않던 업무나 거래상의 문제가 협조자의 도움으로 손쉽게 해결된다. 경영자는 자금융통, 계약 성사 등의 암시.

◇ **둥그런 탁자에 여러 사람과 둘러앉아 얘기를 나눈 꿈**

주변 사람들의 도움이나 호의로 계약이 무난히 성사되고 직장에서도 신임이 높아진다. 사회적으로는 심리상담가로 명성을 얻게 된다.

◇ **누군가의 방이나 모르는 사람의 의자에 앉아 있던 꿈**

앉아 있다는 것은 계획한 일이 한동안 중지된다는 것을 나타낸다. 혹은 심신이 과로로 지쳐 있으니 일로부터 벗어나 한동안 휴식을 취해야 한다는 생리적 자극몽으로도 풀이된다.

◇ **방문을 여기저기 열어 보고 다닌 꿈**

취직을 부탁하거나 관공서에 모종의 청탁을 하게 된다. 또한 자신이 만나고 있는 이성 친구나 애인에 대한 의심이나 궁금증이 쌓여 있음을 나타낸다.

◇ **어린 아이나 갓난아이를 업고(안고) 다닌 꿈**

직무상, 사업상으로 자신이 현재 맡고 있는 일이 어려움에 직면하게 된다. 심리적인 고통도 따르겠지만 강한 인내심으로 극복해야 한다. 노력 끝에 기대 밖의 성공이 기다리고 있다.

◇ **경찰이나 경비원이 되어 순찰을 다닌 꿈**

내근직에서 외근직으로 전보 발령 나거나 중소 도시의 지점으로 근무지가 변경될 꿈이다. 어쨌든 일신상으로 직무 조건의 변동이 따르게 된다.

◇ **계단이나 내리막길을 내려가다가 발을 헛디뎌 넘어진 꿈**

절차를 밟아서 해결할 일이 있다면 매사에 조심해야 한다. 뜻밖의 실수로 계획이 무산될 조짐이다. 또한 승진, 진학(입시) 등의 시험운에서 좋지 않은 결과가 기다리고 있다.

◇ **도형이나 그림 등을 칠판에 그린 후에 학생들에게 그림을 따라 그리도록 한 꿈**

근무하는 회사의 경영사정으로 부서 변동이나 근무지 변경이 단행된다. 회사의 전보 발령에 의해서 해외 근무를 하게 되거나 지방의 지점으로 옮길 가능성을 암시.

◇ **외가나 외가가 있는 동네에서 하룻밤 자고 간 꿈**

그간 내근직이었다면 약 1년 정도의 기간으로 외근 부서로 발령 난다. 사업하는 사람이라면 사업장의 규모가 확장되거나 좀 더 큰 회사와 동업, 합병될 가능성이 높다.

◇ **자신이 다니던 학교나 교실이 도드라져 보인 꿈**

꿈에 보이는 학창시절의 학교(교실)는 자신이 다니는 직장을 상징한다. 따라서 학교가 정겹고 사람들의 얘기로 시끌벅적했다면 직장의 분위기도 그와 비슷하다는 의미이다. 심리적인 꿈과 상징적인 꿈의 혼합이다. 혹은 자신의 소설이나 글이 언론이나 잡지에 소개될 기회를 얻는다.

◇ **공원이나 휴게소, 역 대합실 등의 의자에 앉아서 쉬어간 꿈**

그간의 노력에 대한 대가로 특별 휴가를 받거나 귀인의 도움으로 대기업에서 일할 수 있게 된다. 그러나 해고를 당하거나 퇴직에 대한 암시도 있어서 길흉(吉凶)이 상반되는 꿈이다.

◇ **폭우나 비바람이 심하게 불어서 앞으로 걸어갈 수 없었던 꿈**
다른 사람의 비협조, 방해로 계획이 중도에서 좌절될 꿈이다. 거래가 중단되거나 상사의 반대로 자신의 기획안이 반려된다.

◇ **교실이나 사무실에서 책상 사이를 오간 꿈**
전직이나 해당 부서의 업무 변경이 임박했음을 알리는 꿈이다. 혹은 직장을 옮기고 싶다는 자신의 심리가 반영된 심적몽일 수도 있다.

◇ **길거리에서 창녀를 안거나 여러 사람이 윤간한 꿈**
멀지 않아서 집안 잔치를 벌일 일이 생기거나 사업, 직업상으로 연회에 초대받아 술대접을 받는 등 좋은 일이 생길 조짐이다.

◇ **고위직의 직장 상사에게 모종의 백지를 전달받은 꿈**
자신의 적성에 맞는 희망부서의 책임자급으로 전보 발령 나는 행운이 찾아온다.

◇ 미모의 여인이나 묘령의 남성을 강간한 꿈

강간을 당한 것이 아니라 자신이 강간하였다면 성격적으로 독선적인 면을 고쳐야 한다는 주의 촉구의 꿈이다. 동료들에게도 독단적인 존재로 부각되지 않도록 자신의 행동을 되돌아볼 것.

◇ 곤경에 처해서 도움을 청하는 사람을 도와준 꿈

타인의 곤란을 떠맡아 진땀 흘리게 된다. 사업가라면 보증을 서거나 돈을 빌려주는 일에 있어서 신중을 기해야 한다. 하마터면 자신이 그 대가를 고스란히 치르게 된다 함정이나 웅덩이에 빠진 사람을 구해준 꿈도 이와 유사한 의미가 있다.

◇ 미모의 여인을 안고 섹스를 하려다가 뜻을 이루지 못한 꿈

계획한 일들이 점점 곤경에 빠진다. 직무상으로도 의욕을 잃게 되고 결재가 반려되어 처리할 업무만 쌓여 간다. 일반적으로는 구설수에 오르거나 뜻밖의 낭패를 당할 징조로 흉몽이다.

◇ 이성과의 성행위로 만족감을 느꼈거나 쾌감이 컸던 꿈

현재부터는 왕성한 운세가 펼쳐질 것이다. 매사 뜻한 대로 이루어지고 직장에서는 신임을 얻어 고위직으로 승진되고 사업이 날로 신장되어 큰 이익을 거두게 된다.

◇ 자신을 비롯한 두세 명의 남자가 여인을 윤간한 꿈

꿈의 외형은 좋지 않지만 꿈해석은 길몽에 해당한다. 사업상(직무상)의 곤란을 해소해줄 귀중한 동업자(동료)를 만나게 되거나 여러 사람이 힘을 합해서 공동으로 일을 처리하여 좋은 성과를 얻게 됨을 암시하는 꿈이다.

◇ **싱싱하게 잘 익은 과일을 직접 따먹은 꿈**
부서의 책임자로 승진되거나 중요한 직책을 맡게 된다. 아울러 가족에게 경사가 생길 것을 암시.

◇ **강이나 냇물을 건너고 있는데 자신과 반대방향으로 누군가가 걸어온 꿈**
누군가의 명예퇴직, 해고 대신에 자신에게는 임용, 승진, 취직의 행운이 찾아온다. 모종의 권력자 교체나 직무의 교체가 따른다.

◇ **고향에 찾아가 고향집 혹은 자기 집을 향해 간 꿈**
오랫동안 노력해온 일이 결실을 맺게 된다. 단순하게 일상적인 계획이든 사업, 직업상의 계획이든 목적 달성이 쉬어진다.

◇ **자기 물건이나 명패를 누군가가 훔쳐 간 꿈**
직장을 잃거나 재물의 손실이 따르거나 신분의 추락이 예시된 꿈이다. 하지만 물건이나 명패를 잃었어도 별다른 느낌이 없었다면 자신이 쓴 글이 출판되거나 언론에 소개될 기회를 얻는다. 길흉이 상반된 꿈이다.

◇ **과일을 타인과 나눠 먹은 꿈**
업무상으로나 사업상으로 귀인의 도움을 받게 될 징조이다. 자신의 문제를 다른 사람(귀인)이 대신 처리해 주거나 결정적인 조언을 받아 낭패를 모면한다.

◇ **조용한 휴양지나 공원을 여유롭게 산책하고 다닌 꿈**
노인을 대상으로 하는 복지시설에 근무하게 되거나 공무원으로 임용될 징조이다.

◇ **맛이 좋아 보이는 다양한 음식이 차려진 식탁(밥상에)앉아 대접을 잘 받은 꿈**
현재 추진하고 있는 일에 대한 좋은 구상이 떠올라 순조롭게 성사될 암시. 사업가라면 조만간에 큰 계약을 맺어 사업이 활기를 되찾게 된다.

◇ **타인에게 음식을 대접하거나 상을 차려준 꿈**
곤경에 처했을 때 타인의 도움으로 해결될 가능성이 높다. 혹은 다른 부서의 협조로 자신이 속한 부서의 일이 원만히 해결될 조짐. 개인적으로는 귀인을 만나 의외의 도움을 받게 된다.

◇ **사무실에서 결재를 받고 있을 때 그 상사 뒤에서 남녀 한 쌍이 아무렇지 않게 성관계를 맺는 꿈**
깐깐한 성격의 상사 대신 상사의 측근에게 모종의 청탁을 넣어서 결국 결재를 받고 계획한 일을 성사시킨다.

◇ **강물이나 냇물에 놓인 징검다리를 지난 꿈**
의도한 일을 바로 해결할 수는 없지만 우회적(간접적)인 방법을 이용한다면 목표를 달성하게 된다. 혹은 여러 사람의 협조로 계획이 성사되어 직장에서 실력을 인정받게 된다.

◇ **커다랗게 입을 벌린 채 과일이나 음식을 먹은 꿈**
중요한 직책을 맡게 되거나 부서장으로 승진될 행운의 꿈이다. 또한 자신이 계획한 대로 일이 진행되어 큰 재물을 얻고 명예를 얻게 된다.

◇ **풋과일을 따먹거나 받아먹은 꿈**
승진이나 입사 시험에서 떨어지고 취직의 기회는 불발된다.

◇ **잔칫집에 사람들이 모여 떠들썩한 분위기에 휩싸인 꿈**
직장에 경사가 생기거나 부진하던 사업에 활기를 줄 계기가 마련된다. 잔칫집이나 초상집과 관련된 꿈은 그 모임의 분위기에 따라서 꿈의 길흉 여부를 알 수 있다.

◇ **군인이나 제복을 입은 사람이 어깨에 견장을 달거나 훈장을 받는 꿈**
곧 승진할 기회가 주어질 길몽이다. 혹은 고위직의 상관이나 국가의 중요 기관으로부터 개인적으로 부름을 받게 된다. 입신양명을 암시하는 꿈이다.

◇ **윗도리 옷이나 잠바 등이 여러 개 벽에 나란히 걸려 있는 꿈**
직장을 옮기려 하거나 다른 부서로 전보 발령을 기다리고 있는 사람이라면 가까운 시일 안에 좋은 기회가 올 것이다. 그것도 여러 개의 자리가 동시에 생긴다. 꿈에 윗옷이 여러 개 보일수록 좋은 직장이나 기회는 자주 온다.

◇ **타인이 자기에게 윙크를 하여 당황한 꿈**
꿈에 나타난 그 사람이 아는 사람이라면 그 사람의 계략이나 사업상의 속임수에 주의를 해야 할 것을 암시한다. 혹시 모르는 사람이라면 자신이 맡은 일이나 거래에서 조만간 방해자가 나타날 암시이니 매사 조심하도록 한다.

◇ **넓은 들판에서 경치를 감상하거나 뛰어다닌 꿈**
취직자리를 구하고 있다면 곧 원하는 곳으로부터 입사통보를 받게 될 것이다. 자영업자라면 주변 환경의 변화로 장사가 잘 될 계기가 마련된다. 바야흐로 마음속의 소원이 성취될 행운의 꿈이다.

◇ 앞을 가로막는 바위를 힘껏 밀어낸 꿈

자신이 담당한 일이나 사업상의 중대한 계약에 있어서 방해자나 타인의 음모를 슬기롭게 대처하여 위기를 모면할 암시이다. 더구나 위기 극복 후에는 자신의 뜻대로 사업상의 계획을 완수하게 되어 주목을 받게 된다.

◇ 자신이 아는 사람이 백발이 되어 있는 꿈

꿈에 보인 그 사람은 현재 몹시 어려운 처지에 놓여 있다. 백발이 된 사람이 사무실에 있었다면 그 사람은 업무상의 일로 곤란을 겪고 있다는 뜻이다. 혹은 그 사람의 지적인 수준이 자신보다 월등하다고 느낄 때도 백발이 되어 나타나는 수도 있다.

◇ 높은 곳이나 나무에서 떨어진 꿈

직장을 잃거나 신분이 격하될 흉몽이다. 심리적으로도 한동안은 우울한 시간을 보내게 될 꿈이다.

◇ 큰문을 활짝 열어젖히거나 대문을 박차고 들어간 꿈

세상에 자신의 이름을 떨칠 학술적인 논문을 발표하거나 발명을 완성할 길몽(吉夢)이다. 직장에서는 자신의 능력을 인정받고 경영주라면 사운(社運)을 호전시킬 중요한 계약을 성사시키게 된다.

◇ 화장실을 급하게 찾아다녔으나 문이 잠겨 있는 꿈

꿈에 화장실을 찾아다닌 것은 전형적인 취직, 전직, 전근에 관한 꿈으로 문이 잠겨있었다는 것은 당분간은 직장을 구할 수 없게 되거나 전근이 어려울 것을 임시하는 꿈이다. 화장실이 불결해서 끝내 볼 일을 볼 수 없었던 꿈도 이와 같은 암시를 지닌다.

◇ **주변 사람들에 비해 유난히 큰 책상에 앉아 있는 꿈**
승진, 영전, 포상에 대한 암시이다. 직장인이나 학자라면 단연 핵심부서로 발령받아 요직에 앉게 된다.

◇ **여행지나 모르는 곳에서 타인에게 현지 지도를 얻은 꿈**
막혀 있던 사업에 활기를 찾을 새로운 방안이 마련되고 자신의 참신한 아이디어로 인해 침체되었던 직장의 분위기가 개선된다.

◇ **지구본을 바라보면서 뭔가 골똘히 구상을 한 꿈**
해외로 발령이 나거나 해외 지점을 개척하게 될 조짐. 어쨌든 자신이 몸담고 있는 회사의 영업망이 해외까지 넓혀질 꿈이다.

◇ **자신이 아는 사람과 팔짱을 끼거나 어깨동무하고 간 꿈**
함께 간 그 사람의 일을 공동으로 처리하게 된다. 그 일이 자신의 일이 아니지만 결국 그의 일을 도와서 처리할 수밖에 없게 된다.

◇ 문턱이나 돌에 걸려 넘어진 꿈

사업상의 거래 중단이나 부도의 위기가 암시된 흉몽이다. 직장인이라면 직장을 잃거나 좌천될 암시이며 고위직의 관료라면 직위나 신분이 격하될 흉조이므로 매사에 주의를 요한다.

◇ 뜀뛰기를 하듯이 껑충껑충 뛰어다닌 꿈

실제로도 뛰어오를 듯이 유쾌한 일이 생기게 된다. 실업자라면 그토록 소망하는 취직자리가 생기고 사업가나 고위급 관료에게는 사업상의 유리한 계기, 영전의 기회가 주어진다.

◇ 자신이 임금의 금관을 쓰고 있는 꿈

꿈 그대로 해당부서의 최고직이나 사회적 추앙을 받는 관료직으로 영전될 길몽이다. 글을 쓰는 작가라면 자신의 작품이 일약 문단의 주목을 받아 명예와 돈을 일시에 얻게 된다.

◇ 누군가와 나란히 누워 있는 꿈

머리를 맞대고 나란히 누워 있는 꿈은 정신적인 동지를 얻게 될 암시이다. 사업가라면 기업 간의 합병이 논의될 것을 암시.

◇ 침대나 방에 누워 있다가 방 밖으로 나간 꿈

실업자라면 취직될 기회가 주어진다. 경영주라면 현재의 착실한 준비를 발판으로 곧 커다란 계약이 성사될 길몽이다.

◇ 여행안내자나 단체의 지도자가 지도상의 한 지점을 가리키며 설명을 하는 꿈

그 지도상의 지점으로 전보발령이 나서 근무지를 옮기게 되거나 자신이 현지 소장 등으로 파견되어 일하게 될 암시이다.

◇ **원탁에 둘러앉아 여러 사람들과 대화를 한 꿈**

계약은 자신의 뜻대로 이루어진다. 영업사원이라면 자신의 능력을 입증할 좋은 기회를 얻게 되고 사회적으로는 카운슬러, 심리상담가로서 이름을 떨치게 된다.

◇ **알몸인 채로 밖으로 나가거나 나돌아다닌 꿈**

직장을 구하고 있는 사람이라면 당분간 원하는 직장을 구할 수 없어서 답답해질 것. 시간이 좀 더 지나야 취직할 수 있다. 사업가라면 자금난에 빠져 후원자를 찾고 있지만 아무런 소득이 없이 애만 태우게 된다.

◇ **같은 방에 온 가족이 누워 있는 꿈**

모르는 사람들과 방 안에 누워 있는 꿈도 마찬가지의 의미를 지닌다. 동업을 하는 사람이라면 그로 인해 큰 이득을 얻게 되고 직장에서도 여러 동료들과 공동으로 추진한 일이 좋은 성과를 얻게 된다.

◇ **방에 이불을 깔거나 이불을 덮고 누운 꿈**

뭔가를 방에 깔았던 꿈은 새로운 사업 착수, 신연구 개발, 신제품 개발과 같이 새로운 일에 착수할 것을 암시한다. 실직자라면 조만간 일자리를 구하게 된다.

◇ **자신이 키우던 개나 고양이 등을 죽였는데 다시 살아난 꿈**

승진 심사나 시험에서 탈락될 흉몽이다. 사업상의 대출금 문제도 뜻대로 되지 않아 은행의 협조를 받을 수 없다. 직장인이라면 동료나 상사의 도움을 기대할 수 없게 된다.

◇ 호랑이나 말을 그렸는데 그리고 보니 쥐나 고양이로 변한 꿈

큰 돈 들여서 시작한 사업이 성과 없이 끝나거나 장사가 안돼서 정리하게 된다. 또한 큰 기대를 갖고 입사한 직장이지만 내실이 없어서 퇴직을 고려하게 된다.

◇ 양이나 소가 들판에서 풀을 뜯어 먹고 있는 꿈

직장에서 능력을 인정받아 승진 기회가 주어지고 사업은 번창하게 된다. 개인적으로는 적지 않은 돈을 벌어들이게 된다.

◇ 타고 가던 말(소)이 쓰러져버린 꿈

사업이 부도 위기에 직면하고 직장에서는 자신을 신임하던 상사나 부하 직원의 도움을 받을 수 없게 된다.

◇ 창고에 쥐들이 몰려와 쌀이나 곡식을 먹어 치운 꿈

꿈과는 반대의 의미를 지닌 길몽이다. 횡재, 사업상의 거래 성사, 복권 당첨, 유산상속과 같이 의외의 행운을 맞이하게 된다.

◇ 산에 구멍을 뚫고 여러 종류의 동물들이 들락거리고 있는 꿈

유통업에 종사하고 있는 사람이라면 전국 규모의 유통망을 확보할 수 있는 절호의 찬스를 맞이하게 된다. 자신의 사업 아이디어가 슈퍼마켓과 같은 체인을 형성하여 재물운도 왕성해진다.

◇ 눈앞에서 도둑고양이를 놓친 꿈

오랜 시일 계획해온 신제품 연구나 사업 구상이 누군가에 의해 외부로 유출될 암시이다. 혹은 추진해온 일이 방해자나 장애로 인해 중도 좌절되고 당분간 해결책을 찾을 수 없게 된다.

◇ **끝이 보이지 않는 사막을 낙타를 타고 건너간 꿈**

자금 압박, 과로 등이 암시되는 흉몽이다. 현재의 고난은 크지만 이 시기를 잘 견뎌야 소기의 성과를 거두게 된다.

◇ **자신의 회사나 큰 빌딩에 쥐 떼가 몰려와 건물을 갉아 먹고 있는 것을 본 꿈**

회사를 무너뜨리려는 방해 세력이 나타나거나 회사에 치명적인 손해를 입히는 단체의 공작으로 곤경에 처하게 될 흉몽이다. 쥐 떼가 몰려와 건물 밑을 파헤치고 있는 꿈도 같은 의미를 지닌다.

◇ **자신의 마당에 널어둔 곡식을 참새 떼가 쪼아 먹는 꿈**

사업을 확장하게 되고 그로 인해 부하 직원이나 고용인을 채용할 준비를 하게 된다.

◇ **누군가에게 자신이 결박당해 있거나 고문받은 꿈**

개인적인 이해관계에 얽혀 업무상의 처리를 지연시키고 있다는 의미이다. 그러나 그 일이 결코 자신에게 도움이 되지 않는다는 사실을 기억할 것. 애정 문제도 자신의 우유부단함이 명확한 결말을 유보시키고 있다는 것을 나타낸다. 사정(私情)을 떠나서 결단이 필요함을 암시하고 있다.

◇ **한두 마리의 거머리가 다리나 몸에 붙어 피를 빨아먹는 꿈**

위의 꿈과는 반대의 의미를 지닌다. 친자식이나 친척, 형제중의 누군가에게 재산상의 손해를 입게 되고 고용인의 부정으로 인해 사업상의 큰 손해를 보게 된다. 특히 재산을 빼돌리려는 부하직원의 음모에 주의를 요한다.

◇ **집을 나간 소나 말이 되돌아온 꿈**

헤어진 사람을 다시 만나게 될 암시. 또한 예전에 출시했던 제품들이 우연한 기회에 대중의 인기를 얻어 판매 이익이 수직상승한다. 도둑맞은 가축이 되돌아온 꿈 역시 이와 유사한 의미를 지닌다.

◇ **활활 타오르는 불길을 꺼버린 꿈**

운세 쇠약의 징조이다. 사업은 침체되고 일신상으로는 정리해고, 직위 상실, 명예 실추가 따르게 된다. 다만 중병을 앓던 환자가 이 꿈을 꾸었다면 깊어가던 병세가 이 꿈을 계기로 차차 나아져 호전된다.

◇ **여러 마리의 거머리가 다리에 붙어 있어 놀란 꿈**

자신의 사업장에서 일할 신입직원을 채용하게 된다. 혹은 부하직원의 긴밀한 협조로 중요한 거래를 성사시키게 될 징조.

◇ **맹수나 애완견 등을 죽이고 양심의 가책을 받은 꿈**

몹시 힘겹게 성사시킨 일이지만 자신의 마음은 편치 않게 된다. 직장에서는 자신의 대활약으로 인해 이름을 떨치지만 그로 인해 동료 직원들은 실직, 좌천의 처지가 되고 만다.

◇ **길을 가다가 달려오는 흰 돼지에 받치거나 흰 돼지를 타고 돌아다녔던 꿈**
금전상의 소득이 따를 징조이다. 의외의 재산 상속을 받거나 직장 상사의 큰 배려로 인해 직위 상승, 재물운 등의 찬스를 맞이하게 된다.

◇ **자신의 집 처마에서 제비가 둥지를 틀고 있는 꿈**
직장에서는 자신의 탁월한 업무처리 능력으로 인해 큰 성과를 얻게 되고 개인적으로도 금전적인 이득을 얻게 된다. 사업하는 사람이라면 큰 거래가 성사되어 많은 재물을 얻게 된다.

◇ **맑은 강물이나 바다에서 유유히 헤엄쳐 다닌 꿈**
맑은 물에서의 수영은 길몽이다. 직장을 옮기거나 새로 취직하려는 사람이라면 곧 좋은 일자리가 생긴다. 사업가라면 좋은 조건으로 거래할 수 있는 납품처가 생겨서 사업에 활기를 띠게 된다. 새로운 일을 시도하려는 사람들에게는 여러 가지로 행운을 암시하는 꿈이다.

◇ **호랑이와 같은 맹수를 만나서 맨손으로 처치하거나 총으로 쏘아 죽인 꿈**
이제껏 벼르던 사업 확장의 기회가 우연한 행운으로 주어진다. 자금을 대줄 귀인을 만나거나 매상이 폭발적으로 증가하여 금전상의 소득이 커진다. 직장인이라면 상사의 신임을 얻을 결정적 기회를 맞이하여 중요한 직책을 맡게 된다. 그러나 임산부가 이런 꿈을 꾸었다면 유산, 난산의 조짐으로서 흉몽이다.

◇ 새까맣고 억센 털이 온몸을 뒤덮은 꿈

대 행운몽이다. 직장인은 능력을 인정받아 중요 부서의 책임자로 일약 승진되고 사업주에게는 큰 재물이 들어올 중요한 거래가 성사되기에 이른다.

◇ 갈증으로 시달린 끝에 겨우겨우 우물을 찾았으나 다른 사람이 먼저 물을 마신 꿈

그 사람이 직장 동료라면 승진 경쟁에서 그 직원이 자신을 추월하게 된다. 모르는 사람이라면 조만간 경쟁자가 나타날 조짐이다. 사업가라면 자금난 등으로 은행에 대출을 의뢰하지만 다른 사업가에게 선두를 빼앗겨 위기에 처한다.

◇ 손이나 발을 씻었는데 오히려 새까만 때가 끼거나 더러워진 꿈

원치 않은 일에 관여하여 명예를 잃게 되고 사업상으로는 점점 더 곤경에 처하게 된다.

◇ 산이나 들의 우물에서 물을 길어다가 자기 집의 물독에 부어 가득 채운 꿈

월급을 꼬박꼬박 모아서 저축액이 상당한 수준에 이르게 될 것의 암시. 더구나 부업거리가 생겨서 의외의 수입이 따를 징조. 유산을 물려받거나 금전융통으로 적지 않은 이득을 얻게 된다.

◇ 길에 우물이 여러 개 파여 있는 꿈

자신이 처리하는 일에 크고 작은 애로가 생겨서 다른 부서나 공공기관에 협조를 요청할 일이 생기게 된다. 혹은 자신이 감사원과 같은 자리에 올라서 다른 직원들, 다른 부서의 일을 감찰, 감독하게 되는 일이 생기게 된다.

◇ **학창시절의 교실에서 자기 자리를 찾지 못해 당황한 꿈**
실직자가 되거나 직위를 상실할 흉조이다. 대인관계도 원만하지 못해서 혼자 고립되어 있음을 나타낸다. 자기 자리에 다른 사람이 앉아 있는 꿈도 같은 의미를 지닌다.

◇ **시루에 담긴 떡이나 큰 가마솥의 밥을 혼자서 통째로 다 먹은 꿈**
사회적으로 이름을 떨칠 중요한 자리를 맡게 된다. 수백 명의 고용인을 거느릴 기업가가 되거나 국가의 요직에 올라서 능력을 발휘하게 된다.

◇ **옆의 다른 사람들보다 화려하고 큰 그릇에 음식을 담아 먹은 꿈**
이 꿈 역시 사회적인 입신출세를 암시하는 길몽이다. 자신이 다니는 회사 해당부서의 책임자급으로 승진되거나 단체의 리더로서 통솔력을 발휘하게 된다.

◇ **길가에 쓰러져 있는 사람을 일으켜 세운 꿈**
부도 위기에 처한 회사를 구하여 일약 대표자로 급부상할 행운몽이다. 하지만 자신에게 주어진 우연한 행운을 놓친다는 암시도 있다. 즉 길흉(吉凶)이 상반되는 꿈이다.

◇ **화장실에서 대변이나 소변을 시원하게 본 꿈**
그간 계획한 일이 속 시원히 해결될 길조이다. 사업가라면 금전융통이 수월해지거나 계약이 쉽게 성사되고 직장인, 군인 등에게는 승진과 영전의 기회가 주어진다. 예술가라면 자신의 작품이 세상에 널리 알려질 출세 암시의 꿈이다.

◇ **바위틈이나 숲 속에서 새나 꿩알을 찾아낸 꿈**

사업상의 비밀 계획이나 결정적인 연구에 참여하여 자신의 능력을 입증하게 된다. 이 일을 계기로 직위가 상승되거나 핵심부서로 발령을 받게 된다. 이러한 꿈은 광고기획자, 신제품개발팀 등에게는 최고의 행운몽인 셈이다.

◇ **모종의 결심을 하고 자살한 꿈**

이제까지의 일(직장), 환경, 가치관, 사고방식 등을 과감하게 버리고 새로운 삶을 살게 된다. 신분의 변동, 전직, 전업 등도 암시되어 있다.

◇ **자신을 죽이려고 덤벼든 사람을 통쾌하게 죽인 꿈**

업무상의 능력을 평가받을 기회를 맞이하여 경쟁자의 방해나 여러 가지의 주변 장애를 극복하고 마침내 입신출세의 계기를 얻게 된다.

◇ **풀 속에 숨어 있던 개구리가 밖으로 뛰어오른 꿈**

숨겨진 능력을 인정받아 승진되거나 근무 조건이 좋은 타지로 전근 갈 암시이다. 새로운 도약이 기다리고 있는 행운의 꿈이다.

◇ **사람을 무자비하게 죽이면서도 양심적인 거리낌 없이 통쾌했던 꿈**

꿈은 끔찍하지만 해몽(解夢)은 길조(吉兆)이다. 해당 부서의 중요한 일을 자신이 해결하여 그 능력을 높이 평가받게 되며 사업적으로는 여러 난관을 뚫고 큰 계약을 성사시킨다.

◇ **전쟁터에서 상대 적군을 차례대로 죽인 꿈**

일을 처리하는데 따르는 여러 종류의 어려움을 하나하나 해결하게 된다. 상급 부서로 상신(上申)할 결재안은 차례대로 통가되어 최종 통과를 받아 시행된다.

◇ 항해 도중 배가 부서져 고생한 끝에 다른 배를 얻어 탄 꿈
자신이 원치 않던 직장이나 부서에서 오랜 시일 고생한 보람으로 마침내 적성에 맞는 일자리를 얻게 된다. 혹은 도산 직전의 회사에서 운 좋게 퇴직하여 큰 손해 없이 새 일자리를 얻게 될 암시이다.

◇ 자신이 죽인 사람이 살아나서 자신을 쫓아다닌 꿈
거의 성사단계에 이르렀던 일이 하루아침에 수포로 돌아갈 흉조이다. 사업상의 거래도 계약 직전에 말썽이 생겨 취소되고 군인이나 학자라면 뜻밖의 일로 명예를 더럽히거나 신분상의 문제가 생길 흉몽이다.

◇ 사람을 죽인 후 다른 사람들에게 정당방위를 주장한 꿈
그간 추진해온 일이 마침내 성사되어 성취감을 맛보게 되지만 주변의 동료직원이나 다른 사람들로부터는 온당치 못하다는 평가를 받게 된다. 아울러 자신이 노력한 것에 비해 보잘 것 없는 결과를 얻어 실망하게 될 조짐이다.

◇ **자신의 차에 사람이 받쳐 사망한 꿈**

매사가 뜻대로 이루어지게 된다. 실직자로 좋은 일자리를 얻게 되고 사업가라면 납품업체 확보 등으로 경영에 활기를 찾게 된다.

◇ **자신이 타인에 의해 죽임을 당한 꿈**

사업상의 동업자나 자금 후원자를 만나게 될 행운의 꿈이다. 직장인이라면 상급자의 도움으로 능력을 발휘할 기회를 얻게 된다.

◇ **놀이공원이나 유원지, 산에서 음식을 해먹은 꿈**

영업직이나 외근 부서, 지방 근무지로 발령받을 암시이다. 혹은 대중적인 인기를 얻을 직업으로 나아가 입신양명할 의미를 나타낸다.

◇ **죽은 자신의 모습을 또 하나의 자신이 내려다본 꿈**

노력한 일의 결과가 주변 사람들에게 정당한 평가를 받게 된다. 죽은 시체는 자신이 처리한 일이고 그것을 바라보는 자기 자신은 그 일을 인정해줄 다른 사람들을 나타낸다.

◇ **도둑이나 간첩으로 보이는 사람을 잡거나 감시한 꿈**

현재는 큰 소득이 없어 보이는 거래나 일이지만 자신의 노력으로 계약을 성사시키거나 처리하여 훗날을 기약하라는 암시이다. 시간이 다소 경과되면 그 일로 인해 큰 이득을 보게 된다.

◇ **담장보다 높게 자란 큰 나무를 파다가 집안의 뜰에 심은 꿈**

부실한 사업체를 인수하여 재기의 노력을 거듭하여 마침내 재무구조가 튼튼한 기업으로 성장시키게 된다. 혹은 자신의 사업을 물심양면으로 도와줄 뛰어난 부하직원을 스카우트하여 많은 도움을 받게 된다.

◇ **자신이 타인의 무릎을 베고 누워 있는 꿈**
이 꿈은 동료 직원이나 다른 부서, 상사의 도움으로 자신의 일을 성공적으로 마치게 됨을 암시한다. 사업상으로도 후원자를 만나 금전 압박에서 벗어나게 된다.

◇ **방이나 침대에 자신이 엎어져 누워 있는 꿈**
경쟁 회사나 경쟁자의 방해로 자신의 입지가 위축되고 불리한 환경에 처하게 된다.

◇ **어린 아이들과 놀아 주거나 함께 뭔가를 한 꿈**
자신의 사업장에 채용한 직원이나 자기 아래의 부하 직원들과 함께 해결해야 할 일이 생길 조짐이다.

◇ **높은 산꼭대기나 빌딩, 단상에 올라 대중을 상대로 연설한 꿈**
많은 사람들에게 감동을 줄 작품을 발표하게 되거나 많은 사람을 상대하는 업종에 종사하게 된다.

◇ **자신이 대화를 하거나 바라보고 있는 상대가 잠을 자고 있는 꿈**
계약을 맺는 상대 회사나 타인의 늑장으로 애간장을 태우며 뛰어다니게 된다. 정작 본인은 초조하게 덤벼들지만 저쪽에서는 여유롭기만 하다. 차라리 마음의 여유를 갖고 생활하라는 심리적인 경고몽이다.

◇ **제3자가 자신의 책상에 앉아 있거나 자기 의자를 잡고 있는 꿈**
경쟁자가 자신의 직장을 노리고 있다는 암시이다. 그러나 자신이 다른 사람의 책상이나 의자에 앉아 있었다면 그 사람의 특권이나 업무상의 신분을 자신이 차지하게 될 조짐이다.

◇ **나무나 잡초 등을 부여잡고 절벽이나 산비탈을 간신히 올라간 꿈**
사업상 위기에 봉착하게 되지만 귀인의 협조로 고비를 넘기게 된다. 직장인은 업무상의 실수를 동료직원이나 상사의 도움으로 만회할 수 있게 된다.

◇ **거인이나 드넓은 하늘을 경외심을 갖고 바라본 꿈**
사회적으로 주목받는 직종에 종사하거나 영향력을 행사하는 자리에 올라 자신의 능력을 펼치게 된다.

◇ **거대한 돌덩어리가 하늘을 날아다닌 꿈**
자신의 문학작품이 일약 대중에게 전파되어 인기작가로 급부상하게 되고 자신의 사상이나 신념이 대중에게 큰 공명을 얻어 사회적으로 큰 파장을 일으키게 된다.

◇ **조그마한 돌덩어리가 점점 자라서 큰 바위로 변한 꿈**
직위와 명예 상승, 사업상의 번창 등을 나타내는 행운의 꿈이다.

◇ **파도가 심하게 치거나 강 물결이 심하게 일어난 꿈**
직장을 잃거나 사업상의 파산에 직면하게 될 흉조이다. 방해 세력이나 경쟁업체의 견제도 매우 거세진다.

◇ **거대한 해일이 일어나 온 마을을 뒤덮어버린 꿈**
파도가 심하게 일어나 산이나 마을을 뒤덮는 꿈은 자신의 명예가 세상을 뒤덮을 정도로 상승된다는 의미를 나타낸다. 그러나 사회적으로는 흉년, 전쟁, 기근, 가뭄, 질병의 만연과 같이 대이변이 일어날 조짐으로도 해석되어 길흉이 반반인 꿈으로 볼 수 있다.

◇ 바다나 강물을 걸어서 건넌 꿈

기적을 행하는 것과 같이 바다를 건넌다는 것은 사업상의 큰 거래 성사, 해외로의 진출 등을 나타내는 세력 강화의 꿈이다. 직장에서는 자신의 아이디어가 채택되어 순조롭게 진행된다.

◇ 황무지나 화전을 일구어 기름진 농토로 개간한 꿈

사회적인 계몽사업이나 낙후된 업종에 진출하여 새로운 기술을 개발하거나 탁월한 능력을 인정받게 되며 사업상으로도 많은 재물을 얻게 됨을 암시한다.

◇ 빨갛게 익은 고추를 햇볕에 말린 꿈

오랜 시일 준비해온 사업상의 구상을 바야흐로 펼칠 기회가 오고 있다. 경험 면이나 자금 면에서도 큰 무리 없이 해나갈 수 있을 것이다. 잘 익은 고추는 원대한 포부를 펼칠 기회 도래의 암시.

◇ 드넓은 벌판을 바라보고 있거나 그 곳에서 양팔을 걷어 부치고 일을 한 꿈

대기업에 취직하게 될 암시하는 꿈이다. 혹은 공무원으로 채용되어 국가의 중요한 행정을 처리하는 부서로 배치된다. 입신양명의 행운몽이라 할 수 있다.

◇ 닭이나 새, 고양이 등의 동물이 나무에 올라간 꿈

직장인은 고위직으로의 승진이나 영전, 경영주라면 사업상의 큰 성과를 얻게 될 행운의 꿈이다. 해당 부서의 최고직으로서 명예를 떨치게 되고 관공서 계통의 사람에겐 국가적으로 중요한 임무를 수행할 기회가 주어진다.

◇ **추수를 하고 나서 곡식을 처리하거나 햇볕에 말린 꿈**
그간 노력한 일이 성과를 거두어 이름을 얻게 되고 개인적으로는 세상에 자신의 작품을 발표하게 되거나 능력을 인정받게 된다.

◇ **땅굴이나 땅 속을 자유롭게 날아다닌 꿈**
비밀스러운 일에 몸담게 될 꿈으로 국가적으로 중요한 지하조직이나 비밀결사대처럼 대의를 위해 자신을 희생하는 경우도 암시된다. 어쨌든 자신의 노력 여하에 따라 사회적인 변화, 변동을 초래할 일이 생긴다. 직장인이라면 노조활동에 가담하여 책임자급의 신분으로 일하게 된다.

◇ **산이나 언덕에 여러 사람이 모여 있는 꿈**
자신의 사업장에 파업시위가 일어나거나 불미스러운 집회가 생겨서 생산에 차질이 빚어지고 애로가 발생할 조짐이다. 이밖에도 경쟁사의 방해나 경쟁자의 견제로 인해 한동안 말썽을 겪게 된다.

◇ **자신이 일하는 논이나 자기 소유의 논에 물이 가득 찬 꿈**

어떤 일을 하던 자신이 몸담고 있는 분야에서 큰 성공을 거두게 될 길조(吉兆)이다.

◇ **타인이 추수를 하거나 농토를 일구는 것을 지켜본 꿈**

자신의 작품을 제3의 눈으로 재평가하게 된다. 혹은 다른 사업체나 다른 부서의 업무를 객관적으로 평가할 일이 생긴다.

◇ **짐승이 교미하고 있는 광경을 발견하고 놀란 꿈**

사업상으로 은밀한 거래가 성사되어 자신에게도 이익이 따를 조짐이다. 혹은 동료 직원과 비밀리에 힘을 합해서 처리할 일이 생긴다.

◇ **자신의 배우자와 성행위를 한 꿈**

동업자와 긴밀히 협조하여 처리할 일이 생기거나 주력 사업에서 의외의 성과를 올릴 행운의 꿈이다.

◇ **헤어진 애인이나 부인을 만나 성행위를 한 꿈**

한번 실패했던 일이나 사업에 재도전하여 이번에는 결실을 거두게 된다. 다만 꿈에 보인 헤어진 애인이나 부인의 얼굴 모습이나 표정이 앞날의 행방을 알려주는 결정적인 열쇠임을 잊지 않도록 한다.

◇ **추수가 끝난 논에 나가서 뒷마무리를 하거나 논두렁 위를 걸어서 다닌 꿈**

자신의 일을 마무리할 시기에 이르렀음을 나타낸다. 직장인이라면 회사의 앞날에 중대한 영향을 미칠 일을 처리하기에 앞서서 신중한 판단을 할 것을 요구하고 있는 주의 촉구의 꿈이다.

◇ 없던 길이 새로 닦여 있거나 막힌 길이 뚫린 꿈
포기 단계에 있었던 일을 의외의 협조자로 인해 새롭게 착수하게 된다. 고생 끝에 귀인을 만나게 될 행운몽이다.

◇ 짐수레나 자동차의 뒤를 밀어서 앞으로 나가게 해준 꿈
다른 사람의 문제를 함께 처리하게 되거나 사업상으로 도움을 베풀 일이 생기게 된다.

◇ 화초가 만발한 들판이나 산을 돌아다니거나 바라본 꿈
이런 꿈은 출판이나 음반사업과 같은 문호사업으로 널리 이름을 떨치게 됨을 암시하거나 자신의 작품을 발표하여 금전상의 이득이나 명예를 얻게 된다.

◇ 잡초가 무성한 밭이나 논에 우뚝 선 꿈
장애가 많은 사업을 새로 시작하여 정력적으로 추진하게 되거나 출판 분야의 종사자라면 편집, 교정할 원고가 새로 생겨 시간에 쫓기게 된다. 또한 미개척의 분야에 손을 대게 될 암시이다.

◇ 자기 논이나 밭에 배추나 무 등의 채소류가 새싹을 틔우며 자란 꿈
사업가에게는 이제 막 사업이 정상궤도에 진입했음을 나타내는 길몽이며, 작가나 기타 예술가라면 자신의 처녀작을 발표할 기회가 주어지게 될 조짐이다.

◇ 다른 사람의 논밭을 사들인 꿈
기업 간의 합병이나 사업장의 확장으로 자기 회사의 위치가 급상승하게 되며 직장에서는 다른 사람의 직위나 다른 부서의 권한을 위임받아 좀 더 확고한 입장에 서게 된다. 승진, 전직, 전보발령의 암시.

◇ 홍수가 나서 차가 떠밀려간 꿈
사업체에 큰 위기가 다가올 흉몽이다. 파산 위기에 직면한다. 직장인은 정리해고 대상자로 분류되어 직장을 잃거나 직위를 박탈당하는 불운이 예고된다.

◇ 손에 볼펜이나 연필 등의 필기구를 쥐고 있던 꿈
기획 부서로 발령받아 획기적인 아이디어를 제출하게 되거나 새로운 사업계획을 진지하게 연구하게 된다.

◇ 배우자를 속이고 다른 사람과 바람을 피운 꿈
꿈의 외형적 의미와는 다른 길조로 해석한다. 타인의 사업체를 물려받아 위탁경영이나 대리 경영을 하게 되고 동료 직원이나 다른 부서의 일을 대신 처리하여 실력을 인정받게 된다.

◇ 자신이 말을 타고 장가가는 꿈
관청의 관리자로 임용될 기회를 얻게 된다. 혹은 직장의 중요 부서로 승진하여 입신출세할 행운몽이다.

◇ 차나 배, 비행기 등에 승객이 가득 차 있는 꿈
사업상의 동업자나 뜻을 함께 할 직장 동료 등을 만날 암시.

◇ 배가 뒤집힌 채 공중을 떠다닌 꿈
사업하는 사람이라면 부도 위기에 몰리지 않도록 각별한 주의가 요청된다. 개인적으로는 집안에 큰 우환이 생기거나 직장을 잃게 될 암시.

◇ 자동차를 운전하는 기사나 비행기 파일럿 등, 교통수단의 운송을 책임지는 사람이 도드라진 꿈

자신이 해당부서의 최고 책임자나 사업장의 초고 경영자, 관료조직이나 단체의 책임자가 될 길몽 중의 길몽이다. 많은 사람들의 리더로서 활약하게 된다.

◇ 깊은 바다에서 석유가 콸콸 쏟아진 꿈

사업하는 사람에게는 최대의 행운몽이다. 사업상 이윤이 극대화될 신제품이 출시되어 상권을 장악하게 되고 금전상 막대한 자금이 들어오게 된다. 작가나 예술가라면 베스트셀러 작가로 급부상하게 되고 극찬을 받는 작품을 발표하게 된다.

◇ 대로변이나 시장 한가운데서 거리낌 없이 성관계를 갖는 꿈

자신의 능력을 인정받아 승진이 기회를 잡게 되거나 사업상 탁월한 능력을 발휘하여 회사에 큰 이득을 남기게 된다. 직위상으로 입신양명할 기회를 얻게 되며 사업수완 발휘가 암시되는 길몽 중의 길몽이다.

◇ 자신을 해치려는 적과 맞서서 무기를 쓰거나 몽둥이를 상대방에게 휘두른 꿈

자신의 직장 상사나 경영주에게 능력을 인정받거나 도움을 받는다. 혹은 처리하기 힘든 일이나 업무상의 장애를 자신의 기발한 아이디어와 과감한 결단력으로 해결해 나갈 것의 암시.

◇ 짐이 가득 실린 짐수레를 소가 끌고 간 꿈

소는 사업주와 근로자를, 짐수레는 사업장을 나타낸다. 근로자와 사업주가 일치단결하여 사업체의 발전을 도모하게 될 것의 암시.

◇ **몽정의 광경을 목격하거나 스스로 몽정했다고 느낀 꿈**

제3자의 일로 인해 금전 지출이 따르게 된다. 혹은 과로로 인해 심신이 피로해져 있음을 나타낸다. 휴식을 요하는 꿈이다.

◇ **가족이나 친구, 친척들 중의 누군가와 성관계를 갖는 꿈**

가족이나 친구, 친척의 도움으로 일을 원만하게 해결하게 된다. 사업상의 자금문제나 전직, 취직 등의 일이 모두 해당된다. 어쨌든 꿈에 보인 그 누군가의 도움이나 조언이 결정적 계기가 된다.

◇ **신분이 높은 사람을 자신의 승용차에 태우고 간 꿈**

귀인을 만나 신분이나 명예가 높아지고 사업가는 뜻밖의 후원자를 만나서 순조롭게 계획을 성사시키게 된다.

◇ **토끼장에 갇힌 토끼가 나오려고 발버둥치고 있거나 버둥거리다가 뛰쳐나온 꿈**

직장을 그만두게 되거나 업무상 과실로 직위해고를 당하게 될 흉몽.

◇ 잘 모르는 남녀가 얽혀 성행위를 하는 꿈

사업상 경쟁회사의 방해를 받아 곤란을 겪게 된다. 또한 직장에서는 자신의 업무 결과나 일에 대해 간섭하는 사람이 생기고 시종일관 트집을 잡아 방해하는 사람이 생긴다.

◇ 고양이나 쥐처럼 작은 동물들이 갑자기 소나 호랑이처럼 커다랗게 보인 꿈

동물들이 커다랗게 보인 만큼 자신의 신분이 높아지고 능력을 인정받아 사회적으로 출세할 기회가 많아진다. 승진, 영전, 사업상의 큰 거래 성사 등이 암시되는 대길몽이다.

◇ 덩치가 큰 돼지가 자기를 물려고 달려들자 칼로 베어 죽인 꿈

큰 이윤을 얻을 계약이 성사되고 국가공무원이라면 고위직으로 승진되어 널리 이름을 떨치게 된다. 직장인이라면 자신의 업무 처리 능력이 높은 평가를 받아 도약의 발판이 마련된다.

◇ 바다에 있던 거북이가 뭍으로 올라온 꿈

해외를 오가며 자신의 뜻을 펼칠 기회가 주어진다. 혹은 해외지사로 파견되거나 국제적으로 처리할 일을 다루게 된다. 명예운, 출세운이 따르는 길조(吉兆).

◇ 모내기를 하던 논에서 문득 고개를 들어 바라보니 논의 일부분만 모가 심어지고 나머지는 비어 있던 꿈

모가 심어지지 않은 부분이 많을수록 계획이 차질을 빚게 된다. 사업가는 자금융통이 안 되어 곤란을 겪고 직장인은 주변의 여건으로 인해 자신의 일이 일시적으로 지연된다.

◇ **자동차나 트럭에 치어 자신이 사망한 꿈**

능력 발휘, 사업상의 거래 성사, 취직 등이 암시되는 행운의 꿈이다. 작가라면 작품발표의 기회를 얻거나 유명 작가로 이름을 떨칠 기회가 찾아온다.

◇ **타고 가던 차나 비행기가 마주오던 차나 비행기와 충돌한 꿈**

경쟁업체와 원만한 관계를 유지하거나 협력할 계기가 마련되어 사운이 안정되고 가정적으로는 부부 파탄을 면하고 행복을 되찾게 된다.

◇ **금시계를 손에 차거나 벽에 걸어둔 꿈**

자신이 원하던 직장에 취직하게 되고 큰 이윤을 남길 사업에 손을 대서 재물을 모으게 된다. 개인적으로는 백년가약을 맺을 배우자감을 만나게 될 길몽이다.

◇ **냄비나 그릇 따위를 엎어 놓은 꿈**

오래 정든 직장을 떠나게 되고 공장은 부도로 문을 닫게 된다.

◇ **모르는 누군가에게 용서를 청하거나 사죄한 꿈**

하는 일마다 여의치 않아 좌절감을 느끼게 된다. 직장에서는 상사의 지나친 간섭이나 트집으로 인해 의욕을 상실하고 사업가라면 여러 가지의 장애가 발생하여 폐업을 생각하게 된다.

◇ **자신이 누군가의 잘못을 용서하거나 자비를 베푼 꿈**

제3자의 실수로 인해 자신의 신임이 하락하거나 누명을 쓰게 될 징조이다. 그러나 이런 누명은 일시적인 것이며 운세 상의 침체도 잠시뿐 곧 다시 좋은 기회가 찾아온다.

◇ 엎고 가는 소가 몹시 힘들어하는 꿈

사업가에게 난관과 시련이 닥칠 불길한 조짐이다. 자금문제든 파업이든 사업상의 뒷날을 걱정할 만큼 심사숙고할 시간이 찾아온다.

◇ 어린 아이나 갓난애를 안고 다닌 꿈

근심, 걱정으로부터 벗어날 수 없게 된다. 직장에서는 과로로 시달리거나 감당하기 벅찬 일을 앞에 두고 근심하게 되고 사업가라면 자금난이나 고용인의 문제로 시련을 겪게 된다. 갓난애를 업고 다닌 꿈도 마찬가지의 의미를 나타낸다.

◇ 도심 한복판에서 전투가 벌어진 꿈

사회적으로 경제난이 가중되거나 물가상승, 이념적 대립, 파업 등이 일어날 조짐이다. 개인적으로는 공무를 처리하기 위해서 관공서를 출입하게 되거나 타 부서를 전전하며 부탁을 하게 된다. 서류 처리를 위해 분주하게 뛰어다니게 된다.

◇ 부엌의 아궁이에서 불이 활활 타고 있거나 난로의 불이 잘 타고 있는 것을 본 꿈

직장인이나 자영업자 모두에게 행운이 찾아온다. 장사는 날로 번창하고 업무 처리 능력을 인정받아 확고한 직위를 갖게 된다. 금전상의 소득도 뒤따른다.

◇ 뚜껑이 열린 그릇을 얻거나 바라본 꿈

차일피일 연기되던 계약이 성사되고 직장에서도 자신의 계획대로 일을 처리할 수 있게 된다. 직장을 옮기려 하는 사람에게도 이 꿈은 행운을 암시하고 있다.

◇ **그릇이나 밥통, 유리병의 뚜껑이 꽉 닫쳐져 있는 꿈**

지금 추진하는 사업이나 업무상의 일정은 주변 여건의 방해로 인해 한동안 지연되게 된다. 어느 정도 시간이 지난 다음에야 계획한 성과를 거둘 수 있게 된다.

◇ **고인이 되신 부모님이나 조상 중의 누군가가 나타나 자신을 보고 조용히 웃고 있던 꿈**

꿈과는 반대의 의미를 지닌 역몽(逆夢)이다. 고용주나 직장 상사에게 모종의 좋지 않은 얘기를 듣게 되거나 업무상 질책을 받게 될 꿈이므로 조심하는게 좋다.

◇ **전깃줄이나 전화선을 집안에 새로 가설한 꿈**

전깃줄이나 전화선은 외부와의 통신수단, 즉 세상과의 통로를 의미한다. 직장을 구하게 되고 새로운 사업에 손을 대서 적지 않은 이득을 남기게 된다. 명예를 얻고 금전운이 개선될 길몽.

◇ **도박판에서 돈을 딴 꿈**

내기를 하거나 화투, 카드 등을 하면서 돈을 딴 꿈은 꿈의 외형과 달리 생활의 혼란이 가중될 암시로 풀이한다. 돈을 잃은 꿈 역시 마찬가지이다. 마치 도박판에서 거는 '한탕 심리' 처럼 운세의 길흉이 수시로 교차되고 심리적으로도 갈팡질팡하게 된다. 사업가라면 당분간 신규 확장은 자제하도록 한다.

◇ **이미 돌아가신 부모님이나 조상이 돌아가셨다고 대성통곡한 꿈**

승진, 영전, 계약 성사, 금전상 횡재 등이 암시되는 행운의 꿈이다. 아울러 예전에 누렸던 권력과 명예를 되찾게 될 것을 암시.

◇ **반짝이는 금화나 깨끗한 신권 동전을 길에서 주운 꿈**

직장에서 능력을 높이 평가받아 요직에 발탁되고 사업상으로도 큰 이윤을 남길 기회를 얻게 된다. 그러나 동전을 한두 개 줍는 꿈이어야 길몽이며 동전 수십 개를 줍는 꿈이라면 오히려 흉몽이다.

◇ **자신의 집이 활활 타오르는 불길에 휩싸인 꿈**

지위와 명예가 날로 상승될 대길몽(大吉夢)이다. 사업하는 사람이라면 큰 재물이 들어올 거래가 성사되어 사업상의 활기를 찾게 된다.

◇ **보물찾기 게임에 참가했으나 한 개도 찾지 못한 꿈**

취직 시험이나 승진 시험에서 탈락할 것을 암시. 사업가라면 경쟁회사의 견제로 심각한 타격을 입게 된다.

◇ **구리나 14K인 줄 알았던 반지가 비싼 보석으로 변한 꿈**

신인 작가로서 발표한 작품이 점차 대중에게 알려져 유명 인사로 이름을 떨치게 되고 직장인은 그간의 노력과 성실성을 인정받아 상사의 신임을 한 몸에 받게 된다. 또한 승진의 기회를 얻게 된다.

◇ 전깃불이 환하게 밝혀진 곳에 있었던 꿈

전깃불이 훤히 켜진 공간에 들어간 꿈도 이와 유사한 의미를 지닌다. 금전운, 출세운이 탁 트여 사업가나 샐러리맨 모두에게 길하다.

◇ 누군가에게 열쇠나 자물쇠를 받은 꿈

학자나 작가에게는 최고의 행운을 가져다준다. 마침내 전공분야에서 인정을 받고 문단의 주목을 받는 작품을 발표하게 된다. 사업가에게는 계약 성사, 유리한 거래 등으로 자금 융통성이 원활해질 것을 암시.

◇ 밥상에 밥은 없고 반찬만 차려진 꿈

중요한 직위를 상실하거나 한직으로 좌천당할 것을 암시. 직장에서도 능력을 온전히 발휘할 수 없는 분야로 배치되게 된다. 사업가에게는 별다른 소득 없이 사업 전망이 한동안 어두울 것을 암시.

◇ 자신의 신발이 물에 떠내려가거나 어딘가에서 잃어버린 꿈

직장을 잃거나 직위를 박탈당할 흉조이다.

◇ 모자가 바람에 날아가 버리거나 없어진 꿈

이 꿈 역시 명예 실추, 직장 상실 등이 암시되는 불길한 꿈이다.

◇ 횃불이나 촛불을 켜들고 가는 사람을 뒤쫓아 간 꿈

귀인 상봉의 꿈이다. 정신적, 물질적으로 자신을 후원해줄 사람을 만나게 된다. 그 불이 밝고 환할수록 도움도 클 것이다. 훌륭한 정신적 스승이나 직장 상사, 사업상의 후원자 등이 이에 해당한다.

◇ **슈퍼마켓이나 백화점에서 뭔가 물건을 샀으나 돈은 지불하지 않고 나온 꿈**

직장인이라면 직장에서 포상금이나 특별 수당을 받을 일이 생긴다. 개인적으로도 뜻밖의 포상이나 격려금, 복권당첨, 선물 등의 횡재수가 찾아든다.

◇ **상점이나 시장 등에서 물건을 사고 판 꿈**

대중을 위한 일에 종사하게 되거나 대민봉사 활동 등을 하게 된다. 혹은 계몽, 선거 홍보 등의 일에 참여하게 된다.

◇ **일정한 돈을 지불하고 물건이나 음식물을 산 꿈**

아르바이트 일자리가 생기거나 관공서의 일을 돕게 된다. 꿈에서 지불한 액수에 걸맞은 보수를 받게 된다.

◇ **사무실 용품이나 장작, 건물이 타버리고 재만 남겨진 꿈**

순조롭던 사업이 예기치 않은 실수로 적자로 돌아서고 직장에서는 하루아침에 직위를 박탈당하거나 경제적으로 어려움을 겪게 된다.

제5장

결혼에 관한 꿈

상징적인 꿈은 논리적이거나 사실적이지 않고
왜곡되게 표현되는 경우가 많다. 꿈속에서 웨딩드레스를 입는 것은
이성친구나 좋은 만남이 생길 것을 암시하는 것으로
미혼에게는 길몽이지만 기혼에게는 심적 갈등을 나타내기도 한다.

◇ 잘 익은 딸기를 따먹은 꿈

현재 진행 중인 연애가 절정에 도달할 암시이다. 연인과의 달콤한 키스나 좀 더 정열적인 애정표현이 있게 된다. 아직 애인이 없다면 단순히 연애를 기대하는 심리가 반영된 꿈이다.

◇ 옷을 새로 사거나 맞추려고 옷가게에서 자신 몸의 치수를 재거나 확인한 꿈

백년가약을 맺을 배우자감을 소개받거나 만나게 될 암시이다. 일반적으로는 일자리가 생기거나 금전 융통의 원활을 나타낸다.

◇ 밤나무에 열린 밤을 따거나 밤껍질을 벗겨 먹은 꿈

일반적으로는 해외나 지방으로 이주, 여행하게 될 것을 암시하는 꿈이지만 이성을 사귀고 있는 사람이라면 애인과 결별하게 될 것을 암시한다. 기혼자는 가족과 헤어져 지방근무나 해외지사로 파견 근무를 나가게 된다.

◇ 강이나 바다에 쳐놓은 그물에 물고기가 걸린 꿈

일반적으로는 횡재, 재물운을 뜻하나 미혼남녀에게는 사랑의 상대자를 만날 암시로 본다. 자신의 오랜 기다림에 보답하듯 원하던 이성을 만날 수 있다.

◇ 결혼반지를 얻어 낀 꿈

전형적인 상징몽이다. 결혼할 이상형을 만나 청혼을 받게 된다. 특히 그 반지가 자신의 손가락에 잘 맞았다면 상대방에 대한 청혼은 백퍼센트 수락될 것이다. 다만 반지가 왠지 헐렁하거나 맘에 들지 않았다면 청혼을 받고 한동안 마음을 정하지 못하고 고민하게 될 것이다.

◇ **의자가 부서져 있거나 작고 초라해 보이는 의자에 앉은 꿈**
현재 사귀고 있는 애인에 대해 불만족스러움을 나타낸다. 특히 의자가 좁게 느껴졌다면 모든 면에서 자신의 기대치에 애인이 못 미친다고 느끼고 있음을 드러내 주는 꿈이다.

◇ **장롱이나 책상, 서랍, 찬장, 장식장을 새로 구입한 꿈**
결혼할 배우자감을 곧 만나게 되고 현재 이성을 사귀고 있는 사람이라면 혼담이 진지하게 오가게 된다.

◇ **책상 서랍이나 장롱문이 닫혀 있는 꿈**
사귀고 있는 애인과 다툼이 심해지거나 의견이 맞지 않아 이별을 생각하게 된다. 기혼자라면 부부싸움 끝에 냉전을 벌이게 될 것을 암시.

◇ **옷감을 선물 받거나 옷감을 끊어 온 꿈**
이 꿈 역시 혼인이 성사될 백년가약의 꿈이다. 옷감을 끊어 와서 옷을 만든 꿈 역시 혼인에 관한 암시로 풀이한다.

◇ **잠옷 입은 어린아이가 나타나거나 어린이용 잠옷을 얻은 꿈**
이성간의 불화, 결별을 암시한다. 또한 짝사랑하고 있다면 상대방을 도저히 움직일 수 없음을 깨닫고 결국 사랑을 단념하게 된다.

◇ **주방기구나 그릇, 냄비 따위를 산 꿈**
꿈 그대로 혼인 예지의 꿈이다. 행복한 신혼생활을 암시하고 있다.

◇ **발에 잘 맞는 구두를 얻거나 신발을 신어본 꿈**
자신의 이상에 적합한 배우자감을 만나 바야흐로 연애에 몰두하게 된다.

◇ 탐스런 복숭아를 따거나 돈을 주고 산 꿈

건강하고 생기발랄한 처녀를 만나 혼인하게 된다. 특히 돈을 주고 복숭아를 손에 넣었다면 아내를 중매로 만나 결혼까지 이르게 된다.

◇ 푹신한 소파에 앉아 누군가를 기다린 꿈

귀인이나 천생배필을 상봉할 꿈이다. 성격이 무던하고 편안한 배우자감을 만나 혼인을 결심하게 된다.

◇ 백화점이나 시장에서 쇼핑하면서 옷을 산 꿈

미혼 여성에게는 혼담이 들어오고 현재 사랑을 나눌 대상이 있다면 본격적으로 결혼 얘기가 오가게 된다.

◇ 자신이 예전에 좋아했던 선생님이 보인 꿈

남자 선생님이나 여자 선생님이나 마찬가지이다. 이성 친구를 사귀고 싶다는 연애 소망이 반영된 꿈이다.

◇ 타인의 집에서 소나 개 등의 동물을 훔쳐 끌고 온 꿈

전형적인 예지몽이다. 조만간 천생배필을 만나게 되며 기혼자라면 임신과 관련된 태몽이다.

◇ 꽃상여를 본 꿈

공공장소에서든 타인의 집이든 간에 꿈에 보인 꽃상여는 미혼남녀에게는 대길몽이다. 혼담이 성사되어 집안에 잔치를 벌이게 된다.

◇ 도장을 얻거나 어떤 서류에 도장을 찍은 꿈

그간의 연애는 백년가약으로 끝을 맺게 된다. 혼례식을 치르고 부부 인연을 맺게 될 것을 예지한 꿈이다.

◇ **집채만 한 독수리가 날아와 자신을 낚아채 간 꿈**

터프한 남성의 청혼을 받고 열렬한 사랑에 빠지게 될 꿈이다. 그 남성은 사회적으로 지위도 있고 믿음직스럽지만 독선적인 것이 흠이라 할 수 있다.

◇ **은장도를 줍거나 얻은 꿈**

평생의 반려자를 만나게 될 암시로 두 사람 모두 지고지순한 성격의 소유자로서 이상적인 만남이 될 것이다.

◇ **돼지고기나 소고기 등의 음식을 먹으면 탈이 나서 도저히 먹을 수 없었던 꿈**

여성이 이런 꿈을 꾸었다면 성행위나 애정표현에 대한 거부감, 결벽증을 나타낸다. 남성이라면 자신의 성적인 능력에 대한 불안 심리가 반영되었다.

◇ 칼을 차거나 칼을 받은 꿈
미혼여성이라면 이제 곧 천생배필을 만나게 될 행운몽이다. 진행 중인 혼담은 결혼식으로 마무리된다.

◇ 치마를 벗고 바지를 입거나 기타 하의(下衣)를 갈아입은 꿈
이성을 사귀고 있다면 두 사람은 앞으로 좀 더 열렬한 관계로 발전하게 된다. 애정표현이 좀 더 과감해지고 밀어를 속삭이게 된다.

◇ 애인과 키스를 열렬히 나눈 꿈
지지부진하던 연애는 일단락되고 남자 쪽의 청혼을 받아들여 혼담이 급진전된다. 이 밖에도 집안에 경사가 생길 징조.

◇ 이성간의 애인과 호젓한 공원을 걷거나 벤치에 앉은 꿈
두 사람의 사이는 이제까지 단순한 친구 사이였으나 자신은 열렬한 관계로 발전하기를 바라고 있다. 성적인 관계를 생각하고 있는 본인의 심리적 소망이 표출되었다.

◇ 자기 집이나 사는 곳에 탐스러운 과일이 잔뜩 열린 나무가 심어진 꿈
이성 친구나 애인으로부터 구애, 청혼을 받고 기쁨에 들뜨게 된다. 다만 남성이 이런 꿈을 꾸었다면 애인과 적극적인 육체관계를 갖고 싶다고 생각하는 마음이 나타나 있다.

◇ 커다란 맹수가 자신에게 덤벼들거나 집안으로 들어온 꿈
이 꿈은 미혼여성이라면 곧 남자 친구에게 청혼을 받게 된다. 더구나 상대는 장차 명망 있는 인사로 성공하여 사회적으로 존경받을 인물임에 틀림없다.

◇ 새 잠옷으로 갈아입고 잠을 잔 꿈

새로운 애인을 만나게 될 것을 암시. 기혼자라면 배우자와 결별하고 새로운 상대를 만나게 된다.

◇ 남자 친구나 여자 친구와 둘이 노래방에서 즐거워한 꿈

노래를 부른다는 것은 여기에서 성적인 암시를 나타낸다. 두 사람은 단순한 친구 관계에서 벗어나 이제 애정표현을 나누는 연인으로 만나게 된다.

◇ 전쟁터로 나간다는 애인을 붙잡고 몹시 슬프게 운 꿈

오래 사귀어 온 애인과 헤어지고 싶다는 심리가 교묘히 감춰진 역몽(逆夢)이다. 자신의 꺼림칙한 심리가 전쟁터로 나간다는 것으로 위장되어 있다.

◇ 담장 쌓는 일을 도와주거나 수선한 꿈

결혼을 암시하는 혼인 성사의 꿈이다. 울타리를 만들어 가정을 가꿔 보려는 소망도 반영되어 있다. 기혼자라면 배우자에게 좀 더 충실하고 가정을 소중히 여기겠다는 결심이 나타난 꿈이다.

◇ 은장도나 칼을 잃어버리고 찾아다닌 꿈

연애는 깨지고 연인과는 이별할 기로에 서 있다. 기혼자라면 배우자와 생사이별을 하게 될 것을 암시.

◇ 적군에게 총이나 화살을 겨누어 쏘아 죽인 꿈

애인을 사귈 수 있는 절호의 기회를 맞이하게 되며 현재 연애 중이라면 곧 혼담이 오가게 된다.

◇ **혼인을 앞두고 자기 신발이 없어져 당황한 꿈**
결혼 약속을 한 상대라지만 혼례식이 임박해서 의외의 변고가 생겨 파혼하게 되거나 결혼 후의 생활이 순탄치 못할 흉조(凶兆).

◇ **정육점에서 고기를 사거나 고기를 먹은 꿈**
이러한 꿈은 데이트 상대가 있는 사람이라면 현재의 밋밋한 관계를 벗어나 좀 더 적극적인 애정표현을 기대하고 있다는 의미이다. 기혼자가 이런 꿈을 자주 꾸었다면 만족스럽지 못한 부부관계에 대한 불만이 반영되어 있다.

◇ **커다란 뱀이 똬리를 틀고 자기 앞을 가로막고 있거나 버티고 있는 꿈**
천생연분의 짝을 만나게 될 암시이다. 더구나 그 배우자는 사회적으로 상당한 신분과 명예를 갖추고 있는 최고의 신랑감이다.

◇ **고양이를 들여오거나 애완용으로 기른 꿈**
애인이나 배우자 몰래 바람을 피우게 될 징조이다. 고양이가 살그머니 자기 방에 들어온 꿈이라면 자신의 외도가 발각될까봐 심리적으로 두려움에 떨고 있다는 의미이다.

◇ **자기 집으로 새가 들어와 관상목에 앉은 꿈**
부모님의 소개로 배우자를 만나게 된다. 특히 양가 부모님들끼리는 서로 교분이 두터워 집안 잔치를 벌이며 혼례를 치르게 된다.

◇ **나비나 벌이 날아다니다가 꽃이나 꽃밭에 내려앉은 꿈**
전형적인 예지몽이다. 사랑을 나눌 이성을 만나게 되거나 청혼을 받아 결혼을 꿈꾸게 된다.

◇ **지나는 길목이나 바닥에 대변이 여기저기 흩어져 있었던 꿈**

대변을 피해 가느라 몹시 신경 쓰였다면 자신이 원하는 직장이나 직업을 구할 수 없어서 고민하고 있다는 의미이다. 또한 혼인 적령기가 지난 사람이라면 적당한 배우자감이나 혼처가 없어 갈팡질팡하고 있다는 것을 의미.

◇ **마당이나 집 주변에 예쁜 정원을 만든 꿈**

사귀고 있는 이성과는 좀 더 열렬한 관계로 발전하고 기혼자라면 부부 금슬이 더욱 돈독해진다.

◇ **시어머니가 될 사람과 몹시 다툰 꿈**

가장 전형적인 역몽(逆夢)으로, 꿈의 외형과는 달리 예비 시어머니와의 사이는 더욱 좋아지고 며느릿감으로서 인정 받게 됨을 암시한다. 남자친구 혹은 애인의 어머니의 후원과 도움으로 연애는 순탄하고 결혼으로의 골인도 수월해진다.

◇ **온 사방에 흰 눈이 소복하고 탐스럽게 내린 꿈**

새로운 인생을 살게 되거나 횡재, 재물운의 의미가 있는 꿈이다. 미혼 남녀라면 곧 백년가약을 맺고 달콤한 신혼생활을 하게 될 것을 암시하는 꿈이다.

◇ **버스나 전철 등의 교통수단을 이용하던 중에 임신한 여자를 만난 꿈**

기다렸던 보람이 있을 것. 이상형의 배우자감이 나타날 징조이다. 그 사람은 바로 천생배필이 될 것이며 개인적으로는 행운의 주인공이 될 것을 암시한다.

◇ 지붕에 눈이 가득 내려 쌓인 꿈

미혼 남녀라면 혼인할 것을 암시, 기혼자라면 임신과 출산 등의 집안 경사를 암시하는 행운의 꿈이다.

◇ 도로나 마당, 산야에 눈이 내렸으나 빙판이 되어 얼어붙은 꿈

애인의 결백성을 의심하고 있거나 사랑을 확신 하지 못하고 있다는 증거이다. 서로의 애정이 얼어붙어 있음을 상징적으로 나타내준 꿈이라 하겠다.

◇ 애인이나 이성의 친구에게 화장품을 선물 받은 꿈

구애의 말을 듣게 되거나 청혼을 받게 될 것을 암시. 또한 결혼과 관련된 모종의 언약, 선물을 받게 된다.

◇ 가구나 장롱 등을 집안에 새로 사들인 꿈

이성 친구를 사귀게 되고 애정은 더욱 깊어지며 개인적으로는 일자리를 구하거나 승진 등의 행운이 따르게 된다.

◇ 불이 나서 대피를 하다가 화상을 입은 꿈

사랑의 포로가 되었다는 증거이다. 연인에게 지나치게 빠져있어 모종의 위험이나 손실을 당할 수 있다. 기혼자라면 무리한 성행위로 인하여 건강에 문제가 생겼음을 지적하는 주의 촉구의 꿈이다.

◇ 여자 친구나 애인의 뺨을 때린 꿈

여자 친구에게는 적극적인 구애를 하게 되고 애인에게는 프로포즈를 하게 될 전망이다. 어쨌든 자신이 누군가를 때렸다는 것은 그 사람에 대한 자신의 애정을 나타내는 것이다.

◇ **고급스러워 보이는 도자기나 그릇 따위를 감상한 꿈**
연인과의 애정은 타인이 시샘을 낼 정도로 깊어져 있으며 부부 금슬 또한 각별함을 의미한다.

◇ **깨진 도자기나 금이 간 그릇을 취급한 꿈**
애정파탄, 이혼, 이별의 흉조가 비춰진 꿈이다. 사귀던 사람과 조만간 결별의 순간을 갖게 될 것이다.

◇ **옷감이나 이불을 가위나 칼로 싹둑 자른 꿈**
이 꿈 역시 애인과의 결별, 파국을 의미한다. 일반적으로는 뜻하는 일이 실패로 돌아가거나 실직, 사업자금 곤란 등의 암시가 있다.

◇ **화려한 문양이나 고급스런 느낌이 드는 이불을 펴고 잔 꿈**
기쁘고 행복한 신혼생활을 예시한 예지몽이다. 또한 개인적으로는 명예가 상승하고 의외의 재물을 가져다줄 행운몽.

◇ **손님이 없어 텅 빈 가게를 지킨 꿈**
노처녀, 노총각들이 주로 꾸는 꿈이다. 결혼이 늦어져 심리적으로 몹시 불안하고 우울해져 있다는 증거.

◇ **잡초가 마당에 가득 덮인 꿈**
둘 사이의 애정 전선에 난기류가 형성되고 있다는 것을 암시. 연인의 마음이 어디로 가고 있는지 살펴볼 필요가 있다.

◇ **날개를 활짝 편 공작새가 집안이나 방안에 있던 꿈**
명문대가의 처녀를 배필로 맞아들이게 될 암시이다.

◇ 시체가 없는 빈 관을 메고 장사를 지낸다고 한 꿈

약속의 불이행, 파국을 암시한다. 청혼이나 결혼 약속은 갑자기 취소되고 사업상의 거래 조건은 원점으로 되돌아가서 성사되지 못한다.

◇ 결혼을 약속한 애인의 집에 초상이 났다고 부고가 온 꿈

결혼 승낙을 받게 되거나 예비 시댁에 경사가 생길 징조이다. 아울러 혼사가 급히 진행되어 조만간 양가 어른들을 모시고 결혼식을 올리게 된다.

◇ 길에 떨어진 거울을 주운 꿈

의외의 기쁜 소식, 명예 상승을 가져올 행운몽이며 미혼 남녀에게는 사랑의 상대자가 나타날 암시.

◇ 잘 생긴 말을 타고 달린 꿈

애정은 나날이 깊어지고 대인관계는 원만하여 뭇사람들로부터 화제의 대상이 된다. 기혼자라면 성적인 오르가즘을 나타낸다.

◇ **맹수에 쫓겨 숲 속에 숨은 꿈**
이상적인 애인이나 배우자감을 구하고 있으나 좀처럼 인연의 끈이 닿지 않아 실망하게 된다.

◇ **소를 끌어다가 집안의 우리에 넣거나 기둥에 묶은 꿈**
자녀에게 참한 배우자감이 나타나 집안에 경사가 생길 암시로 행운몽이다. 개인적으로는 의외의 돈이나 유산이 들어와 경제적으로도 기쁨이 따른다.

◇ **코끼리나 소의 등을 타고 간 꿈**
즐거운 연애생활, 행복한 결혼생활이 기다리고 있다. 이상적인 사람을 만나게 될 것을 암시.

◇ **자기 집 처마에 제비가 날아왔다가 간 꿈**
짧은 사랑을 의미한다. 현재 사귀거나 만나게 될 애인은 쉽게 열렬해지지만 오래 가지 못한다.

◇ **담장이나 나무로 가로막혀 있는 남자 친구에게 황급히 달려간 꿈**
결혼을 망설이고 있거나 우정 반, 사랑 반인 남자 친구에게 자신이 먼저 구애, 청혼을 하게 된다.

◇ **자신이 벌이나 작은 벌레처럼 꽃송이 속으로 들어간 꿈**
미혼여성이라면 천생연분인 남자를 만나 혼인하게 됨을 암시하는 꿈이며, 일반적으로는 입신양명의 암시로 풀이하게 된다. 자신의 작품이 세간에 널리 알려져 인기를 집중시키게 되고 사회적으로 이름을 드높이는 꿈이다.

◇ 밤송이가 잘 익어 벌어진 꿈

청혼이나 구애에 성공하여 두 사람의 애정은 나날이 깊어지고 집안에 재물이 들어오거나 승진, 영전의 기쁨을 만끽하게 된다.

◇ 금은방이나 보석 전시회장을 둘러본 꿈

결혼할 사람을 선택하느라 심리적으로 혼란스러워진다. 여러 명의 애인을 두고 있거나 여러 군데의 중매 자리를 놓고 갈등하게 된다.

◇ 거울을 떨어뜨려 깨지거나 금이 간 꿈

연애의 파국, 부부 싸움, 사업상의 도산을 나타내는 흉몽이다.

◇ 흰 종이나 캔버스에 꽃그림을 그린 꿈

조만간 연애편지를 쓰게 될 징조이다. 즉 사랑의 상대자가 나타나 열렬히 몰두하게 된다는 것을 암시.

◇ 장미나 튤립 등의 꽃이 그려진 그림이나 엽서를 받은 꿈

열렬한 구애 요청을 받게 되거나 연애편지를 받게 된다. 이밖에도 개인적으로 기쁜 소식을 듣게 된다.

◇ 누군가를 향해 손을 흔들어 보인 꿈

예전에 헤어진 연인을 다시 만나 사랑을 새로 시작하게 된다.

◇ 탐스런 과일이 열린 과수원에 놀러가서 누군가가 준 과일을 먹은 꿈

주변 사람의 소개나 부모의 소개로 결혼할 만한 사람을 만나게 될 것을 암시. 개인적으로는 다른 사람의 도움으로 사업이나 취직 등의 문제가 해결된다.

◇ 모르는 남녀 한 쌍이 자기 침대나 이불에서 잔 꿈

친구 사이로 지내는 이성과 좀 더 친밀한 연인관계로 발전하게 됨을 의미하거나 평소에 그리던 이상형의 이성을 만나서 뜨거운 사랑을 나누게 된다.

◇ 자신의 배우자나 이성 친구를 때린 꿈

꿈의 외형과 반대로 배우자나 이성 친구에게 몹시 애정이 깊다는 증거이며 전형적인 역몽(逆夢)이다. 애정의 확인, 연애 순탄 및 사랑의 진행형을 나타낸다.

◇ 비를 흠뻑 맞으며 걸어간 꿈

슬픈 사랑의 종말, 이루어질 수 없는 사랑을 암시한다. 애인이나 배우자와의 사이에 좁혀지지 않는 간격이 생긴다.

◇ 재봉틀로 옷을 박고 있거나 바늘로 꿰맨 꿈

미혼 여성이라면 결혼이나 주거지의 이사, 직장 변동에 의해 이제까지와는 다른 인생을 살게 됨을 암시하는 꿈이다. 일반적으로는 새로운 생활을 암시한다.

◇ 구름 위로 올라가 이성을 만난 꿈

온갖 장애를 극복하고 이상형의 배우자를 만나 사람들의 축복을 받으며 혼례를 올리게 된다.

◇ 자신의 바짓가랑이나 치마자락을 돼지가 물고 다닌 꿈

상대방의 열렬하고 적극적인 구애에 감동하여 본격적으로 연애를 시작하게 된다. 기혼자라면 불륜의 암시도 강하다.

◇ **남자 친구가 자신의 집 앞 대문 앞에서 머뭇거리며 집 안쪽을 몰래 살피는 꿈**

혼인을 앞두고 남자 친구의 심경에 불안함과 망설임이 공존하고 있다는 증거이다. 마음을 잡아두지 않으면 변심하거나 혼례가 연기될 가능성도 있다.

◇ **이성 친구나 애인, 배우자가 방 안에 들어오지 않고 문턱에서 안을 들여다보고 있던 꿈**

이 꿈 역시 애인이나 배우자의 불안 심리, 망설임, 변심의 가능성을 암시하며 나타낸다. 그러므로 피차간에 애정을 확인해둘 필요가 있으므로 서로의 사랑을 다시 확인하는 것이 좋다.

◇ **맹수나 동물에게 삼켜진 꿈**

일반적으로는 운수대통의 행운을 나타내며 혼담 성사, 거래 조건의 유리함 등을 의미한다. 또한 태몽의 일종이기도 하다. 동물에게 물리거나 동물을 품에 안은 꿈 역시 이와 같은 것을 나타낸다.

◇ **맹수에게 쫓겨 다닌 꿈**

결혼 결정을 앞두고 두 명 이상의 상대자에게 동시에 청혼을 받아 심리적으로 갈등하게 되고 불안에 빠진다.

◇ **애인에게 책이나 노트를 빌려서 과제를 해결한 꿈**

둘 사이의 우정은 이제부터 본격적인 애정으로 돌입하게 된다. 보고서나 발표문 따위를 빌려 쓴 꿈도 마찬가지의 의미가 담겨 있다. 일반적으로는 직장 동료와의 동료애, 상사의 도움과 신임, 사업상의 어려움 해결 등을 암시.

◇ **뱀이 자기 몸을 칭칭 감아 옴짝달싹 못한 꿈**

연인이나 배우자감의 출현을 암시하며 육체관계를 암시하기도 한다. 일반적으로는 태몽(胎夢)의 일종이다.

◇ **마술사의 연기에 흠뻑 빠진 꿈**

헤어진 연인과의 재회, 옛 친구나 동료와의 상봉을 암시한다. 이것을 계기로 사랑을 다시 시작하게 될 수도 있다.

◇ **산 속에서 토끼나 사슴을 사로잡은 꿈**

인품이 있고 온순한 성격의 소유자를 배필로 맞아들이게 된다. 가정생활 역시 행복함이 넘친다.

◇ **낯선 사람과 악수한 꿈**

이성을 사귈 절호의 기회를 맞이하게 되며 사업상의 거래 성공, 계약 성사, 직장 내 대인관계의 원만, 귀인과의 상봉 등 행운이 기다리고 있다.

◇ 누군가와 함께 길을 걷고 있었는데 나중에 보니 그 사람이 보이지 않은 꿈

이성과의 이별, 부부 파탄 등의 흉조(凶兆)이다. 일반으로는 사회생활에 대한 자신감 상실, 대인관계의 부조화를 나타낸다.

◇ 연인과 드라이브로 여행을 즐긴 꿈

단순하게 성적인 소망을 암시하기도 하지만 역몽(逆夢)으로서 애인과의 불화 심화, 결별, 연인에 대한 신뢰 상실, 불안감 등을 나타내는 것으로도 풀이한다.

◇ 고삐 풀린 소가 외양간 밖으로 머리를 내밀거나 뛰쳐나온 꿈

이별에 대한 예지몽이다. 오랫동안 사귀어 온 애인이나 배우자와 파국을 맞이하게 된다. 혼례를 치르기 전이라면 사귀는 상대자와의 관계를 다시 생각해 보고 결혼을 결정해도 늦지 않다.

◇ 자신의 방 안으로 여러 마리의 뱀이 들어온 꿈

여러 명의 남성에게 구애를 받게 되고 즐거운 데이트의 기회가 자주 찾아온다. 자신이 사는 집안으로 뱀이 들어온 꿈 역시 같은 의미가 담겨 있다.

◇ 불이 환하게 켜진 창문을 올려다보거나 바라본 꿈

애인에게 결혼 승낙을 받거나 이력서를 낸 회사로부터 출근 통보를 받게 된다. 창문의 불빛은 앞날에 대한 희망을 나타낸다.

◇ 뜨거운 물을 아무렇지 않게 벌컥벌컥 마신 꿈

바야흐로 열렬한 사랑을 주고받을 이성을 만나게 된다. 현재 애인이 있는 사람이라면 관계가 더욱 깊어지고 뜨거운 애정 표현을 나누게 된다.

◇ 헝클어진 머리카락을 단정하게 손질한 꿈

애정 갈등, 결혼에 대한 고민, 심리적 불안감이 곧 해소된다. 오래 끌어오던 혼인문제도 좋은 계기를 만나 뜻대로 풀려지게 된다.

◇ 엉켜서 꼬인 실타래를 하나하나 풀어서 정상으로 되돌린 꿈

이 꿈 역시 갈등과 고민, 장애의 해소나 제거를 암시하는 행운몽이다. 그간의 속앓이에 대한 보상으로 행복한 일이 기다리고 있다.

◇ 연인이나 이성 친구와 손을 잡고 가는데 유난히 자기 손만 뜨겁게 느껴진 꿈

상대방이 자신의 사랑을 받아 주지 않거나 모른 척하고 있어서 매우 기분이 상해 있을 때 주로 꾸는 꿈이다.

◇ 자신의 손이 너무 차가워서 손을 잡으려던 애인이 놀란 꿈

애인의 애정공세에도 불구하고 자신의 마음은 움직이지 않는다. 애정이 없는 자신의 마음이 차가운 손으로 나타난 것.

◇ 높은 첨탑이나 빌딩을 보고 감탄하거나 놀란 꿈

두 사람의 사랑은 몹시 굳고 진실하여 백년가약을 맺을 상대임에 틀림없다. 현재 만나고 있는 이성이나 애인이 바로 그 사람이다.

◇ 자기 혼자 길을 걷거나 산책한 꿈

조만간 마음을 정리하고 이별을 결심하게 된다. 그렇지 않다면 애인이나 상대 이성에 대한 자신의 마음이 식어 있음을 나타낸다.

◇ 자기 연인이나 배우자가 타인에게 살해당한 꿈

전형적인 역몽(逆夢)으로 연인이나 배우자에게 뜻밖의 행운이 찾아온다. 금전적인 문제나 직장 문제 등에서 귀인 상봉, 재물운이 따라 매사에 행복이 넘친다.

◇ 탑이나 큰 기둥을 애인과 둘이서 빙빙 돈 꿈

애인과의 사이가 좀 더 육체적인 관계로 발전하기를 바라는 성적인 소망이 담겨진 꿈이다.

◇ 개가 흙을 파헤치고 있는 꿈

원치 않는 남성으로부터 끈질긴 구애를 받아 심신이 시달리게 된다. 아울러 강간, 겁탈에 대한 위험을 암시한 흉몽이다.

◇ 달걀을 들고 가다가 잘못해서 깨뜨린 꿈

혼담의 결렬, 연인과의 결별을 암시하며 순조롭지 않은 연애, 결혼생활을 나타낸다.

◇ 날아다니는 나비를 그물망으로 사로잡은 꿈

여성스럽고 상냥한 미인을 여자 친구나 애인으로 사귀게 된다. 꿈에서의 나비는 보통 여성을 상징한다. 여성이 꾼 나비 꿈은 데이트 기회가 생길 것을 암시.

◇ 갖은 양념과 재료를 준비하여 음식을 준비한 꿈

이런저런 연애 과정을 거치며 데이트를 즐기고 있음을 나타낸다. 연인들이 나누는 사랑의 밀어, 감정적 흥분과 준비가 음식 재료로 상징화된 것이다.

◇ 야외에 나가서 돗자리를 편 꿈
이성 친구를 사귈 절호의 찬스가 다가온다. 돗자리를 산 꿈도 마찬가지의 의미가 있다.

◇ 생달걀을 깨뜨려 먹은 꿈
미혼 남녀에게는 가장 기다리던 순간이 주어진다. 이상형의 애인이 나타나 열렬한 사랑을 나누게 되고 진행 중인 혼담은 큰 문제없이 양가 부모의 허락으로 혼례식으로 연결된다. 일반적으로는 승진, 취직, 행운 등을 암시하는 길몽이다.

◇ 꽃이 시들어 있거나 말라비틀어진 꿈
이별의 인사를 받게 될 흉조(凶兆). 연인의 마음은 이미 냉정해져 있으며 이젠 관계를 정리할 일만 남아 있다는 의미이다.

◇ 창틀에 화분을 갖다 두거나 집안에 화환을 들인 꿈
애인이 생기거나 혼담이 들어올 징조이다.

◇ 땅이 질퍽거려 걸어가기가 힘들었던 꿈
두 사람의 사랑에 불현듯 장애가 생길 조짐이다. 제3의 상대가 나타나 애정을 유지하기 힘들어지거나 집안의 반대에 부딪혀 갈등을 일으키게 된다.

◇ 집채만 한 크기의 커다란 맹수에게 쫓겨 다닌 꿈
박력 있는 남자를 애인으로 만나고 싶다는 심리적 소망이 담겨 있다. 기혼자라면 남편의 부실한 정력에 불만을 품고 있다는 증거로서 덩치가 큰 맹수가 등장한 것이다.

◇ 자신의 장례식이 치러지거나 자신이 죽은 꿈

새로운 인생을 살게 될 것을 암시한다. 결혼생활을 통한 성인층으로서의 편입, 직장 변동, 거주지 이동, 외국생활 등이 기다리고 있다. 꿈에서의 죽음이란 일종의 상징적 통과제의와 같다. 이제까지의 자신을 버리고 또 다른 삶을 살게 될 것을 죽음으로 나타낸 것이다.

◇ 흰 천이나 혁대, 옷감에 칭칭 감겨 꼼짝할 수 없던 꿈

애인의 심한 간섭으로 인해 심신의 자유가 없어진 것을 나타낸다. 이런 애인의 사랑이 속박으로 느껴지고 있다는 증거이다.

◇ 과일이 광주리에 가득 담겨 있는 꿈

혼인을 결심한 상대는 적지 않은 재물을 지니고 있는 사람이다. 현재의 수준이 보잘 것 없더라도 멀지 않아 많은 돈을 모으게 된다.

◇ 쌀이나 보리 등의 곡식이 창고에 가득 차 있는 꿈

결혼할 상대자의 엄청난 재력(財力)을 상징하는 꿈이다. 현재 만나는 사람과 결혼하면 큰 부자가 되어 타인의 부러움을 사게 된다.

◇ 가시에 손가락을 찔리거나 몸 어딘가에 가시가 박혀 따끔거린 꿈
적극적인 구애를 받아 거절하기 힘든 상황이 벌어진다. 그 사람과의 관계는 자신이 어떻게 처리하느냐에 따라 달라진다.

◇ 사탕을 빨아 먹거나 깨물어 먹은 꿈
사랑이 깊어지고 격렬해질 전망이다. 이성 친구가 없다면 조만간 데이트를 즐길 상대를 만나게 된다.

◇ 크림이 얹어진 케이크나 초콜릿을 먹은 꿈
달콤한 사랑을 나눌 상대를 만나거나 그런 시간을 갖게 될 것을 암시하는 사랑과 애정 확인의 꿈이다.

◇ 등에 짐을 실은 소가 자신에게 오거나 따라다닌 꿈
결혼할 상대자로 인해 마음의 부담을 떠안게 될 징조이다. 일반적으로는 친구, 동료, 선후배로 인한 고통의 분담을 나타낸다.

◇ 총을 쏘려는데 방아쇠가 끊어져버린 꿈
이 꿈은 결정적인 순간에 연인으로부터 배신을 당하거나 이별을 통보받게 됨을 암시한다. 일반적으로는 소망 좌절, 희망 상실, 퇴직의 위기를 의미한다.

◇ 활시위가 끊어져 버린 꿈
이 꿈 역시 이별과 배신의 흉조(凶兆)로 파악한다. 생각대로 되지 않는 일에 대한 상징적 암시. 모든 면에서 소망이 좌절된다.

제6장

의식주와 사물에 관한 꿈

집에 불이 나서 완전히 다 타버리고 재만 남았다면
현실에선 매우 좋지 못한 상황에 처하게 될 것이다.
그러나 꿈에서는 매우 좋은 의미를 가지고 있는데 자신의 일이
순조롭게 진행됨은 물론 사업의 번창과 큰 재물을 얻게 됨을 의미한다.

◇ **붉은 비단옷을 입은 꿈**
관록을 먹는 공무원으로 임용되거나 사업이 번창하여 큰돈을 벌게 될 길몽이다. 아울러 가정적으로도 살림이 풍족하여 일하는 사람을 두고 귀부인으로 생활할 것을 암시.

◇ **다른 사람에게 옷을 선물한 꿈**
모두 성사시킨 듯한 일을 타인의 돌연한 방해와 음모로 그르치게 된다. 사업상의 행운도 타인에게 돌아가고 만다.

◇ **옷이 크거나 작아서 맞지 않은 꿈**
살고 있는 집, 가정환경에 불만이 커져서 독립을 꿈꾸게 된다. 또한 능력을 벗어난 일을 떠맡아 부담감이 커질 징조. 전직을 꿈꾸거나 삶의 터전을 바꾸고 싶어 한다.

◇ **옷을 벗고 다른 옷으로 갈아입은 꿈**
직장을 옮기게 되거나 여자 문제로 가정과 신분상의 풍파를 면하기 어렵게 될 예지몽이다. 일신상에 변화와 혼란을 암시.

◇ **다 헤진 옷이나 초라한 옷을 입고 사람들 앞에 선 꿈**
떳떳하지 못한 자리로 승진하거나 정당하지 못한 방법으로 관록을 얻어 사람들 위에 군림함으로써 비난과 질시의 대상이 될 것을 암시. 비록 재산과 명예가 따르지만 사회적인 비판도 감당해야 한다.

◇ **옷감을 끊어 옷을 새로 만든 꿈**
결혼 적령기에 있는 미혼 남녀에겐 인생을 함께 할 배우자를 만나 혼례를 올릴 예지몽이다. 다만 기혼자라면 배우자 외의 이성과 애정 행각을 벌이며 불륜에 빠질 흉몽이다.

◇ **옷이 물에 빠지거나 닿아도 젖지 않은 꿈**

시련이 닥쳐도 이에 꺾이지 않고 자신의 뜻과 용기로 과감히 헤쳐 나가 끝내 성공을 거둔다. 새로운 사업을 구상하고 있다면 소신껏 밀어붙이는 게 좋다.

◇ **엉성한 나뭇잎이나 풀로 옷을 만들어 입은 꿈**

곤경에 처했을 때 이를 도와줄 귀인을 만나 힘과 용기를 얻는다. 또한 직위 승진이나 출세의 면에서도 도움을 받는다.

◇ **단벌로 버텨서 옷이 다 낡아 빠진 꿈**

애인의 변신으로 삼각관계가 되거나 결별의 순간을 맞게 된다. 아울러 기혼자라면 배우자의 외도와 방황으로 가정에 풍파가 끊이지 않는다. 또한 직장에 충실하고도 회의를 느끼며 전직을 생각할 것을 암시.

◇ 치마가 바람에 들춰져서 속이 보여 당황한 꿈

조만간 연인과의 애정이 더욱 돈독해지고 서로에 대한 확신으로 육체 관계로까지 발전하게 된다.

◇ 웃옷을 걸친 꿈

윗사람들이나 집안 어른, 직장 상사와의 관계가 깊어지고 그들의 신임을 받아 승진운은 대길하며 매사가 순조로워진다. 유산 상속을 받을 가능성도 높다.

◇ 디자인이 우아한 실크 옷을 입었던 꿈

직장에서나 가정에서 즐겁고 유쾌한 일이 생긴다. 그간의 수고와 땀에 대한 대가로 적지 않은 재물을 쥐게 되고 신분이 상승될 기회를 맞이한다.

◇ 환자가 환자용 가운(잠옷) 대신 고급스러운 옷을 입은 꿈

마음으로 믿고 의지했던 사람이 자신의 애원을 뿌리치고 끝내 배신의 아픔을 안겨 줄 흉몽이다.

◇ 옷을 벗어 던진 꿈

옷을 벗은 꿈은 그간의 직장, 직업, 구속, 속박, 책임감으로부터의 벗어남을 의미한다. 직장 변동이 있거나 일시적으로 휴가를 얻어 생활의 짐을 잊어버리고 풍광이 좋은 곳으로 여행을 떠나게 될 것. 이 기회를 이용해 기분 전환을 하는 것도 유익하다.

◇ 남자인 자신이 여자의 속옷이나 속치마를 본 꿈

사귀고 있는 애인, 배우자 외의 여성과 사랑에 빠질 것을 암시. 양심적인 갈등에 빠지지만 애정을 끊지도 못한다.

◇ **상대방에 비해 초라해 보이는 옷을 입고 있어서 상대를 만나기가 꺼려진 꿈**

경제적인 격차로 환경이 각기 다른 연인과 만나서 곤궁한 자신이 처지를 비관하게 될 징조. 현실적으로도 금전적인 곤란을 겪게 된다.

◇ **낯선 사람이 옷을 입혀 준 꿈**

영세하던 사업이 하루아침에 번창하여 중견기업으로 크고 남의집살이를 하던 사람은 마침내 내 집 마련의 꿈을 이루게 된다.

◇ **옷소매가 바람에 나부낀 꿈**

건강이 나빠지거나 직위 상실에 대한 암시. 혹은 여자 문제로 인해 가정에 풍파가 생기고 명예를 훼손당할 수도 있다.

◇ **몸이 불편한데도 타인의 도움 없이 혼자 옷을 입은 꿈**

오랜 친구와 사소한 일로 의견충돌을 일으켜 관계가 소원해지거나 연인과의 사이에 오해가 생겨 외로움을 느끼고 이별을 생각하게 된다. 또한 업무상, 사업상의 파트너와도 틈이 벌어진다.

◇ **진흙탕이나 질척거리는 곳에 넘어져 옷이 더러워진 꿈**

꾼 꿈 그대로 명예, 직위, 신분을 훼손당할 우려가 큰 흉몽이다. 아울러 임산부라면 난산, 조산, 유산이 암시되므로 주의를 요한다.

◇ **옷소매에 반찬이 묻거나 오물이 묻은 꿈**

겸손하지 못한 자신의 태도나 탁월한 능력 때문에 주변 사람들에게 미움을 받거나 따돌림을 당한다. 혹은 계획한 일정에 차질이 빚어질 징조이다.

◇ 옷에 온통 흙탕이나 오물이 튀어 더러워진 꿈

신상에 불길한 일이 발생할 흉몽이다. 특히 명예를 더럽힐 일에 연루되거나 구설수에 휘말려 안팎으로 시련을 맞이한다.

◇ 흰 옷에 흙이 묻거나 손수건이 더러워진 꿈

순결을 잃거나 순결에 대한 고정관념이 조금은 바뀌게 될 암시. 혹은 사랑하는 사람의 육체적 요구로 인해 사랑과 순결 사이에서 갈등한다.

◇ 자신의 옷이 분실되거나 벗어 둔 옷이 없어진 꿈

자신의 가장 소중하게 생각하는 보석, 소지품, 물건, 통장을 실제로 분실당할 예지몽이다. 한편 이 꿈 역시 자신의 육체적, 정신적 순결성을 잃지 않기 위해 고민하고 있다는 것을 암시.

◇ 자신의 옷을 다른 사람들에게 나눠준 꿈

다른 사람의 실수나 곤경을 대신 떠맡게 될 흉조이다. 혹은 자신이 가진 재산이나 직위, 명예, 신분을 다른 사람에게 양보하거나 물려주게 된다. 또한 회사원 생활을 접고 자영업으로 승부할 것을 암시.

◇ 양복이 구겨지거나 더럽게 얼룩진 꿈

공명정대하고 이성적인 생각에 혼란이 일어난다. 감정적으로 몹시 흥분되고 감정이 컨트롤되기 어려울 정도로 화를 낼 일이 생긴다.

◇ 자신이 간호사 옷(유니폼)을 입은 꿈

남성에 대한 거부감, 심한 결벽증을 갖게 될 암시. 오랫동안 사랑했던 남자로부터 버림을 받고 남성 혐오증에 빠진다. 미혼 여성은 이 일을 계기로 결혼을 포기하고 독신생활을 결심한다.

◇ 빨간 옷을 입은 사람들이 여러 명 몰려 있는 꿈
삶의 고민이나 미래 계획을 의논하고 기댈 만한 사람들을 찾지만 모두 이기적인 사람들만 있을 뿐, 결국은 실망만 하게 된다.

◇ 하늘색이나 녹색 계열의 옷을 입은 사람들이 등장한 꿈
이 꿈은 미래에 대한 희망과 현실적 소망 성취를 나타낸다. 특히 자신의 인생에서 큰 밑받침이 되어줄 귀인을 만나거나 중요한 사람이 찾아올 길몽이다.

◇ 더럽거나 구겨진 옷을 빨래하거나 세탁소에 맡긴 꿈
오랫동안 사귀어 온 연인과 헤어지고 새로운 사람과 사랑을 나누게 된다. 기혼 남녀라면 가정 파탄에 주의하지 않으면 안 된다. 배우자 몰래 바람을 피우다가 이혼까지 치닫게 된다.

◇ 바지가 자꾸 흘러내린 꿈
사교생활이 활발해져서 최고의 인기를 얻게 된다. 뭇 여성들의 추앙을 받으며 누구를 선택해야 할지 행복한 고민에 빠진다. 아울러 매사에 막힘이 없어서 삶의 활기를 되찾는다.

◇ 단추나 지퍼가 저절로 열려버린 꿈
사업상의 계획이나 사무적인 기획이 순조롭게 이루어지고 동료 직원이나 가족, 웃어른의 도움으로 목표를 달성할 수 있을 것.

◇ 집안을 깨끗하게 정리정돈하고 청소한 꿈
귀한 손님이 찾아오거나 기다리던 소식, 합격 통보 등을 받을 예지몽. 아울러 내방객이 찾아와 자기 집에서 한동안 머물러 있다 가게 된다.

◆ 상복을 입은 꿈

이제까지의 생활, 직장, 직업을 버리고 새로운 환경에서 생활하게 될 길몽이다. 묵은 때를 벗고 새로운 도약과 발전을 위해 한 차원 높은 삶을 살게 될 것이다. 아울러 미혼자는 결혼 상대자를 찾기 위해 분주해지고 가치관에 큰 변화가 생긴다.

◆ 호주머니에 구멍이 뚫려 꿰맨 꿈

한 푼, 두 푼 모아서 통장의 잔고가 엄청나게 늘어날 것. 은행에 막대한 돈을 저축하여 생활의 여유가 생기고 넘치는 재산으로 어려운 이웃을 돕는다. 아울러 주식투자로 거금을 챙기고 사업이 번창하여 탄탄한 기반을 갖추게 된다.

◆ 허리띠나 벨트를 맨 꿈

사회적인 명예나 직위가 주어지고 입신출세할 절호의 기회를 맞이한다. 한편 직장을 구하는 사람이라면 원하는 회사에 취직하고 미혼 여성은 이상형을 만나 사랑에 빠진다.

◆ 허리띠가 없어지거나 벨트가 없어 옷을 고정시키지 못한 꿈

자신이 소중하게 생각한 것들을 잃게 될 흉조이다. 직장을 잃거나 사업 의욕이 없어지고 배우자의 죽음, 친구와의 이별 등이 예시된 불길한 꿈이다.

◆ 이불을 펴고 잠자리에 든 꿈

편안한 상태로 휴식을 취했다면 길몽이다. 심신의 긴장이 풀리고 가정에 평온함이 찾아 온다. 직장에서의 승진과 능력 발휘도 순조롭고 사업적인 성과도 뚜렷해진다.

◇ **헝클어진 실뭉치나 털실뭉치를 한 올씩 풀었던 꿈**

직장에서 상사나 동료와 의견충돌을 일으켜 직위나 입장에 문제가 생기게 된다. 복잡하게 엉켜서 풀기 어려운 대인관계를 상징. 아울러 계획은 일부 수정되거나 장애로 인해 지연될 징조.

◇ **안경이 벗겨지거나 안경을 벗은 꿈**

행운이 찾아올 길조(吉兆)이다. 직장을 구하고 있는 사람이라면 곧 원하는 회사에 취직하여 사회생활을 시작한다. 미혼 남녀라면 혼담이 들어오거나 혼인에 장애가 되었던 문제들이 해결되어 축복 속에 혼례를 올릴 것을 암시. 환자는 쾌차하고 복잡한 일은 원만히 수습된다.

◇ **집안 살림이나 가재도구가 몹시 초라하게 보인 꿈**

곤경에 처했을 때 이를 도와줄 귀인을 만나게 된다. 사업적인 애로나 직장에서의 문제는 귀인의 후원과 상담으로 순조롭게 해결될 것. 그러나 실제로 직장을 잃거나 사업에 실패해서 쪼들리는 생활을 하게 될 예지몽의 의미도 있으므로 주의를 요한다.

◇ 옷에 잉크가 묻은 꿈

사랑의 마침표를 찍게 된다. 자신의 순결성을 잃을 암시. 아울러 남성이라면 현재 사귀고 있는 여성에 대해 육체적 욕망을 갖게 된다. 정식 혼례와 상관없이 서로가 깊은 관계로 발전하게 된다.

◇ 안경 낀 사람과 대화를 하거나 뭔가를 함께 한 꿈

이중적인 성격의 소유자를 만나게 되거나 자신에게 흑심을 품고 있는 사람과 만날 징조이다. 그 사람이 자신의 재산이나 신분, 직위를 이용하려고 하고 있으므로 주의하지 않으면 안 된다.

◇ 이부자리나 침대 시트에 피가 묻은 꿈

가족 중에 대형 사고나 불의의 사고를 당해 생명을 잃는 이가 생길 흉몽이다. 혹은 사업이 부도 위기에 몰리고 직장을 잃고 실업자로 생활할 우려가 있다. 또한 건강이 악화될 징조로도 풀이한다.

◇ 베를 짜거나 베 짜고 있는 사람이 등장한 꿈

재주가 많고 여성스러운 성격을 지닌 여자 아이를 출산하게 될 태몽(胎夢)이다.

◇ 낡아빠졌거나 망가진 이불, 침대에서 잠든 꿈

배우자의 신변에 불길한 일이 생길 흉조. 특히 건강이 나빠져서 병원 신세를 지는 수도 있다. 직장에서의 신임 저하, 정리해고 등에 주의해야 한다.

◇ 이부자리가 어지럽혀져 있는 꿈

침대 시트가 어수선하고 어지럽혀진 꿈도 같은 의미를 지닌다. 오래 사귀어 온 연인과 결별하거나 배우자와의 결혼생활에 파탄이 생길 조짐이다. 일신상에 불행과 슬픔이 따른다.

◇ 낡고 초라한 집으로 이사 간 꿈
이 꿈은 가정 형편이 쪼들리게 될 예지몽이다. 하지만 한편으로는 조만간 새 직장을 얻어 옮기거나 새로운 삶을 살게 될 것을 암시하는 것도 있다. 이제까지 알던 사람과 조금은 다른 유형의 사람을 만나 여러가지 생각을 하게 된다.

◇ 집을 구입하거나 판 꿈
집을 구입한 꿈이라면 운수대통의 길몽이다. 사회적인 입지가 강화되고 귀한 사람으로서 신분이 격상될 암시. 특히 건강이 좋아지고 신변에 즐거운 일이 겹친다. 반대로 집을 팔았다면 소원, 목표 달성을 위해 자신의 재산을 투자하거나 능력을 발휘가게 될 예지몽이다. 어쨌든 계획대로 일을 마무리하게 된다.

◇ 언덕 위에 있는 작은 오두막집으로 찾아간 꿈
모종의 계획을 세워 비밀리에 실행하려고 하지만 믿었던 사람의 배신으로 인해 계획은 취소되고 자신의 입장만 난처해진다. 뭔가를 계획하고 결심을 하려 한다면 다시 한 번 주변 사람과의 관계를 고려한 후에 냉정한 결단을 내려야 할 것이다.

◇ 공터나 넓은 광장을 중심으로 집들이 빽빽하게 들어선 꿈
이 꿈은 사회적으로 입신출세의 야망이 커져 있음을 나타낸다. 직장에서나 가정에서 제대로 대접받지 못한다고 느끼고 있음을 나타내는 심적몽이다.

◇ **집에 혼자 남아 시간을 보낸 꿈**
뭔가를 시도하려고 애쓰지만 현실이 이를 따라주지 않으며 계획은 원대하지만 일이 마음처럼 되지 않아 좌절감을 맛보게 됨을 의미하는 꿈이다. 그렇지만 미래를 내다보면서 차근차근 현실적인 문제를 해결하다 보면 소기의 성과를 얻고 우려하던 일을 달성할 수 있다.

◇ **집안에 소나무나 잣나무가 푸르게 자라고 있는 꿈**
가문이 날로 번창하게 되고 온 가족이 건강하며 무병장수하게 될 길몽이다. 또한 자손 번창의 의미도 있다.

◇ **자신이 사는 집 마당 한가운데로 큰 길이 난 꿈**
금전이나 직위의 면에서 뭇사람들이 우러러 볼 위치에 올라 만족스런 생활을 하게 된다. 특히 자신이 가진 재산과 직위로 어려운 이웃을 돕고 사회 봉사활동을 활발히 하며 존경받는 인물이 될 것을 암시.

◇ **마당에 잡초가 무성하고 황폐해진 꿈**
사업 부도나 실직으로 인해 집안형편이 궁색해지고 가족 중에서 병고를 겪으며 자리보전할 이가 나온다.

◇ **대문이 돌로 만들어진 꿈**
꿈에서의 돌은 보통 사람의 목숨이나 권위, 건강을 상징한다. 따라서 건강이 좋아지고 운세가 점차 상승되어 입신출세하게 될 길몽이다.

◇ **이사를 간 집에서 전에 살던 집주인이 집을 비워주지 않아 언쟁을 벌인 꿈**
흉몽으로 억울하게 누명을 쓰거나 뜻밖의 구설수에 올라 명예를 훼손당하고 직위, 재산상의 손실을 감수하게 된다. 현재 만나는 사람, 믿고 의지하는 사람들을 주의하고 행동에 각별한 주의가 필요하다.

◇ 어릴 때 살았던 집이 몹시 낡고 폐허처럼 변해버린 꿈
두 가지의 암시를 지닌 예지몽이다. 길흉이 반반인 꿈으로서 건강 악화와 자신감 상실에 대한 예시가 그 첫째이고 실업자에게는 취직의 기회가 주어지며 가족 간에 화목함을 되찾을 것에 대한 예시가 그 두 번째이다.

◇ 집의 대들보가 무너져 내린 꿈
가장(家長)의 실직이나 사업 실패, 건강 악화가 우려되는 대흉몽. 아울러 가장 믿고 사랑했던 사람에 의해 배신과 이별의 슬픔을 겪게 됨.

◇ 자신이 사는 집의 소유권을 두고 다른 사람과 다툰 꿈
온당치 않은 오해를 받거나 대우를 받아 심리적으로 고통스런 나날을 보내게 된다. 특히 자신의 재산이나 직위를 둘러싼 타인의 비난과 질시로 인해 마음고생을 할 흉조.

◇ 자기 집의 대문이 옛 궁궐 문처럼 크고 웅장해 보인 꿈
복록이 무궁하며 행복의 웃음소리가 담장을 넘게 될 대길몽이다. 가장의 명예가 날로 높아지고 직위가 올라가며 사업운이 트여서 재산이 넉넉해지고 사회적으로 상류층 대열에 들어선다.

◇ 자신이 사는 집의 대문이 활짝 열린 꿈
조상의 음덕과 양친의 인덕으로 가문의 이름이 날로 높아지고 재물이 쏟아져 들어온다. 입안에 기쁨이 넘치고 경사가 겹전할 길몽.

◇ **지붕 위로 기어 올라간 꿈**

지붕 위를 기어 다닌 꿈도 마찬가지의 의미를 지닌다. 방송국의 인기 스타로 떠올라 매스컴의 화려한 조명을 받으며 바쁜 나날을 보낼 예지몽이다. 아울러 가정적으로도 재산이 넉넉하고 평온하여 화목함을 과시하며 생활하게 된다.

◇ **집집마다 모두 대문을 걸어 잠그고 있는 꿈**

자신의 주변 사람들과 의견이 맞지 않아 사사건건 충돌하게 될 예지몽이다. 직장에서도 혼자 고립되어 고군분투하며 친구들 사이에서도 혼자 따돌림 당하게 된다.

◇ **대문이 잠겨 있어서 집에 들어가지 못한 꿈**

배우자의 불륜이나 사업 실패로 부부 간에 다툼이 심해지고 한동안 별거를 생각하게 됨을 암시하는 꿈이다. 신상에 답답하고 좋지 않은 일들이 겹치니 삶의 의욕도 상실된다. 운세의 막힘을 상징적으로 드러낸 상징몽이다.

◇ 자신이 사는 집의 대문이 무너지거나 부실하여 뜯어버린 꿈
도둑이 들어와 가문의 보물이나 재산을 잃게 될 예지몽. 혹은 보증을 잘못 서주어 집을 날리게 되니 사기와 소매치기, 명예 훼손에 주의할 것.

◇ 병원에 가서 의사의 진찰을 받은 꿈
혼자서 몰래 간직했던 비밀이나 보물이 외부에 밝혀져서 다른 사람들에게 비난과 질시를 받게 될 예지몽이다. 그런데 진찰을 받았다는 그 인상이 꿈을 깬 후에도 강렬하게 남았다면, 특히 어떤 특정 부위를 진찰받는 꿈이었다면 실제로 그 부위와 관련된 질환이 있을 수 있으므로 신체적 변화를 유심히 관찰하고 병원 진단을 받는 게 유익하다.

◇ 튼튼하고 사용하기 편한 모양으로 집의 대문을 다시 만들어 단 꿈
집안의 이름을 높일 귀한 자녀를 얻게 된다. 그 아이의 재능과 명예로 인해 부모로서의 기쁨과 행복을 만끽할 것이다.

◇ 자신이 사는 집의 대문 앞에 바로 도랑이 파져 있는 꿈
재산이 흩어지거나 사업적인 곤란을 겪게 될 흉몽이다. 또한 친한 동료나 친구 간에 오해가 생겨 등을 돌리게 된다. 직장에서도 입장이 난처해지지만 어느 한 쪽으로 결론을 내리지 못하고 고민할 것을 암시.

◇ 집안의 벽장 속에 숨어 있다가 밖으로 나온 꿈
오랜 계획과 준비 끝에 성공을 향해 질주하게 될 것을 암시. 결과는 자신이 생각한 대로 이루어질 것이다. 사업, 직무상의 비밀스런 계획이 적중하여 예상 밖의 큰 이득을 남기게 된다.

◇ 길에서 돈을 주운 꿈

애정 결핍이 심한 사람, 자신의 직위와 환경에 불만이 많은 사람이 주로 꾸는 꿈이다. 돈을 주운 꿈은 자신의 심리적, 재정적 공백을 빨리 채우고 싶다는 소망이 반영된 것이다. 그러나 간혹 복권 당첨 등의 횡재운을 예시하는 길몽으로도 풀이한다.

◇ 넓은 대청마루에 앉은 꿈

자신의 외도나 비양심적인 행각이 사람들에게 밝혀져 비난받을까봐 몹시 고심하고 있음을 나타낸다. 혹은 아예 자신의 마음을 허심탄회하게 털어놓고 속죄를 청할 상황이 일어날 예지몽이다.

◇ 놀이터나 놀이기구를 타면서 즐겁게 놀았던 꿈

현재 근무하고 있는 직장을 떠나 좀 더 개인 시간이 많고 자유로운 직장에서 근무하게 될 예지몽이다. 또한 현재의 가정환경이나 삶으로부터 벗어나 새로운 생활을 하고 싶다는 마음속의 불만이 꿈에 표출된 경우이다.

◇ 문이 유난히 높고 크게 보이거나 높은 곳에 문이 난 꿈

지체가 높고 재력을 갖춘 귀인을 만나 승승장구하며 승진 케이스에 오르거나 입신양명하게 될 예지몽이다. 장차 권위와 재물을 두루 갖춘 고위층 인사로 성장한다.

◇ 문이 불에 타고 있는 꿈

자신이나 가족 중에서 불의의 사고를 당하거나 명예를 훼손당할 사람이 생길 흉몽이다. 승진도 늦어지고 사업상의 거래도 뜻밖의 하자 발생으로 취소 위기에 놓인다.

◇ **친구들과 함께 커피숍이나 찻집에 간 꿈**

이러한 꿈은 대인관계가 원만해지고 사람들로부터 신임을 얻게 된다. 특히 타인의 어려움을 들어주고 함께 해결해 주려고 물심양면으로 도움을 베풀어서 자신의 선행이 사회적으로 존경과 귀감이 되는 명예를 얻는다.

◇ **문짝이 저절로 부서져버린 꿈**

예상 밖의 장애로 인해 자신이 계획한 일을 취소하거나 지연하게 된다. 특히 사업가라면 계약 취소나 경쟁 업체의 방해로 인해 큰 타격을 입는다.

◇ **저명인사나 유명 연예인과 함께 커피숍이나 레스토랑에서 함께 차를 마신 꿈**

귀인 상봉의 예지몽으로 그 사람의 전폭적인 후원과 재력을 바탕으로 자신이 아주 높은 직위에 오르거나 사업에 성공하여 이름을 널리 떨치게 된다.

◇ **옥상으로 올라가거나 옥상에 올라선 꿈**

부모나 직장 상사의 간섭, 참견, 방해를 받지 않고 자신의 뜻대로 일을 실행시키게 된다. 혹은 그런 의지가 나타난 심적몽일 수도 있다. 한편 연인과 은밀한 곳에서 사랑을 속삭이게 될 암시.

◇ **아프리카나 원시림, 오지로 배낭여행을 간 꿈**

생활의 근심이나 속박을 벗어날 수 있는 도피처를 찾고 있음을 나타낸다. 또한 빚 독촉, 업무 독촉에 시달릴 때도 이를 잠시라도 잊어버리고 싶은 마음의 무의식이 나타난 심적몽이다.

◇ 크고 웅장해 보이는 성(城) 안으로 들어간 꿈

재산과 명예를 얻어 대부대귀해질 길몽이다. 가정환경은 풍족하여 여유로운 생활을 유지하며 직장인은 승진운이 환하게 열려 책임자나 우두머리로 올라선다.

◇ 높은 산에 올라간 꿈

환자라면 이 꿈을 계기로 병세가 차도를 보이며 쾌유의 기쁨을 누리게 된다. 또한 오랜만에 승진, 영전의 명예를 누리며 삶의 보람을 느낀다. 근거 없는 소문이나 구설수, 누명으로 마음고생이 심했던 사람은 차차 그 진위가 밝혀져 자신의 입장을 바로 세울 수 있을 것이다.

◇ 황량해 보이는 드넓은 사막을 홀로 걸어간 꿈

감당하기 힘든 일이나 고민을 떠안고 이로 인해 몹시 힘겨워하고 있음을 나타내는 심적몽이다. 사업이 뜻대로 풀리지 않거나 직장에서 과중한 업무로 인해 힘에 벅차지만 이를 도와주고 위로해줄 대상도 마땅히 없다.

◇ 살고 있는 집의 옥상에 높다란 누각을 세운 꿈

사법고시나 행정고시, 대학입시에서 최고의 성적을 올리며 합격하게 된다. 사업은 큰 거래가 성사되어 중견기업으로 발돋움하고 직장인은 자기 부서의 최고 책임자로 승진한다. 입신양명의 대길몽이다.

◇ 옛 정자나 누각에 앉아 술을 마신 꿈

출세와 인덕이 주어질 행운의 꿈이다. 사회적으로 대인관계가 원만해지고 그로 인해 자신을 신임하는 귀인을 만나 많은 도움을 받게 된다. 특히 관공서 분야나 예술계 종사자에게 행운이 예시되는 길몽이다.

◇ **궁궐이나 성을 빠져 나온 꿈**

직위와 신분을 잃고 하급자로 좌천될 흉몽. 보증을 잘못 서 주어 가산을 탕진하고 부부 간에 불화가 심해져서 별거, 이혼을 생각하게 된다.

◇ **굴뚝에서 연기와 불꽃이 거세게 나온 꿈**

폭발 직전에 있던 심리적인 억압감으로부터 오랜만에 해방된다. 풀리지 않던 일이나 초조하게 생각해온 일들이 해결되어 모처럼 마음 편한 나날을 보내게 된다. 스트레스 해소와 발산에 대한 암시로 풀이한다.

◇ **다리를 건너서 좀 더 크고 번화한 대도시로 들어간 꿈**

환자라면 병이 쾌차되고 좀 더 크고 좋은 직장, 환경을 꿈꿔 온 이라면 마침내 소원을 이룰 것이다. 멋진 승부의 기회가 주어질 것을 암시.

◇ **지폐가 가득 들어있는 지갑을 주운 꿈**

현실적으로 재산을 상속받거나 복권 당첨 등의 행운이 따른다. 또한 직장인은 승진운이 열리고 명예가 상승할 절호의 순간을 맞는다.

◇ 땀을 뻘뻘 흘리며 집을 짓거나 빌딩을 올리는 일을 한 꿈

노력에 대한 결실을 맛볼 예지몽이다. 특히 기획 부서에서 일하고 있는 사람, 문학 작품을 쓰거나 그림을 그리는 작가라면 자신의 아이디어와 창작력을 세상에 인정받을 절호의 찬스를 맞이한다. 아울러 단순하게 성적인 호기심이나 욕망이 커져 있을 때도 이런 종류의 꿈을 꾼다.

◇ 여관에 들어간 꿈

사업 계획이나 사무적인 계획, 자신이 생각하고 있는 일이 의외의 장애를 만나거나 능력 부족으로 인해 중단될 위기에 놓인다. 예상을 빗나가는 아픔을 겪을 것이다.

◇ 여관을 막 나선 꿈

돈과 능력의 부족으로 지지부진하던 사업, 자신의 계획이 동업자나 귀인의 도움으로 차차 해결된다. 직장 변동, 생활의 변화를 꾀하는 사람이라면 한번 시도해볼 필요가 있다. 뜻밖의 도움을 받게 된다.

◇ 은행에 가서 돈을 찾은 꿈

이 꿈 역시 애정과 금전적인 면에서의 욕구불만을 드러낸다. 사랑을 확인하고 또한 사랑받으며 살고 싶다는 심리가 암암리에 나타난다. 또한 사회생활로 인해 교류하는 모든 사람들에게서 신뢰와 애정을 받고 싶다는 심리도 나타나 있다.

◇ 여러 곳에서 현금이 들어온 꿈

돈을 많이 받거나 여기저기에서 자신에게 돈을 줘서 돈을 헤아리기도 벅찰 정도였다면 길몽 중의 길몽이다. 복권당첨, 유산상속 등으로 큰 부자가 될 징조. 삶의 질은 한 단계 높아지고 윤택한 나날을 보낸다.

◇ **약간의 돈이 생기거나 수입이 생긴 꿈**
그다지 많지 않은 현금이 들어온 꿈이라면(가령 단돈 몇 만 원 정도)오히려 흉몽이다. 자신의 능력으로 처리하기 힘든 일을 떠맡게 되고 시도하고 있는 일이 장애로 인해 제대로 수습되지 않는다.

◇ **가방을 들여다보거나 뒤적거리며 살핀 꿈**
자신의 본분을 잊고 설치다가 다른 사람들에게 비난을 받거나 따돌림을 당하여 소외감에 빠진다. 혹은 해결해야 할 문제를 놓고 갈피를 잡지 못해 여러 가지로 궁리를 하고 있다는 의미.

◇ **동전이 들어있는 동전지갑을 주운 꿈**
미혼 여성이라면 자신의 처녀성을 잃고 심리적 혼란을 겪는다. 기혼 여성이나 남성이라면 불륜의 상대를 만나거나 강간당할 우려가 있다.

◇ **돈이 강철이나 무쇠로 만들어진 꿈**
토지 가격의 급상승이나 막대한 유산을 상속받아 사회적으로 이름을 떨치며 뭇사람들의 부러움을 받을 큰 부자가 될 길몽이다.

◇ **돈이 없어서 뭔가를 사고 싶었지만 끝내 포기한 꿈**
직장을 구하기가 쉽지 않다. 또한 전직도 생각처럼 되지 않는다. 아울러 이성과의 사이에 껄끄러운 문제나 오해가 생겨 사랑에 금이 갈 징조이다.

◇ **터졌거나 찢어진 가방을 수선한 꿈**
착실히 모아둔 저축액이 큰 밑천이 되어 사업 자금으로 유용하게 쓸 수 있을 것. 자신의 사업을 시작해서 큰 성공을 거두게 된다.

◇ 자신이 가진 재물을 어려운 사람들에게 나눠준 꿈

가깝게 지내던 친구가 멀리 이사 가거나 해외로 떠난다. 혹은 연인 관계의 사람과 심하게 다퉈서 당분간 사이가 멀어지고 이별을 생각하게 된다.

◇ 자신의 가방이 어느 것인지 확실치 않은 꿈

업무를 등한시하여 실수를 연발하게 되고 매사에 목표를 잃고 의욕을 상실하게 될 징조. 혹은 직위나 명예를 잃을 위기에 처한다.

◇ 아끼는 물건을 다른 사람에게 판 꿈

청소년기나 청년기를 지나 성숙한 어른의 세계로 들어섰음을 나타내는 심적몽이다. 혹은 그런 의식을 상징하는 상징몽. 아울러 연인을 찾고 있는 사랑의 욕망이 표출된 꿈이다.

◇ 반지를 사거나 반지를 손가락에 낀 꿈

천생연분의 배필을 만나게 될 암시. 또한 연인과 혼담이 성사되어 혼례 준비로 바쁜 나날을 보내게 된다.

◇ 서랍이나 금고에 넣어둔 보석이나 귀중품을 도난당한 꿈

비밀이 외부에 유출되어 명예를 훼손당하거나 사회적으로 난처한 입장에 빠진다. 또한 미혼 여성이라면 정조를 빼앗기는 일이 발생한다.

◇ 금, 은 보석으로 곡식을 맞바꾼 꿈

형편이 나빠지고 일이 더욱 어렵게 될 흉몽이다. 사업가라면 투자한 돈보다 거둬들이는 돈이 훨씬 적어서 적자 행진을 거듭하게 되어 파산의 위기에 몰린다.

◇ **투명한 구슬이나 금, 은을 얻은 꿈**
재물과 명예가 들어올 길몽이다. 뜻밖의 돈이 생기거나 복권당첨, 유산 상속 등의 경사가 겸전한다. 사회적인 신분도 훨씬 높아진다.

◇ **지폐나 보물이 산더미처럼 쌓여 있던 꿈**
길흉이 상반된 꿈이다. 횡재운이 따라서 거금을 만지게 되거나 꿈과 반대로 재산이 흩어질 암시. 사업 부도로 빚을 지거나 보증이 잘못되어서 집을 날리게 된다.

◇ **낡고 오래된 신발, 찢어진 신발을 신은 꿈**
신상에 결코 즐겁지 않은 일들이 벌어지고 운세는 침체되어 매사에 자신감을 상실할 흉몽이다. 또한 가까운 친척(가족)이나 친구가 멀리 떠나거나 자신이 먼 곳으로 떠나게 될 것을 암시.

◇ **신발을 잃어버린 꿈**
동업자의 배신이나 경쟁관계의 동료 직원, 절친한 친구나 애인으로부터 배신을 당하게 된다. 특히 연인 사이에는 사소한 일을 계기로 서로에 대한 오해가 깊어져 이별을 생각하게 된다. 현실적 생존수단이나 의욕의 상실을 드러낸 꿈이다.

◇ **발에 맞는 신발을 찾지 못한 꿈**
이상적인 연인을 만나지 못해 초조해져 있다는 의미를 나타낸다. 혹은 포부는 크고 앞날에 대한 계획은 거창하지만 이를 뒷받침할 현실적 여건이 미비하고 초라해서 계획을 실행하기 어렵게 될 암시. 한편 성적인 욕구나 육체적 관계에 대한 혐오감, 거부감을 갖고 있다는 의미도 지닌 꿈이다.

◇ **입으로 보석이나 장신구를 토해낸 꿈**

자신의 미래가 장밋빛으로 물들기 위해서는 자신의 노력도 중요하지만 주변 사람의 믿음과 협조가 중요하다. 이 꿈을 계기로 귀인을 만나 사업상, 직무상, 일신상의 도움을 받을 것이다. 그 결과 사회적인 명성과 재물을 겸비하게 된다.

◇ **신발을 벗거나 신지 않은 채 어딘가를 걸은 꿈**

남에게 말할 수 없는 혼자만의 고민이나 현실적으로 풀리지 않는 문제를 두고 심리적인 갈등을 하고 있음을 나타낸다. 혹은 일상의 구속이나 억압을 받지 않고 어린 시절처럼 홀가분하게 살고 싶다는 심리가 함축된 심적몽이다.

◇ **집안에 보관하고 있던 금, 은이나 값비싼 패물을 다른 사람에게 준 꿈**

이 꿈은 집안에 사기, 도난, 분실 사건이 발생할 예지몽이다. 혹은 신상에 불길한 일이 잇따라서 대인관계가 악화되고 연인과 헤어짐을 생각하게 된다.

◇ **금이나 은으로 그릇을 만든 꿈**

집안에 날로 재산이 쌓이고 복록이 무궁하여 의식주에 걱정이 없고 사회생활에서 눈부신 활약을 하게 될 길몽이다.

◇ **다른 사람에게 손수건을 준 꿈**

성별에 따라 꿈의 의미가 달라진다. 남성이 여성에게 손수건을 선물하거나 준 꿈이었다면 그 여인과 이별을 하려고 결심하고 있다는 증거. 그러나 여성이 남성에게 손수건을 선물하거나 준 꿈이었다면 그 남성에게 자신의 순결을 바칠 결심을 하고 있다는 증거로 풀이한다.

◇ **신발장에 신발이 잘 정리되어 있는 꿈**

웃어른이나 형제, 직장 상사 등 주변 사람들에게 여러 가지의 도움을 받게 된다. 의도한 일은 그 도움으로 무난히 성사되고 신변에 경사가 겹친다.

◇ **구두가 낡고 닳아서 자주 벗겨진 꿈**

구두가 구멍이 나서 벗겨진 꿈도 같은 의미를 지닌다. 자신과 절친한 사람들, 특히 부인(남편)이나 친구, 애인과 불협화음이 커져서 헤어짐을 감수하게 된다. 상대가 자신의 기대에 미치지 못한다고 생각하기 때문에 이런 결과가 초래될 수도 있다.

◇ **실내용 슬리퍼를 신고 다닌 꿈**

현재의 애인이나 배우자 외의 사람에게 마음을 빼앗기고 그로 인해 분란이 일어날 징조. 꿈에서 실내 슬리퍼를 신고 다닌 사람이 자신이 아니라 애인이나 배우자였던 그 사람들에게 새로운 연인이 생겼다는 증거이다. 애정 싸움이 심각해질 흉조.

◇ 맘에 든 구두나 신발을 골라 신은 꿈
성적인 유혹을 받거나 성적 매력이 넘치는 이성을 만나 뜨거운 사랑을 속삭이게 될 것을 암시.

◇ 백사장이나 대로변에서 샌들을 신고 다닌 꿈
이제까지와 다른 새로운 일을 맡아 처리하거나 새로운 분야의 사업, 장사에 도전하게 될 징조이다. 혹은 회사를 그만두고 자영업을 시작하거나 판매직, 영업직으로 전업할 것을 암시.

◇ 누군가가 자신에게 커다란 손수건을 준 꿈
대형 타월을 선물 받은 꿈도 같은 의미를 지닌다. 중병에 걸려 병원 신세를 지거나 심한 경우 생명까지 잃을 위기에 직면한다.

◇ 손을 바늘에 찔린 꿈
애인에게 다른 사랑의 대상이 생겨서 실연의 상처를 입게 되고 친구의 배신으로 우정에 금이 갈 징조.

◇ 아름다운 그림이 그려진 발을 치고 있거나 구입한 꿈
여성적인 아름다움과 미모를 갖추고 더구나 성품이 온화한 여성을 아내로 맞아들이거나 그런 여성을 만나 첫눈에 사랑에 빠지게 된다.

◇ 수건이 자기 책상이나 소지품 등에 놓여 있는 꿈
자신의 사회적 직위와 명예, 재산을 시기하고 질투하는 사람에 의해 곤란한 입장에 놓일 흉조이다. 그 사람의 모함으로 근거 없는 구설수에 휘말리게 되고 직장에서도 모함을 일삼는 동료 직원의 방해로 신상에 불쾌한 일이 계속된다.

◇ **다른 사람에게 바늘이나 솜뭉치를 준 꿈**

이 꿈 역시 실연과 이별의 슬픔을 예시하는 흉몽이다. 애인이나 절친한 친구, 동료가 자신을 떠나 제3의 인물과 사랑에 빠질 징조. 예기치 않은 실연과 이별, 소외감을 홀로 달래게 된다.

◇ **모자를 선물 받거나 주운 꿈**

입신양명의 행운이 암시된 길몽이다. 직장이 없던 사람은 일자리를 구하고 고위직으로 승진할 기회도 주어진다. 사회적인 신분 상승의 기회가 다가오고 있다. 혹은 주된 사업이나 직업 외에 부업을 갖게 될 암시로도 풀이한다.

◇ **바늘에 실을 꿴 꿈**

치열한 경쟁을 뚫고 대학입시에 합격하거나 승진자 명단에 오를 길몽이다. 사업가라면 수주 경쟁에서 수위를 차지하여 큰 계약을 성사시키게 된다.

◇ **만년필이나 필기도구에 예쁜 꽃이 핀 꿈**

소설가나 시인, 시나리오 작가에게 있어서는 최고의 행운이 예시된 길몽이다. 세상에 자신의 작품이 널리 알려질 기회를 맞아서 유명 작가로 발돋움하게 된다.

◇ **하얀 종이에 뭔가 글씨를 쓴 꿈**

미혼 여성은 사랑하는 남성의 요구로 자신의 처녀성을 잃고 남성이라면 평소 사랑하던 여성과 은밀한 만남 끝에 깊은 관계를 맺게 됨을 암시하는 꿈이다. 흰 종이에 뭔가를 쓴 것은 순결을 잃을 것에 대한 상징적 의미라고 하겠다.

◇ **돗자리를 펴고 그 위에 앉거나 놀았던 꿈**

애정은 더욱 확고해지고 사랑하는 연인과 성적인 관계를 맺게 될 것을 암시. 혹은 그런 욕망을 갖고 있음을 나타낸다.

◇ **병풍이 펴지지 않은 채 포개어져 있는 꿈**

장사하는 사람, 상업 분야 종사자에게는 대길몽이다. 사람들로 문전성시를 이루며 날로 번창하여 큰돈을 벌어들인다.

◇ **돗자리를 만든 꿈**

타인의 일에 관여하여 그로 인한 영향을 받게 된다. 가까운 사람이 자신의 사랑싸움에 관한 일을 의논하거나 어떤 일에 의욕을 갖고 덤벼드는 사람의 노력에 감동받게 된다.

◇ **책장이나 책상에 책이 가지런히 꽂혀 있는 꿈**

실력자를 직장 상사나 자신의 스승, 선배로 만나서 자신의 사회적 발판을 구축하게 된다. 또한 그들의 배려와 신임으로 진급의 기회가 주어지고 승진가도를 달린다.

◇ **문방구에서 연필이나 볼펜 등의 필기도구를 산 꿈**

학생이 이런 꿈을 꾼 경우에는 학업성적이 날로 향상되어 타의 모범이 되고 회사원은 업무 능력을 인정받아 중견간부로 승진한다.

◇ **다른 사람에게 편지를 전해준 꿈**

뜻밖의 기회에 자신과 가깝게 지내는 동료 직원이나 친구의 비밀, 은밀한 과거를 알고 매우 충격을 받거나 실망하게 된다. 혹은 배우자의 과거사를 알고 심리적 혼란에 빠진다.

◇ **병풍이 펼쳐져 있는 꿈**

나이가 많은 가족 중의 누군가가 중병을 얻어 자리보전하게 될 징조.

◇ **빗자루로 먼지를 쓸어내며 청소한 꿈**

심덕이 곱고 재주가 많은 며느리를 맞아들이거나 유능한 사원을 채용하게 된다. 그로 인해 재물이 날로 늘어나고 회사의 실적도 증가한다.

◇ **집배원에게 편지를 받은 꿈**

감추고 싶었던 비밀이 탄로 나서 사회적으로 난처한 입장에 빠지거나 자신의 떳떳치 못한 과거가 주의에 발각되어 주변 사람들에게 비난을 받는다.

◇ **버스나 전철에서 옆 사람이 읽는 책이나 신문을 살짝살짝 엿본 꿈**

그저 막연하게 지냈던 친구나 이성과는 어떤 일을 계기로 서로의 마음을 털어놓고 매우 가까운 사이로 발전하게 된다. 또한 자신의 고민이나 비밀을 누군가에게 털어놓고 의논하게 될 것을 암시.

◇ 자기 앞으로 온 편지를 다른 사람이 대신 가져온 꿈

주변 친척이나 가까운 사람들과 불화가 심해질 흉몽. 또한 그 사람들로 인해 법률적으로 피해를 입거나 사기, 배신을 당할 징조.

◇ 편지를 다 쓰고 겉봉투를 붙인 꿈

성실한 노력과 치밀한 사업 전략으로 승부수를 띄워 마침내 성공의 기쁨을 누릴 길몽. 자신의 생각대로 매사에 진행될 것이다.

◇ 전공서적이나 교과서를 열심히 공부한 꿈

한 단계, 한 단계 차근차근 계획을 세워서 소원을 성취하게 될 암시. 대범하게 큰 사업을 벌이거나 새로운 분야로 뛰어들어 승부를 걸기보다는 다소 고지식하다고 할 정도로 자신의 분야에서 최선을 다한다면 다소 더디더라도 끝내 소망을 성취하게 된다.

◇ 국어사전이나 영어사전 등을 뒤적거리며 뭔가를 찾은 꿈

한참 자라날 청소년기에 성(性)에 대한 호기심이 증가해져 있음을 나타낸다. 성인이라면 자신의 애인에 대한 성적 욕망이 고조되었음을 의미한다. 성적인 뉘앙스가 다분한 꿈이다.

◇ 다른 사람에게 책을 받은 꿈

두뇌가 비상하고 재주가 많은 아이를 출산하게 될 태몽(胎夢)이다. 혹은 원고 청탁이나 부수입 증가로 생각 밖의 재물을 축적하게 된다.

◇ 내용이 뒤죽박죽되어 조잡스럽게 편집된 책을 읽은 꿈

계획에 차질이 생겨서 힘이 빠지게 된다. 앞날에 대한 자신의 설계가 현실적인 장애로 무용지물이 될 위기에 놓인다.

◇ **자신의 의자를 찾아가 앉은 꿈**
풀리지 않던 일이나 갈등에 휩싸였던 문제는 해결점을 찾아 원만히 수습된다. 그리고 의도한 대로 결정을 내릴 수 있을 것.

◇ **자기 의자를 찾지 못해 끝내 앉지 못한 꿈**
직업, 직장 변동을 꾀하고 있으나 현실은 뜻과 같지 않아 계속 심리적인 갈등만 커진다. 또한 사업상, 업무상의 결단을 내리지 못하고 갈팡질팡하게 된다.

◇ **다른 사람의 의자에 앉은 꿈**
직장을 옮기거나 직업을 바꾸게 될 암시. 아울러 경쟁자와의 싸움에서 능력을 인정받아 먼저 승진의 기회를 얻고 능력을 인정받는다.

◇ **검문소에서 신분증을 제출하고 신분 확인을 받은 꿈**
명문대학에 당당히 합격하여 명예를 떨치고 직장인은 출중한 능력을 발휘하여 진급이 빨라지고 핵심부서의 책임자로 발탁된다.

◇ **검문을 당했지만 신분증을 찾지 못해 허둥거린 꿈**
직무 능력이 뛰어나도 올바른 평가를 받기 어렵고 승진 명단에서 탈락되는 불운을 겪는다. 수험생이라면 시험운이 불리하며 낙방의 고배를 마실 확률이 높다.

◇ **화살로 뱀을 쏘아 쓰러뜨린 꿈**
국가 공무원으로 입신하여 가문의 명예를 떨치고 직장에서 탁월한 업무 실적을 인정받아 중견간부로 승진한다. 또 작가라면 대중에게 인기를 받으며 화제를 불러일으킬 작품을 발표하여 성공을 거둔다.

◇ **자신의 운전면허증을 교통경찰이 유심이 들여다보고 있는 꿈**
승부수를 띄워 놓고 초조하게 결과를 기다리고 있을 때 흔히 꾸는 꿈이다. 취직시험, 면접을 본 후 입사 통보를 기다리고 있다든지, 사업상의 허가를 신청한 후 결과를 기다리고 있을 때 갖는 심리적 불안이 반영되었다.

◇ **열쇠로 자물쇠를 연 꿈**
사귀고 있는 이성에 대해 점차 호감을 갖고 좀 더 밀착된 사이로 발전한다. 혹은 연인과 야외로 나가 은밀한 시간을 보낼 것을 암시.

◇ **삼각자로 뭔가를 그리거나 손가락을 끼워 돌린 꿈**
현재 사귀고 있는 애인과 좀 더 깊은 관계로 발전하고 청혼하여 마침내 결혼 승낙을 받는다.

◇ **자물통을 열고 안으로 들어간 꿈**
자신의 사랑에 대해 극도로 냉정했던 여성이나 남성의 마음을 녹여서 마침내 자신의 사람으로 만들게 된다. 미혼 남성은 특히 그 여성에게 결혼 승낙을 받고 혼례를 준비하게 된다.

◇ 다른 사람에게 그릇이나 냄비를 받은 꿈

포상금을 받거나 재산을 상속받아 거금을 통장에 넣고 윤택한 생활을 하게 된다. 아울러 자신으로 인해 마음고생을 했던 가족들이나 도움을 주던 사람들도 자신의 승진과 성공으로 적절한 보상을 받는다.

◇ 사냥용 활이나 총 등을 선물 받은 꿈

업무상 회사에 결정적인 도움을 줄 수 있는 기획안을 관철하여 중견간부로 승진되거나 능력을 인정받는다. 또한 유산상속이나 사업 성공으로 많은 돈을 벌어 들여 금전적 고민에서 벗어날 대길몽이다.

◇ 거울을 줍거나 선물 받은 꿈

결혼 생활이 한참 지나고도 자식이 없어 애를 태우던 사람이라면 귀한 자식을 얻어 집안 잔치를 벌이게 된다. 한편 정숙한 성품의 여성을 아내로 맞아 가정적인 안정을 갖게 될 것을 암시.

◇ 거울을 들여다본 꿈

출중한 자신의 능력이나 빼어난 외모를 다른 사람들에게 자랑하고 싶다는 어린 아이 같은 자만심이 드러난 꿈이다.

◇ 거울이 깨진 꿈

신상에 불길한 일이 겹칠 대흉몽이다. 부부 싸움이 심해지고 이혼, 별거의 위기에 이른다. 가족이 뿔뿔이 흩어져 살게 된다. 아울러 가족 중에 나이가 많은 사람이 중병을 앓아 병원에 입원하게 된다.

◇ 화살이 뚝 부러진 꿈

자신이 몸담고 있는 단체가 와해되거나 회사가 부도 위기에 몰려 직장을 알아 봐야 할 처지가 된다. 사업가라면 사업 파탄으로 큰 곤경에 처한다.

◇ 솥이나 냄비에 물을 넣고 끓인 꿈

TV스타로 떠올라 대중의 인기를 한 몸에 받게 되고 관료, 학자로 출세하여 입신양명하며 가문의 이름을 빛낸다. 아울러 이성에 대한 열정, 성적인 욕망이 고조되고 있음을 나타낸다.

◇ 매끈하게 잘 다듬어진 활, 화살을 선물 받은 꿈

주변 사람들의 지지와 신임을 받으며 새로운 장사나 사업에 뛰어들어 소득을 얻거나 해당부서에서 발군의 업무 능력을 인정받아 승승장구할 것을 암시. 특히 대학 강단에서나 전문분야에서 실력을 인정받는다.

◇ 기계가 돌아가다가 멈춘 꿈

기계가 돌아가는 꿈은 길몽이지만 멈춘 꿈은 흉몽이다. 자신의 눈부신 활약을 시샘하는 동료 직원의 방해나 주변 사람들, 동업자의 사기로 명예 훼손을 당하고 실직의 우려도 있다.

◇ 공장 기계들이 힘차게 가동되고 있는 꿈

꿈에서 공장 기계는 일반적으로 신체적 성장과 현실적인 일정의 바빠짐 등을 상징한다. 사춘기 학생들은 성숙한 성인의 몸매로 나날이 변화되어 간다. 여학생은 가슴과 골반이 커지고 남학생은 골격이 단단해지고 목소리가 굵어진다. 또한 내일을 위해 분주한 나날을 보낼 암시도 포함된다.

◇ **웃어른이나 다른 사람에게 선물 받은 활, 화살로 사냥한 꿈**
선배나 스승의 전폭적인 후원과 가르침으로 전공분야에서 일가견을 이루게 되고 전문 교육을 받거나 연수를 거쳐 전문가로 거듭나게 된다.

◇ **가마에 사람이 타지 않은 꿈**
대인관계로 인한 심리적 고통을 감수하게 된다. 한편 원대한 뜻을 품지만 이를 뒷받침해줄 사람이 없어서 계획이 좌절되거나 직장에서 업무 실적에 비해 이를 신임하고 인정해줄 상사를 만나지 못한다.

◇ **가마가 없어져버린 꿈**
판매 실적을 월등히 세우고 해당부서에서 최고의 책임자로 임명된다. 장사, 판촉, 판매의 면에서 최고의 행운과 길운이 따른다. 아울러 노력한 만큼 보상을 받는다.

◇ **가마를 타고 어딘가로 간 꿈**
근무지가 지방이나 해외로 변경되어 가족들과 떨어져 살게 될 예지몽이다. 한편 고위 관료로 출세하거나 유명 인사로 추대받게 될 암시로도 풀이한다.

◇ **예쁜 손거울을 선물 받은 꿈**
사랑의 밀어를 속삭일 이성을 만나거나 천생연분을 만날 길몽. 혹은 건강하고 외모가 준수한 아이를 출산하게 될 태몽이다.

◇ **집에 방을 하나 비워두고 깨끗하게 청소한 꿈**
귀한 손님이 찾아오거나 한동안 묵어갈 친척이 방문할 것을 암시. 혹은 하숙생을 집에 맞게 된다.

◇ **화장품이나 향수를 선물 받은 꿈**
자신만을 열렬히 사랑하고 아껴줄 사람을 만나 사랑에 빠질 길몽이다. 특히 남성이라면 헌신적이다 못해 광적일 정도로 자신을 쫓아다닐 여성의 구애를 받게 된다.

◇ **냄비나 솥단지가 금이 가거나 구멍이 난 꿈**
가족들에게 질병이 찾아와 병석에 누울 이가 나온다. 부모님이 노환을 앓고 있다면 회복되지 못하고 하직할 위험도 높다. 가정적으로 우환과 재산 피해가 예시된 꿈이다.

◇ **손목시계가 고장 난 꿈**
과중한 업무로 인해 심신이 지쳐 있음을 나타낸다. 혹은 자신의 고독하고 외로운 마음을 위로하고 이해해줄 윗사람, 친구가 없어서 심리적으로 고립되어 있음을 의미하는 심적몽이다.

◇ **추한 몰골의 여인이 머리를 대신 빗어준 꿈**
행실이 옳지 못한 여인과 떳떳하지 못한 사랑, 불륜에 빠져 명예를 훼손당할 흉몽이다. 혹은 신상에 불길한 일이 닥치고 건강이 악화될 징조이다.

◇ **신문을 꼼꼼히 읽고 있는 꿈**
모종의 행동을 주의하고 자신의 일상적인 실수를 재점검하라는 상징몽이다. 신문의 면에서 문화면을 읽었다면 교양을 좀 더 쌓아야 한다는 경고로, 어떤 인물의 동정란이라면 그 인물에서 연상되는 이미지와 관련된 대인관계에 주의하라는 의미이다. 경제면을 읽고 있었다면 지출과 수입에 있어서 좀 더 꼼꼼한 계획을 세워야 한다는 의미를 지닌다.

◇ **원고지에 뭐가 글을 쓴 꿈**

다른 사람에게 잘못을 하였거나 거짓말로 다른 사람을 속이고 있을 때 겪게 되는 양심적 괴로움이 표출된 심적몽이다.

◇ **얼굴을 씻고 단정하게 머리를 빗은 꿈**

등을 돌리고 미워하던 사람과 화해하고 헤어진 사람과 다시 만나 정을 나누게 된다. 풀리지 않던 사업은 다시 정상 궤도에 오르고 승진 케이스에 올라 명예를 떨친다.

◇ **커다랗고 투명한 구슬을 품에 안은 꿈**

금전운이 융통해지고 신분 상승이 암시되는 대길몽이다. 아울러 성실하고 재능이 많은 사람을 애인으로 두거나 친구로 사귀게 된다.

◇ **집 밖으로 세간이나 가구를 꺼낸 꿈**

가까운 친구나 가족 중에서 큰 사고를 당하거나 병을 앓아 생명을 잃는 이가 생긴다. 혹은 집안의 재산이 없어지고 우환이 따를 흉몽이다.

◇ **황금빛으로 된 빗을 받거나 주운 꿈**
복권당첨, 유산상속 등으로 큰 부자가 될 가능성이 높다. 금전운 융통의 대길몽이다. 한편 자신의 연인이나 배우자 외의 사람과 사랑을 나누며 외도 행각을 벌일 징조.

◇ **고급스러운 가구나 장롱으로 집안이 꽉 차 보인 꿈**
회사의 중견간부나 경영주의 눈에 띄어 초고속 승진을 하게 되고 사업상으로도 귀인의 도움을 받게 된다. 신상에 행운을 안겨줄 귀인 상봉의 길몽이다. 미혼자라면 평생을 함께 할 반려자를 만나게 된다.

◇ **종이에 글씨를 썼는데 글씨가 엉망으로 보인 꿈**
양심적이지 못한 성공이나 실적, 타인에 대한 속임수를 놓고 도덕적 갈등을 하고 있음을 나타낸다. 혹은 애인을 두고 다른 사람을 사귀고 있는 심리적 갈등이 표출된 꿈이다.

◇ **색종이를 가지고 뭔가를 만들거나 오린 꿈**
예기치 않은 돈이 들어와 금전 압박에서 벗어나고 가정 살림도 넉넉해진다. 또한 직장에서 자신의 출중한 능력과 독창적인 아이디어로 크게 신임을 받고 중견 간부로 승진 기회를 맞이한다.

◇ **집안의 낡은 가구를 새 가구로 바꾼 꿈**
미혼 남녀라면 백년가약을 맺을 반려자를 만나 혼례를 올리게 된다. 혹은 집안에 모종의 변화와 가족의 변동이 생길 것을 암시.

◇ **물레방아가 돌고 있는 꿈**
여성은 흉몽이지만 남성은 길몽이다. 여성은 정조를 잃고 불륜으로 구설수에 오르거나 근거 없는 소문의 주인공이 되어 풍파가 심하고 남성이라면 자신을 아끼고 사랑해줄 여인을 만나 심리적 안정을 찾는다.

◇ **국회의원이나 대통령, 작가 등 유명인사의 명함을 받은 꿈**
복권에 당첨되거나 귀인 상봉의 대길몽이다. 귀인의 도움으로 직장 내 위치가 높아지고 생활형편도 좋아진다. 사회적인 명예를 얻어 신분이 상승된다.

◇ **가방에 소지품이나 어떤 물건을 넣은 꿈**
짝사랑으로 마음고생을 하던 사람이라면 이제 상대의 애정을 확인하고 마침내 열렬한 사랑을 나누게 된다.

◇ **편지 글씨나 노트 글씨가 어린 아이 글씨처럼 엉망으로 보인 꿈**
자신의 직업, 직장에 대한 불만이 커지고 생활에 권태로움을 느끼고 있다는 의미. 또한 가족이나 절친한 친구, 동료 중에서 불의의 사고로 목숨을 잃는 사람이 생긴다.

◇ **대통령이나 기타 신분이 높은 사람에게 선물을 받은 꿈**
고위 간부직이나 국가 공무원으로 승진, 발탁되어 이름을 만방에 떨치며 귀인의 도움으로 사업상, 일신상의 난관을 극복하게 될 길몽이다. 여성이 이런 종류의 꿈을 꾸면 입신출세 외에 배필을 만나게 될 예시로도 풀이한다.

◇ **포장된 도자기나 항아리를 풀어 밖으로 꺼내둔 꿈**
애정운이 활짝 열려서 사귀는 이성으로부터 프로포즈를 받게 되고 현재 만나는 이성과 결혼을 약속하게 된다.

◇ **가보로 전해온 물건을 도난당한 꿈**

고위 관료라면 구설수에 올라 직위를 잃거나 명예퇴직을 강요받고 직장에서도 정리해고 대상으로 지목되어 실직자로 전락한다. 사업은 불황의 터널에 빠지고 가정 살림도 쪼들릴 흉몽이다.

◇ **톱이나 정원수용 톱날가위를 사온 꿈**

그런 도구를 길에서 주운 꿈도 같은 의미를 지닌다. 주변에서 신임을 잃거나 구설수에 올라 사회적으로 점점 곤란한 입장에 빠지고 자신의 마음을 털어 놓을 사람, 자신을 이해해줄 사람 하나 없어 고독한 입장에 처한다.

◇ **혼자 앉아 담배를 피운 꿈**

현재는 고통스럽고 슬픔이 크지만 자신의 인내와 용기로 시련을 견뎌 나가게 된다. 미래에는 그 수고의 대가를 받게 되며 성공을 향해 앞만 보고 전력 질주한다. 스스로를 추스르고 희망을 가다듬어 의지를 실현시킬 길몽이며 예지몽이다.

◇ **특별한 지명을 외거나 지도에서 한 지점을 가리킨 꿈**

직장 변동이나 거주지 변동이 암시되는 예지몽이다. 꿈에 보인 특정 장소와 관련된 곳으로 옮기거나 그 이름에서 연상되는 곳의 직장으로 옮겨가게 될 것.

◇ **우아한 드레스를 입고 피아노를 연주한 꿈**

대인관계에서 오는 스트레스나 소외감이 매우 커져 있음을 나타내는 심적몽이다. 피아노를 손가락으로 힘껏 두드리는 것은 불만스런 자신의 심정을 털어놓고 싶다는 것. 상징몽의 일종으로도 풀이한다.

◇ **주사 맞은 꿈**
되풀이되는 일상생활로부터 벗어나 좀 더 신나고 새로운 일을 하고 싶다는 마음이 드러난 꿈이다. 충격적이거나 모험 가득한 일을 해보고 싶다는 호기심이 주사 맞는 꿈으로 상징화되었다.

◇ **멋진 장소나 풍경을 카메라에 담은 꿈**
사진 찍는 꿈은 상대방으로부터 점 찍힐 것을 암시. 즉 결혼해달라고 프로포즈를 받게 될 예지몽이다. 사랑에 관한 진전과 계획, 행복이 예시된 꿈이다.

◇ **부엌에서 그릇을 깨뜨린 꿈**
집안에 우환이 따르고 가장의 실직, 변고가 우려되는 흉몽이다. 혹은 모함을 받거나 장애로 구설수에 올라 계획이 중도 좌절된다.

◇ **인형을 들고 있거나 인형을 선물 받은 꿈**
고급 관료로 일하던 사람은 주변 사람들의 모함을 받아 직장을 잃거나 명예를 잃고 좌천된다. 실직자로 전락하거나 사업이 부도날 징조.

◇ **가사용 가위나 식용 가위로 뭔가를 한 꿈**
집안에 가위가 있는 꿈도 같다. 뜻밖의 일로 포상금을 받거나 유산을 상속받아 경제적으로 부유한 삶을 누릴 것을 암시.

◇ **자기 방을 정리정돈하고 깨끗하게 청소한 꿈**
이상형의 이성을 만날 절호의 기회를 맞이한다. 또는 이상형의 연인을 만나서 결혼에 성공하여 집안에 새로운 사람을 들이게 된다. 새로운 사람이란 자신의 배우자를 의미한다.

◇ **투명한 유리병이나 음료수병을 들고 있던 꿈**

건강이 회복되어 병석을 훌훌 털고 일어서게 되며 무병장수하여 복된 나날을 보내게 된다. 일상의 행복과 건강한 노년을 암시한다.

◇ **시원하게 뻗은 도로에서 자전거를 타고 싱싱 달린 꿈**

완전한 역몽(逆夢)이다. 사업이 막히거나 현실적인 고민, 장애가 많아 인생에 회의를 느끼고 몹시 힘들어할 때 이런 종류의 꿈을 주로 꾼다. 막힘없이 앞을 향해 그저 질주하고 싶다는 심리가 반영된 꿈이다.

◇ **비누칠을 하거나 비누로 거품을 낸 꿈**

자신의 몰래 데이트나 연인 외의 사랑 놀음이 발각되어 몹시 난처한 입장에 놓인다. 특히 밀회 현장을 제3자에게 들켜서 사회적 창피는 물론 명예도 훼손당할 수 있다.

◇ **비석을 세우거나 비문을 읽은 꿈**

질병이나 사고로 배우자를 잃고 독수공방하게 될 예지몽이자 대흉몽이라 할 수 있다. 하지만 적당한 재혼처가 생겨서 자신의 외로움을 위로 받게 된다.

◇ 배나 버스가 하늘을 날아다닌 꿈

소원 성취와 행운 겸비의 대길몽이다. 하는 일마다 성공을 거두고 인정을 받아 삶의 희열이 커진다. 그 기쁨이 하늘을 날아다니는 배나 버스로 표현된 것이다. 원하던 물건, 고가의 장식품을 얻게 되고 가고 싶던 곳으로 여행갈 기회가 주어진다.

◇ 배를 타고 가서 항구에 도착한 꿈

단체나 조직의 리더로서 많은 사람을 수하에 두고 지휘, 명령하게 될 길몽이다. 또한 사회적으로 유명인사 대열에 올라 언론이나 사회적 현상을 좌우하게 된다.

◇ 다리 위에서 손을 흔들며 다른 사람을 부른 꿈

복잡하게 엉켜 있던 문제나 자금난을 일거에 해결해줄 귀인이나 후원자를 만날 길몽이다. 그 사람의 도움으로 자신의 일은 무사히 성사시킬 수 있다. 그러나 다리는 통상적으로 꿈에서는 이승과 저승의 경계선을 나타내기 때문에 일상생활 자체에서 주의를 하지 않으면 안 된다. 특히 건강에 주의할 것.

◇ 다리를 건설하거나 증개축을 한 꿈

사이가 벌어진 두 연인 사이라면 이 꿈을 계기로 사랑의 끈이 다시 연결되고 풀리지 않던 일이나 사업은 주변 여건의 도움으로 큰 이득을 남기게 된다.

제7장

행위·사고·신체에 관한 꿈

신체에 관련된 꿈 중에서 빈번하게 등장하는 것은 치아에 관련된 꿈이다. 흔히 치아는 가족을 상징하기 때문에 치아가 빠지거나 흔들리는 꿈은 흉몽으로 여겨진다. 그러나 또 다른 의미로는 막혔던 문제의 해결 등으로도 풀이된다.

◇ 여러 사람들과 반갑게 악수를 한 꿈

악수를 한 상대의 손이 따뜻했다면 길몽(吉夢)으로서 주변 사람들의 격려와 도움을 받게 된다. 그러나 악수한 손이 차갑게 느껴졌다면 직장 동료나 친구, 주변 사람들에게 무시를 당하거나 견제를 받게 된다.

◇ 자신이 함정이나 흙구덩이에 빠져서 허둥거린 꿈

건강에 이상이 생길 흉몽이다. 혹은 타인의 모함이나 중상모략으로 신상에 좋지 않은 일이 생기고 명예를 잃게 될 수도 있으니 주의를 요한다.

◇ 몹시 들뜨고 기쁜 마음에 즐거워한 꿈

실제로도 기쁘고 즐거운 일이 발생한다. 오래 전의 친구나 스승을 만나 저녁을 얻어먹거나 복권 당첨 등의 기쁨이 따른다.

◇ 어떤 여성이 호탕하게 웃었던 꿈

성적인 욕망이 고조되고 있음을 드러낸 꿈이다. 한편으로는 불길한 일이 발생할 흉조(凶兆)로도 풀이된다.

◇ 밧줄이나 새끼줄을 끊은 꿈

계획이 취소되거나 약속이 변경, 취소된다. 사업상의 계약도 성사 직전에 어긋나게 될 암시. 데이트 약속을 기다리던 사람이라면 실망이 클 듯하다.

◇ 밧줄이나 새끼줄에 자신의 몸이 묶였던 꿈

어떤 단체나 조직의 일원으로 소속되고 싶다는 심리를 드러낸 꿈이다. 한편 사랑하는 애인이 자신을 좀 더 강력하게 구속해주기를 바라는 심리. 실업자라면 빨리 취직하여 사회인이 되기를 바라는 심리가 나타나 있다.

◇ **상자나 어떤 궤짝, 가구에 갇혀서 빠져 나오려고 안간힘을 쓴 꿈**

불륜 관계의 이성과 만나 열렬한 정사(情事)를 벌이게 된다. 혹은 심리적인 갈등으로부터 벗어나려고 발버둥치고 있는 현실의 모습을 드러낸 심적몽으로도 풀이한다.

◇ **낯선 사람에게 쫓겨 도망친 꿈**

오래 사랑해온 사람이나 믿었던 친구, 형제, 동료에게 배신당하게 된다. 또한 오랜 시간동안 정성을 들이며 준비해온 계획이나 일이 무산되어 심리적으로 위축되어 있을 때도 이런 꿈을 꾼다.

◇ **손뼉을 치면서 즐겁게 노래를 부른 꿈**

대흉몽이므로 주의를 요한다. 큰 병을 얻어 병원에 입원하거나 도박, 사기로 인해 재산을 몽땅 날리고 거리로 나앉게 된다.

◇ 구멍에 빠져서 나오려고 했지만 끝내 나오지 못한 꿈

꿈과 반대로 의미상으로는 길조(吉兆)에 해당한다. 대중들에게 폭발적인 인기를 얻는 스타로 급부상하거나 대중작가로서 입신양명하게 된다. 한편 위기에 빠진 자신의 마음을 나타낸 단순한 심적몽일 확률도 높다.

◇ 땀을 흘리며 일을 하거나 땀을 많이 흘려 민망한 꿈

신체적으로 허약해질 암시. 한편 자신의 업무적인 역량이나 지식에 대해 자신감이 결여되어 있어서 매사에 부담감이 크다는 것을 상징적으로 나타낸 꿈이기도 하다.

◇ 험상궂은 표정의 사람에 쫓기면서 어두운 곳에서 도망 다닌 꿈

마음껏 놀고 즐기고 싶지만 현실의 여건이 허락하지 않을 때에 꾸는 꿈이다. 아울러 사회적으로 출세하려는 욕망이 강한 사람이 자주 꾸는 꿈 중의 하나이다.

◇ 사회적으로 성공하거나 출세한 사람을 부러운 마음으로 바라본 꿈

이러한 꿈은 경쟁 업체로부터 심각한 타격을 받게 되며 직장 동료들보다 승진이 늦어지거나 윗사람의 신임을 덜 받아 심리적인 압박감에 시달릴 흉몽이다. 패배감과 좌절감이 상징적으로 드러난 심적몽이라 할 수 있다.

◇ 누군가가 그림을 그린 후 자신에게 선물한 꿈

사업상이나 업무적인 일로 제3자를 소개받거나 자신을 소개할 일이 생긴다. 한편 부하 직원이나 후배들에게 모종의 지시를 내리거나 시범을 보일 일이 생긴다.

◇ **누군가가 자신을 괴롭히거나 시비를 걸어온 꿈**

자신의 숨겨진 비밀이나 잘못이 타인들에게 발각되거나 노출되어 난처한 입장에 처하게 되며 자기 잘못을 뉘우치고 있다는 심리적 의미도 표출되어 있다.

◇ **누군가와 격론을 벌이거나 말다툼을 한 꿈**

집안에 불화가 생기고 부모님이나 배우자 간의 반목, 이혼 소동으로 한바탕 갈등을 일으킬 암시. 형제나 자매끼리도 사이가 벌어질 수 있으니 주의를 요한다.

◇ **자기 집이 가난해져서 끼니조차 해결하기 어려웠던 꿈**

역몽(逆夢)으로서 춥고 배고픈 이웃을 자신이 돕고 위로하게 된다. 아울러 고아원이나 양로원 등의 사회기관에 자원봉사나 금전적 후원을 하게 된다.

◇ **널리 알려진 연예인이나 저명한 인사와 나란히 서 있는 꿈**

유명 인사나 사회적으로 능력을 인정받는 사람을 우연한 기회에 만나서 자신의 장래를 도움 받게 된다. 더구나 그 사람은 자신에게 정신적인 지주가 되어 이제까지와는 다른 삶을 살게 하는 결정적 계기가 되어 줄 것이다.

◇ **갑자기 미쳐버렸거나 미친 사람이 되어서 주의 사람들이 자신을 피한 꿈**

속박된 현실이나 업무, 사업에서 탈피하여 좀 더 즐겁고 자유로운 시간을 보낼 길몽이다. 침체된 현실을 벗어나 새롭고 흥미진진한 일을 하고 낯선 사람들과 만나서 활기찬 생활을 할 암시.

◇ **누군가에게 자신의 행동을 용서해달라고 빌었던 꿈**

사교적인 성격으로 대인관계가 원만해지며 이로 인해 현실적인 도움을 줄 수 있는 사회 선배나 스승, 직장 상사의 신임을 받아 출세를 하게 됨을 암시한다.

◇ **처음 만난 사람과 하룻밤을 함께 지낸 꿈**

직장 동료가 경쟁상대가 되어 한동안 서로를 탐색하며 긴장된 생활을 하게 되고 사업상으로도 중대한 경쟁 업체가 생겨서 사운을 걸고 상대 업체의 기술을 탐색, 추적하게 된다.

◇ **유명한 사람이나 신분이 높은 사람과 오랫동안 서로 깊은 대화를 나눈 꿈**

동업자를 만나 사업은 번창하게 되고 직장인은 능력을 인정받아 승진 케이스에 오른다. 작가라면 이목을 집중시킬 작품을 출간하게 되며 미혼 남녀라면 이상형의 연인을 만나 열렬한 사랑에 빠진다.

◇ **외국 사람을 만나 대화를 하는데 전혀 말을 알아듣지 못한 꿈**

사회적, 현실적인 꿈과 욕망이 실현되지 않을 때에 이런 꿈을 자주 꾸게 된다. 사업가라면 자금난, 생산 차질 등으로 부도 위기에 처하고 직장에서는 자신의 입지가 점차 불안정해진다.

◇ **외국인과 유창하게 대화한 꿈**

현실적으로 소원과 계획이 순조롭게 성취되며 욕망이 실현된다. 한편 신체적으로 청소년기에서 성인의 성숙한 체형으로 변화를 겪고 있을 때에도 이런 종류의 꿈을 꾼다. 여자는 가슴과 엉덩이가 커지며 남자는 가슴이 넓어지고 허리 근육이 발달하게 된다.

◇ 유명 연예인이나 철학자·평소 존경하던 위인에게 초대받은 꿈

신상에 불길한 일이 생겼을 때 이를 해결하고 도와줄 귀인을 만날 행운몽이다. 귀인의 도움으로 장래의 계획을 다시 세울 수 있을 것이다.

◇ 능력 있고 유능한 영업사원이 된 꿈

현실적으로 자신의 능력과 끈기를 입증 받을 기회를 얻는다. 아울러 사업상으로는 끈질긴 시도와 인내로 계약을 성사시킨다.

◇ 대통령이나 방송 연예인, 유명한 인사와 함께 길을 걷는 꿈

특별한 인물로 인정받고 싶은 심리가 드러난 꿈이다. 혹은 현실적으로 입신양명하여 뭇사람들의 시선을 집중시킬 예지몽.

◇ 앞만 꿋꿋이 보며 길을 걸었던 꿈

계획한 일들이 순차적으로 성사되고 목표를 달성할 수 있을 것이다. 특히 자신의 굳은 의지에 감동하여 자신을 돕고 격려해줄 귀인을 만나게 된다.

◇ 여기저기 여러 갈래로 나뉜 길이나 여러 곳의 길을 걸었던 꿈

마음을 터놓고 의논하고 싶지만 의논 상대가 없어서 고독함을 느낄 암시. 양단간에 결론을 내리고 해결해야 할 문제가 있지만 어떻게 해야 할지 혼자 고민하다가 포기하고 만다.

◇ 걷다가 자세를 바꿔 힘차게 뛰어간 꿈

성적으로 몹시 흥분되었음을 나타낸다. 혹은 현재 계획하고 있는 일로 인해 마음이 몹시 들떠 있음을 나타낸다. 어쨌든 장래의 희망과 발전이 예시된 길몽(吉夢)이자 예지몽으로 분류할 수 있다.

◇ **오랫동안 원한 맺혀 있던 사람에게 복수를 한 꿈**
법률적인 소송이나 큰 사건에 엉뚱하게 휘말려들어 심신이 위태로워지지만 정당방위로 인정되어 죽음을 모면하게 된다.

◇ **흉측한 외모의 사람과 이야기하면서 두려움을 느낀 꿈**
지금 계획하고 있는 일들은 뜻밖의 장애로 연기되거나 취소될 처지에 놓인다. 일신상으로도 뭔가가 풀리지 않고 답답하여 짜증을 느낀다.

◇ **서로 목소리를 높이면서 말다툼을 벌인 꿈**
자신은 억울하게 생각하겠지만 가족이나 직장 상사로부터 좋지 않은 소리나 충고를 받을 암시.

◇ **버스 운전기사나 택시, 자가용 등의 운전기사와 이런저런 얘기를 하며 공감을 한 꿈**
출세를 도와줄 귀인과 협력자를 만나 앞날을 보장받게 된다. 행운과 소망 성취의 꿈이다.

◇ **누군가가 자신에게 몹시 화를 내서 참다못해 싸운 꿈**
그동안 직장 상사로 부터 마음의 상처를 받거나 업무상으로 질책을 받아 심리적으로 저조해 있을 때 자신을 위로해줄 연인이나 친구를 만나게 된다.

◇ **큰 강당 안이나 대저택의 넓은 뜰에서 이야기를 나눈 꿈**
주변 사람들에게 밝혀지기 쉬운 비밀이나 잘못을 지니고 있어서 마음 속으로 불안함과 초조함이 고조되고 있다는 의미.

◇ **자기 아내와 나란히 앉아 얘기를 한 꿈**
아내의 전폭적인 내조와 이해로 자신의 사회적 출세가 순조롭고 가정이 화목해진다.

◇ **자기 아내와 함께 길을 걸은 꿈**
아내에게 좋지 않은 일이 생길 암시. 특히 부인의 건강에 문제가 생기거나 집안의 재산이 손실될 우려가 크다.

◇ **학생시절로 돌아가 교실에 앉아 열심히 공부한 꿈**
사회적인 규칙이나 질서, 법률을 어겨서 처벌을 받게 될 암시. 혹은 양심에 꺼려지는 행동이나 일을 하여 심리적으로 괴로워하고 있음을 나타낸다.

◇ **공사판의 노동자로서 열심히 일한 꿈**
꿈에서의 육체노동은 성적인 욕망이나 행위를 나타낸다. 따라서 육체적인 노동이 고단했을수록 성적으로 에너지가 넘쳤다는 의미. 부부 관계가 원만해진다.

◇ **운전기사나 운전하는 사람과 말다툼을 벌인 꿈**

동업자나 자신을 돕던 사람에게 배신을 당하거나 사기를 당하게 된다. 귀인이 원수로 돌변할 흉몽이다.

◇ **부부끼리 다정하게 웃으면서 이런저런 얘기를 한 꿈**

완전히 역몽(逆夢)이다. 조만간 부부 싸움을 하게 되고 별거, 이혼의 얘기가 오갈 흉조. 부부 사이에 불륜과 외도 등의 비밀이 들통 난다.

◇ **거적이나 돗자리를 깔고 앉아 사람들과 얘기를 나눈 꿈**

재산 분배나 유산 상속 문제로 가족, 형제, 친척끼리 큰 싸움을 벌이고 주먹다짐을 하게 된다. 분쟁과 불화의 암시.

◇ **자신이 싫어하는 사람을 매일 만나 이야기하게 되었던 꿈**

연인과 결별하여 사랑의 상처를 달래게 된다. 한편 신상에 질환이 따르거나 주변 사람 중의 누군가가 병을 앓게 될 징조.

◇ **어둠속에서 누군가에게 맞거나 봉변을 당한 꿈**

이 꿈은 길몽이다. 보이지 않는 곳에서 자신을 돕고 후원해 주는 사람이 있어서 사회생활을 하기가 수월해지고 장래가 촉망되는 사람으로 평가받게 된다.

◇ **비구니들만 사는 절로 거주지를 옮긴 꿈**

가정에 우환이 생기거나 신상에 불길한 일이 발생할 징조이다.

◇ **숲 속의 오솔길을 한가하게 산책한 꿈**

여유와 웃음이 넘치는 생활을 누릴 길몽 중의 길몽이다. 통장의 잔고는 날로 늘어나고 가정은 화목하다.

◇ **무슨 일인지는 모르겠으나 뭔가를 열심히 수행하거나 작업을 한 꿈**
직장에서 승진이 늦어지고 있거나 동료 직원보다 뒤처지고 있다고 생각하여 마음속으로 상당한 압박감을 갖고 있을 때 이런 꿈을 꾸거나, 경제적으로 남보다 빨리 부자가 되고 싶을 때에도 이런 꿈을 꿀 수 있다.

◇ **넓고 반듯하게 닦인 길을 걸어간 꿈**
인덕과 능력을 인정받아 저명인사로 추대 받으며 부귀영화를 누린다. 출세가 순조롭고 가정은 화목함을 유지한다.

◇ **탐스런 열매가 달린 과일나무 사이를 걸어 다닌 꿈**
행운이 겸전할 길몽이다. 계획한 일은 그간의 노력을 바탕으로 좋은 성과를 보이며 사회적으로 입신출세하여 삶의 보람을 만끽한다.

◇ **좁고 굽이가 져서 험해 보이는 길을 걸은 꿈**
운세가 쇠퇴기에 접어들어 심신의 피로가 가중되고 사기나 도박으로 재산을 잃고 가족들이 뿔뿔이 흩어질 흉몽이다.

◇ **시간제로 부업을 하거나 아르바이트를 한 꿈**
배우자 외의 애인을 사귀거나 현재 만나고 있는 연인 외에 또 다른 이성을 사귀게 될 암시.

◇ **좁고 초라해 보이는 집으로 이사 간 꿈**
운세가 불리해지고 심리적으로도 위축감이 커진다.

◇ 공부에 싫증을 느끼거나 짜증이 난 꿈
현재의 업무나 직장에 극도로 불만이 쌓여 있음을 나타낸다. 즉 일상생활로부터 탈출하고 싶다는 심리적 소망이 담긴 꿈이다.

◇ 고향이나 오래 살던 집을 떠나 도시로 이사 간 꿈
그간 미뤄온 일을 과감하게 시도하거나 추진하여 좋은 결과를 얻게 된다. 모험과 도전의 암시가 강한 꿈이다.

◇ 유리창이 깨지거나 거울, 유리그릇을 깨뜨린 꿈
업무상의 실책을 저질러서 직장에서의 위치가 불안정해지고 사업 부진으로 가정생활에 불만과 불화가 싹틀 흉몽.

◇ 고향땅이나 고향집에 돌아간 꿈
괴로운 현실을 떠나 휴식처를 찾고 싶다는 마음속의 염원이 나타난 꿈이라 할 수 있다. 현실을 유보하고 싶다는 심리적 도피의 꿈으로 풀이된다.

◇ 병에 걸려 심란한 마음으로 하루하루를 보낸 꿈
병을 앓고 있는 환자가 이 꿈을 꾸었다면 조만간 쾌차하여 건강한 생활을 하게 되고 진로 문제나 직장 문제로 마음의 결정을 내리지 못하거나 고민이 있었다면 곧 좋은 소식을 듣게 된다.

◇ 누군가에게 따귀를 맞거나 구타를 당한 꿈
열렬한 구애를 받거나 청혼을 받는다. 얻어맞는 꿈은 애정 공세를 받는 것에 대한 상징적 암시. 자신을 진심으로 아껴줄 연인, 친구, 귀인을 만난다.

◇ 이사를 하거나 이사를 간 꿈

직장이나 직업상의 변동이 생기며 대인관계에도 일정한 변화가 따른다. 혹은 실제로 삶의 터전을 옮기게 될지도 모른다.

◇ 남자가 여승이 된 꿈

사업은 침체되고 건강이 악화된다. 특히 남성에게 불리한 일이 발생할 수 있다.

◇ 대저택이나 호화스런 별장으로 이사 간 꿈

승진의 기회가 오고 계획한 일들은 순조롭게 성사된다. 운세가 상승기에 접어들어 삶의 활력이 넘친다.

◇ 누군가의 일을 도와서 그 일이 잘 성사된 꿈

경쟁관계의 동료 직원이나 친구, 상대 업체를 도와줄 상황이 벌어진다. 마음속으로는 질투와 시기심으로 내키지 않지만 겉으로 호의를 베풀어야 한다.

◇ **문을 부수고 들어가거나 벽을 무너뜨린 꿈**

난관을 극복하고 소기의 목적을 달성하게 된다. 특히 대학입시나 취직 시험을 준비하고 있다면 좋은 결과를 얻게 될 것이다.

◇ **누군가에게 심한 꾸지람을 듣는 꿈**

역몽(逆夢)으로서 즐거운 일이 겹친다. 잔칫집에 초대를 받거나 고상한 선물을 받을 징조. 칭찬과 축하의 말을 듣게 될 것.

◇ **자신이 궁궐이나 궁전에서 살면서 왕족의 신분이었던 꿈**

복권당첨 등의 횡재수가 따르며 뜻밖의 기쁜 일이 발생한다. 직장인은 승진 케이스에 오르고 미래의 발전 가능성이 높아진다.

◇ **졸업식에 참석하거나 졸업식이 진행되는 꿈**

승진의 꿈은 좌절되고 명예퇴직이나 정리해고의 위기에 처한다. 그러나 학식과 사회적 경륜을 쌓는다는 암시도 있어서 길흉(吉凶)이 교차되는 꿈이다.

◇ **누군가가 자신에게 정중한 태도로 인사를 한 꿈**

사회적으로 출세하고 인정받고 싶은 잠재적 욕구가 드러난 꿈이다. 리더로 활약하며 뭇사람들을 지도하고 통솔하고자 하는 소망이 꿈으로 표출되었다.

◇ **맹인이었던 사람이 갑자기 눈을 떠서 사방을 바라볼 수 있었던 꿈**

기적이 일어나서 이목을 집중시키게 된다. 핵심부서의 책임자로서 이름을 떨치게 되고 막혔던 운세가 풀려서 사업이나 직장의 일들이 모두 순조롭게 풀린다.

◇ **위험한 상황에 맞닥뜨린 꿈**

앞날에 대한 계획이나 포부가 물거품으로 돌아갈 징조이며 좌절감에 빠져 심란한 생활을 하게 된다.

◇ **강도에게 협박당한 꿈**

금전적으로 쪼들리거나 위기에 빠진다. 특히 사업가라면 공장의 물품 생산과 수금액에 차질이 생기고 어음 부도로 자금난을 겪을 흉조.

◇ **양단간의 결정을 내리지 못하고 진퇴양난의 상황에 처한 꿈**

자신의 본능이나 욕망과 도덕적 법규, 양심이 대치되어 심리적으로 몹시 갈등하고 있음을 드러내주는 심적몽이다.

◇ **꿈에서 꿈을 꾸었던 꿈**

자신을 객관적으로 바라보게 되고 자신에 대한 사회적 평가를 공정한 시선으로 관찰하게 된다. 또한 자신과 관련된 일들일지라도 타인의 일인 것처럼 무덤덤하게 관조할 수 있을 것.

◇ **집안 구석구석까지 깨끗하게 청소한 꿈**

엄청난 행운이 예시된 대길몽(大吉夢)이다. 유산 상속이나 복권 당첨, 부동산 가격 상승으로 생각 밖의 목돈을 만지게 되고 오랫동안 꿈꿔온 소망을 성취할 수 있을 것.

◇ **입학식이 거행되거나 자신이 입학식에 참석한 꿈**

취업시험이나 면접에 통과되어 직장에 다니게 되고 미혼남녀라면 연인을 만나 결혼을 얘기하게 된다. 사업운도 길하고 일신상으로 행운이 따른다.

◇ 자신이 실수를 저지른 꿈
직장에서는 획기적인 아이디어를 내거나 독창적인 업무 처리를 하여 주변 사람들에게 칭찬을 받고 자신의 숨은 능력을 재 평가받게 된다.

◇ 잠을 잔 꿈
욕망의 결여나 도전 의식의 부재(不在)를 나타낸다. 좀 더 강렬하고 활기찬 생(生)의 의지를 되찾을 필요성이 있다. 우울증환자라면 주의를 요한다.

◇ 낯선 타인으로부터 모종의 도움이나 협력을 받은 꿈
고생스런 현실을 의논하고 이해를 받을 친구나 애인이 생길 징조. 그 사람들의 위로로 현실적인 고난을 이겨나갈 수 있을 것이다.

◇ 너무나도 화가 나서 참지 못하고 소리를 지르고 날뛴 꿈
사회적으로 입신출세하고 직장인은 능력을 인정받게 된다. 특히 직장 상사나 주변 사람들에게 자신의 특이한 능력을 인정받고 칭찬을 듣게 된다. 아울러 뜻이 맞는 친구나 동료가 생길 전망.

◇ 이불이나 침대 시트를 걷었는데 그 안에서 보석이나 보물이 나온 꿈
그간의 노력과 수고에 대하여 응분의 보상이 주어진다. 재산이 날로 늘어 통장의 잔고는 갈수록 높아지고 복권 당첨이나 주식투자로 인한 이익 등, 횡재수가 따른다.

◇ 안마사에게 안마를 받은 꿈
원만한 대인관계를 유지하면서 모든 사람들, 직장 동료와 상사에게 주목을 받고 싶지만 뜻대로 되지 않아서 열등감에 사로잡혀 있음을 나타낸다. 하지만 그런 스스로에게서 벗어나려고 노력하고 있다.

◇ 수염을 깨끗하게 면도한 꿈
자신이 가진 권위나 돈으로 타인의 어려움을 해결하게 된다. 어려운 이웃에게 소금 같은 사람이 되어줄 것. 그로 인해 명예를 얻는다.

◇ 흰 가운을 입은 의사가 등장한 꿈
사회적 관습이나 편견, 부모님의 일방적 설교에 반항하고 그 부조리함을 되씹고 있을 때에 이런 꿈을 자주 꾸게 된다.

◇ 여러 사람들과 동그랗게 둘러 앉아 화투나 도박 등을 한 꿈
주변 사람들에게 속임을 다하거나 배신을 당할 가능성이 높다. 특히 사업가라면 동업자나 거래처의 배신, 사기에 조심할 것.

◇ 화투나 카드 등에서 도박을 해 돈을 딴 꿈
애인이나 친한 친구, 형제와 자매 등에서 배신을 당할 흉몽이다. 결혼 약속은 파탄 나고 신상에 예기치 않은 불길한 일이 찾아온다.

◇ 자신의 아내와 자식들이 서럽게 울었던 꿈
남한테 빚보증을 잘못 서주어 재산을 탕진하게 되고 사업은 날로 기울어져 간다. 모든 일이 뜻과 같지 않음을 의미한다. 운세의 쇠퇴를 암시한 꿈이다.

◇ 누군가를 향해 거수경례를 한 꿈
사회적인 위치가 안정되고 직장에서의 신임도 높아진다. 앞날에 대한 희망과 기대를 걸어도 좋은 길몽이다.

◇ **하늘 높이 떠 있는 달을 향해 절을 한 꿈**

수험생은 시험에 합격하여 가문의 명예를 떨치고 사업가는 큰 계약을 성사시켜 회사를 기사회생시킨다.

◇ **경보음이나 비상 사이렌 소리가 요란스럽게 들렸던 꿈**

해결할 문제나 계획한 일이 뜻대로 되지 않아 마음속으로 커다란 불안, 좌절감, 공포감을 느끼고 있을 때 흔히 꾸는 꿈이다.

◇ **앞을 볼 수 없던 맹인이 시각을 되찾아 앞을 보게 된 꿈**

불가능하던 일들이 뜻밖의 찬스와 주변의 도움으로 무난하게 이뤄질 길몽이다. 아울러 새로운 일과 사업, 세상살이에 대한 눈뜸을 상징하는 꿈이기도 하다.

◇ **세수하고 개운한 느낌이었던 꿈**

각고의 노력과 준비로 고위 관료로 출세하고 직위 상승도 기대할 수 있다. 뭇사람들에게 존경과 환영을 받으며 입신양명한다.

◇ **각목이나 곤봉 등으로 다른 사람을 때린 꿈**

소신대로 밀고 나가야 성공한다. 직장에서의 기획안이건 사업상의 계약이건 자신의 의지를 굽혀서는 안 된다. 한편 자신의 마음을 몽땅 빼앗길 사랑의 상대가 나타나 열렬한 사랑에 빠진다.

◇ **친구와 사이가 더욱 긴밀해지고 우정이 돈독해진 꿈**

평소 원하던 물건을 우연한 기회에 선물로 받게 된다. 한편 꿈에 보인 그 친구에게 좋지 않은 일이나 곤경이 닥쳐올 암시로서 자신이 그 친구를 위해 도움을 주게 된다.

◇ **물 위를 걸어 다니거나 뛰어다닌 꿈**

소원 성취와 행운, 횡재가 암시된 대길몽(大吉夢)이다. 승진운도 좋고 시험운도 따라서 취업, 대학입시에서 수위를 차지한다. 현실적으로 물 위를 걷는 것 자체가 기적 같은 일이듯 이 꿈은 기적 같은 행운을 몰고 온다.

◇ **잘 아는 길을 갔는데도 길을 잃어 이리저리 찾아다닌 꿈**

포부는 원대하고 계획은 잘 짰지만 행동이 이를 따르지 못하거나 매사에 장애가 따라서 지지부진하게 된다. 생각처럼 일이 진행되지 않아 한동안 심리적인 위축감에 빠진다.

◇ **벽이나 나무에 못을 박거나 큰 나사를 손이나 망치로 두드리거나 돌려서 박은 꿈**

못이나 나사는 남성 성기(性器)의 상징이다. 따라서 못이나 나사를 박는 행동은 성행위를 상징한다. 조만간 열렬한 사랑에 빠질 이성을 만나서 깊은 관계로 발전할 암시.

◇ **땀을 흘리면서 힘든 노동일을 하는 사람을 만난 꿈**

육체적으로 끌릴 이성을 만날 암시. 꿈에서의 육체노동은 성적(性的)인 뉘앙스를 지닌다. 혹은 성적인 불만이나 권태감으로 인해 다른 이성을 꿈꾸고 있음을 암시.

◇ **철학관이나 점집에 가서 사주를 보거나 점을 친 꿈**

신상에 불길한 일이 생기고 특히 건강이 악화될 조짐. 혹은 가장(家長)에게 실직, 명예퇴직, 건강 악화와 같은 악운이 찾아들 징조이다.

◇ **비누나 바디샴푸로 자기 몸을 깨끗하게 닦고 샤워한 꿈**

자신의 과거 잘못이나 어긋난 양심을 깨끗하게 반성하고 뉘우치게 될 암시로서 심적몽이다.

◇ **하얗게 내린 눈밭이나 겨울 산에서 스키를 능숙하게 탄 꿈**

감정의 카타르시스를 느끼고 현실적으로는 의욕과 활기가 넘친다. 능숙하게 타고 간 스키의 꿈은 어려움을 잘 극복해내고 출세가도를 달리는 것을 상징화한 것이다.

◇ **타인의 사기나 거짓에 속아 넘어간 꿈**

완전한 역몽(逆夢)이다. 사업상의 문제나 자신의 입장을 옹호하기 위해서 남을 속이고 남에게 거짓으로 상황을 연출하게 된다. 그 결과는 자신이 생각한 것보다 피해의 규모가 크다.

◇ **담벼락이나 벽에 낙서를 한 꿈**

소설가나 시인으로 문단에 데뷔하여 큰 인기를 얻을 예지몽이다. 인기뿐만 아니라 그 작품으로 문학상을 수상하게 된다. 또한 이미 대중에게 알려진 유명한 작가를 만나서 얘기할 기회를 얻을 것을 암시.

◇ 몸에 병이 있어서 치료를 위해 약을 먹은 꿈

병을 앓고 있는 환자라면 조만간 완쾌되어 평소의 건강을 되찾고 막혔던 운세는 점차 상승기에 접어들어 움츠렸던 어깨를 활짝 펼 기회를 맞이한다.

◇ 촛불을 켜두고 간절히 기도한 꿈

촛불 앞에서 뭔가를 소망하고 염원한 꿈은 생활이 풍족해지고 여유가 넘칠 행운의 꿈이다. 가정에 화목함이 넘치고 어려운 주변 사람들에게 물질적, 정신적인 위안이 되어 준다.

◇ 이불을 깔거나 잠자리를 준비한 꿈

집안에 경사가 생겨 사람을 초대하여 잔치를 베풀게 된다. 혹은 다른 사람이 초대한 파티에 참석하여 즐거운 시간을 갖는다.

◇ 자신의 몸을 보면서 왠지 수척해졌다고 느낀 꿈

길흉(吉凶)이 상반된 꿈이다. 부귀영화를 얻는 한편 그로 인해 다른 사람으로부터 질투와 시기, 모함을 받아 불편한 입장에 처하게 된다. 어쨌든 자신의 노력으로 성공에 도달한다.

◇ 사람들의 시선을 아무렇지 않게 여기며 알몸으로 많은 인파 속을 지나간 꿈

선거에서 압승을 거두며 국가적으로 중요한 일을 처리하는 정치가로 입문할 길몽. 대학입시나 취업시험에서 수석 합격자로서 명성을 얻고 행운의 주인공이 되며 사업이나 장사는 날로 번창하여 큰 부자가 된다.

◇ 실오라기 하나 걸치지 않은 알몸으로 거리를 활보한 꿈

이 꿈은 부귀영화가 겸전하고 승진, 영전, 합격의 기쁜 소식을 듣게 됨을 의미한다. 만인이 존경하고 부러워하는 직위를 얻거나 명예를 얻을 예지몽이다.

◇ 온몸이 밧줄에 꽁꽁 묶인 꿈

누군가(사랑의 상대자)에게 속박되거나 구속되고 싶다는 심리를 나타내는 한편 매사에 자신감이 넘치고 의욕적으로 업무를 추진하게 될 것을 예시하는 꿈이기도 하다.

◇ 자신의 몸에서 빛나는 황금빛의 광채가 발산된 꿈

국가의 일을 처리하는 고위 관료로 임용되거나 시험에 수석으로 합격하여 대학에 입학함은 물론 승진, 취직에서도 좋은 결과를 얻는다.

◇ 자신의 몸에서 뿌연 안개 빛이 발산되거나 희끄무레한 빛이 떠돈 꿈

건강이 악화되고 운세가 쇠퇴할 징조. 특히 미래가 불투명해지고 명예를 훼손당하거나 구설수에 오를 흉몽.

◇ 눈이 반짝거리고 눈에서 밝은 광채가 느껴진 꿈

관록을 얻거나 장사가 번창하여 목돈을 마련할 길몽이다. 시험을 준비하는 수험생이라면 국가고시나 수능시험에서 우수한 성적으로 통과하게 되어 영예의 주인공으로 화제를 불러일으킨다.

◇ 불구자가 되었거나 장애인 취급을 받은 꿈

현재의 가정생활이나 직장, 직업에 대하여 권태와 회의를 느끼고 있다는 증거이다. 휴식과 요양을 위해 여행이라도 다녀오는 게 상책이다.

◇ **공중목욕탕에 가서 목욕한 꿈**

이 꿈은 질병을 앓고 있는 환자라면 차차 쾌차하여 건강을 되찾고 막혔던 운세는 회복된다. 특히 손이나 발, 몸을 깨끗이 씻는 꿈은 길몽 중의 길몽이다.

◇ **눈이 붉게 충혈되거나 눈이 뻑뻑하고 피로하게 느껴진 꿈**

신체의 기관 중에서 눈은 미래를 상징하는 것 외에 처녀나 처녀성을 상징한다. 따라서 미래의 불안을 나타내는 동시에 자신의 처녀성에 대한 불안을 나타내고 있다.

◇ **몸이 불편한 불구자나 장애인과 만난 꿈**

사업 계획은 좌절되고 자신의 장래 희망은 현실적인 제약으로 인해 뜻을 펼치기 어렵게 된다.

◇ **충혈된 눈으로 사물을 감시한 꿈**

잘못을 저지르거나 그릇된 일에 관여함으로써 스스로가 양심의 가책으로 괴로워하고 있음을 나타낸다.

◇ **눈 한 쪽을 다치거나 한 쪽 눈에서 피가 나는 꿈**

현실이 자신의 의지나 노력을 기만한다고 느껴 이성을 잃을 정도로 절망한다. 혹은 이성을 잃을 정도로 열렬한 사랑에 빠질 예지몽이다.

◇ **긴 코트 자락에 자신의 몸을 얼른 감춘 꿈**

비밀이 들통 나거나 마음속의 은밀한 계획이 탄로 날까봐 전전긍긍하고 있음을 드러낸 꿈이다. 특히 배우자 외의 사람과 즐긴 밀회가 발각될까봐 양심의 가책을 느끼면서 불안해진다.

◇ **나병환자가 되어 있는 꿈**

사람들에게 주목받을 수 있는 일을 하거나 사업(장사)이 번창하여 큰 부자가 된다. 아울러 미혼 여성이라면 돈과 권력을 두루 갖춘 사람과 혼인하게 될 예지몽이다.

◇ **땅을 파고 그 속에 들어가 자기 몸을 숨긴 꿈**

금전 압박이나 괴로운 현실로부터 벗어날 길몽이다. 그간 과중한 업무로 시달렸다면 이제까지의 수고와 노력이 인정되어 좀 더 쉽고 직위가 높은 일을 맡아 처리하게 된다.

◇ **부부가 함께 샤워를 하거나 목욕한 꿈**

미혼 남녀라면 그간의 사랑을 바탕으로 좀 더 깊은 관계로 발전하고 기혼자라면 부부의 사랑이 더욱 돈독해져서 가정에 웃음꽃이 만발한다.

◇ **깨끗한 냇물이나 욕실에서 목욕하면서 개운하게 느낀 꿈**

직장을 옮기거나 삶의 환경이 바뀔 암시. 이제까지와는 다른 새로운 생활환경에서 새로운 삶을 시작한다.

◇ 불이 나서 몸에 화상(火傷)을 입은 꿈
애인이나 이성 친구에게 사랑을 고백 받고 불확실했던 사랑은 서로의 진심을 확인하고 마침내 열렬한 연인 사이로 발전한다.

◇ 몸에 땀이 배어 있거나 땀을 진탕 흘린 꿈
심리적으로 화를 내거나 분노할 일이 생길 흉몽이다. 또한 과중한 업무로 인하여 극심한 피로 증세를 느낄 때도 이런 꿈을 꾼다.

◇ 남성인 자신이 유방이 여러 개 있는 여성을 보거나 상대한 꿈
두 가지의 의미를 지닌 꿈이다. 첫째는 권력과 재물운이 상승할 암시이고 둘째는 배우자나 애인 외에 성적으로 관계를 맺는 여인이 여러 명이라는 현실을 반영한 심적몽.

◇ 타인에게 목이 졸리거나 침입자에게 부상을 당한 꿈
가정에 우환이 발생할 흉몽이다. 몸이 아픈 사람이 생기거나 가장이 실직하여 경제적인 궁핍을 감당하며 생활할 암시한다.

◇ 형제나 자매끼리 때리면서 싸운 꿈
가족끼리의 사랑이 더욱 깊어지고 서로에게 신뢰를 갖게 된다. 어려움이 닥쳐도 가족의 도움으로 무난히 극복할 수 있다.

◇ 남자의 가슴에 털이 난 꿈
운세가 상승되어 사업은 날로 번창하고 업무 능력을 평가받아 승진 대열에 들어서게 된다.

◇ **여자의 가슴에 털이 수북하게 난 꿈**

사기를 당하거나 일을 방해하는 사람들에 의해 계획했던 일들이 수포로 돌아가고 소망은 이뤄지기 어렵다.

◇ **자신의 머리카락이 빠지거나 대머리가 되는 꿈**

이러한 꿈은 추진 중이던 사업이 수포로 돌아가거나 자녀와 관련된 궂은 일을 당하게 됨을 의미한다.

◇ **자기 가슴이 유난히 커 보인 꿈**

미혼 여성이라면 가정을 꾸릴 천생연분을 만나게 되고 기혼 여성이라면 뜻밖의 재물이 들어오거나 금전적인 횡재를 하여 넉넉한 살림살이를 할 길몽 중의 길몽이다.

◇ **가슴에 유방이 여러 개 생긴 꿈**

이러한 꿈은 부인이 아닌 다른 여성과 성적으로 문란해지고 가정생활을 등한시하게 될 징조. 꿈에 보이는 여인의 유방은 성행위나 성적인 관념을 상징한다.

◇ **자신의 목이 유난히 길어 보인 꿈**

관록과 명성을 얻게 될 예지몽이다. 한 단계 높은 부서로 승진하고 이름을 사방에 떨치게 된다. 아울러 금전적인 이득을 얻는다.

◇ **온몸에서 피고름이 흐른 꿈**

엄청난 유산을 상속받거나 복권에 당첨되어 부귀영화를 누릴 행운의 꿈이다. 사업가라면 큰 계약을 성사시켜 막대한 자금을 끌어들이고 날로 발전하게 된다.

◇ **수염을 길게 기른 꿈**

권위와 명성, 재물을 얻고 차지하게 될 소원 성취, 욕망 충족의 꿈이다. 특히 고위 관료로서 입신출세할 것을 암시한다.

◇ **수염을 깎거나 깨끗하게 단장한 꿈**

개인적으로 씀씀이를 잘 조절하거나 사업을 짜임새 있게 운영하여 넉넉한 살림을 꾸리며 풍요로운 생활을 할 것을 암시한다.

◇ **거추장스럽게 느껴진 긴 수염을 한 올씩 뽑아낸 꿈**

대인관계가 원만하지 않아 사회적으로 소외되거나 따돌림을 당할 징조. 심리적인 고립감이 긴 수염으로 나타난 것이다.

◇ **어린 여자애를 꼭 안은 꿈**

마음속의 외로움과 소외감이 어린 여자 아이로 나타난 것이다. 위로받을 사람, 기댈 사람이 없어서 고독해진 현실을 상징적으로 나타낸 꿈이다. 사교적인 성격을 갖도록 노력할 것.

◇ **수염을 뽑으면서 잘 다듬은 꿈**

재물이 불어날 행운이 찾아오고 복권 당첨 같은 횡재도 주어질 길몽으로 기대하지 않았던 뜻밖의 곳에서 금전적 혜택이나 명예가 기다리고 있다.

◇ **입이 몹시 커져 있거나 커 보인 꿈**

높은 직위로 승진하여 가문의 이름을 빛내고 대중을 지도하고 사로잡는 지도자나 인기 연예인으로서 뭇사람들에게 추앙을 받게 될 것을 암시하는 꿈이다.

◇ 혓바닥에 털이 난 꿈
일상생활에 여유와 안정이 깃들고 도모한 일은 계획대로 무난히 성사된다.

◇ 코뼈가 부러지거나 멍이 든 꿈
대흉몽이다. 직위나 직장을 잃을 우려가 높고 명예를 잃을 수도 있다. 미혼 남녀라면 결혼 직전에 파혼이나 결별하는 순간을 맞는다.

◇ 자신이 코피를 쏟거나 누군가가 코피를 흘린 꿈
높은 자리나 안정된 직장, 저명인사의 연회장에 초대받거나 초빙될 암시. 재물운이 따를 길몽이다.

◇ 코가 두 개 이상으로 늘어난 꿈
중상모략을 당하거나 경쟁자에게 사기를 당해서 우위를 뺏기게 된다.

◇ 누군가가 자신을 힘껏 안은 꿈
어려운 상황에 빠져 있을 때 이를 도와주고 어려움을 함께 극복할 귀인이나 협조자가 나타나서 자신의 짐을 덜어준다.

◇ 자신이 누군가를 힘껏 껴안은 꿈
문제 해결을 위해 타인의 도움을 빌리게 된다. 외부의 후원을 요청하는 것이 껴안는 꿈으로 상징화된 것이다.

◇ 자기보다 어린 여자나 남자와 성행위를 한 꿈
자기보다 열등하거나 능력, 재력이 빈약한 사람, 업체와 교류하게 될 징조. 이로 인해 자신의 경제적, 정신적인 여력만 낭비하게 된다.

◇ 입이 벌려지지 않아 음식을 먹지도 마시지도 못한 꿈

근거 없는 소문이나 구설수의 주인공이 되어 심리적인 고통을 당할 흉조이다. 아울러 몸에 병을 얻어 병원 신세를 질 수도 있다.

◇ 어린 자녀를 꼭 안고 있던 꿈

가정 파탄이나 가장의 실직과 병환으로 삶의 위기에 직면해도 엄마로서의 의무를 저버리지 않고 충실하고 꿋꿋하게 가정을 지키고 본분을 지킨다.

◇ 자신의 부인을 꼭 껴안은 꿈

아내에게 경사가 생겨서 가정에 웃음꽃이 활짝 피어나고 부부 사이는 더욱 돈독해진다.

◇ 자기 집에서 아내 몰래 다른 여자를 안고 있던 꿈

의외의 행운과 경사가 암시된 길몽이다. 포상금을 받거나 격려금, 후원금을 받게 되고 단체의 지도자급으로 승진하게 된다.

◇ **잘 생긴 미남에게 윙크를 받은 꿈**

사귀고 있는 이성으로부터 프로포즈를 받게 될 암시. 꿈에서 그 윙크에 자신이 뭔가 신호를 보냈다면 결혼이 성사되고 가만히 있었다면 혼담이 성사되려면 아직 멀었다는 암시이다.

◇ **술집 여자들과 육체관계를 맺으며 즐긴 꿈**

명예를 훼손당하거나 구설수에 올라 소문의 주인공이 된다. 직장에서는 과중한 스트레스로 인해 심한 좌절감을 맛보게 되며 건강이 나빠질 수도 있다.

◇ **아내 외의 여자나 남의 부인을 애무한 꿈**

권력과 명성, 재물운이 따를 대길몽이다. 사회적으로 그 신분이 보장된 자리에 올라 많은 부하 직원을 거느리고 이름을 널리 떨친다.

◇ **누군가와 성행위를 하면서 잔치를 베푼 꿈**

천생연분을 만나 혼담이 성사될 행운의 꿈이다. 사업가라면 큰 계약을 성사시켜 기반이 튼튼해지고 회사에서는 능력을 높게 평가받아 직위가 상승한다.

◇ **천사나 선녀와 성행위를 한 꿈**

운수대통의 대길몽이다. 많은 사람들이 우러러 보는 고위직이나 회사 사장, 최고 우두머리로 추대되어 명성이 자자하고 큰돈을 벌어 재력을 과시하게 된다.

◇ **강간을 당한 꿈**

꿈의 외형은 흉측하지만 그 의미는 좋다. 의외의 재물이 들어오고 사업이 번창하며 직장에서의 신임은 날로 높아진다. 특히 유산 상속이나 복권당첨과 같은 경사, 횡재수가 찾아 올 길몽이다.

◇ 검은 피부를 가진 남성과 성행위를 한 꿈

꿈에서 그 사람과 나눈 성행위의 만족도가 크고 격렬했을수록 실제로 돌아오는 행운이 크다. 계획했던 일들이 순조롭게 풀려서 사회적으로 능력을 인정받으며 목돈을 벌어들일 절호의 기회를 얻게 된다.

◇ 친구나 상사, 다른 사람의 아내와 다정하게 앉아 있는 꿈

그간 속을 끓이던 집안 문제는 씻은 듯이 해결되어 오랜만에 가정에 평화와 화목함이 넘친다. 아울러 업무나 사업상으로 해결되진 않던 문제가 마침내 그 실마리를 찾아서 좋은 쪽으로 결말이 나며 심신이 홀가분해질 예지몽이다.

◇ 누군가와 성행위를 한 꿈

단순한 심적몽으로서 연인을 빨리 만나 즐거운 데이트를 하고 싶다는 소망이 담겨 있다. 혹은 예지몽으로서 실제로 이상형의 이성과 사귈 기회를 얻을 수도 있다.

◇ 자기 어깨가 유난히 딱 벌어져서 넓어 보인 꿈

명예를 얻으며 대학교수나 고급 공무원으로 출세할 길몽이다. 혹은 자신의 이상형인 여인을 만나 사랑을 고백하게 된다.

◇ 자신이 큰 소리로 호탕하게 웃었던 꿈

완전히 역몽(逆夢)이다. 가슴을 치고 슬퍼하거나 괴로워할 일이 생겨서 심신이 고통받게 될 흉몽이다.

◇ **자신의 음부나 아랫도리를 누군가가 주의 깊게 바라본 꿈**

미혼 남녀에게는 이성과의 데이트, 애정운 상승의 대길몽이다. 평소 꿈꾸어 오던 연인을 만나 열렬한 사랑에 빠진다. 기혼자라면 불륜, 외도의 유혹을 받고 있다는 암시.

◇ **미소를 띠거나 웃고 있는 사람을 본 꿈**

현재 사귀고 있는 사람에게 권태로움을 느끼고 있으며 그로인해 헤어질 우려가 높다. 한편 꿈에서 보인 그 사람이나 그와 관계된 일로 인해 마음의 갈등을 느끼거나 피해를 입을 징조.

◇ **가족끼리 모여 앉아 함께 울고 있는 꿈**

이 꿈 역시 꿈과 반대의 의미를 지닌 역몽이다. 집안에 경사가 생겨서 온 가족이 기뻐하게 된다. 자녀 출산이나 가장의 승진, 자녀들의 시험 합격이나 출세 등으로 가정에 행복이 넘친다.

◇ **연인이 멋진 장소에서 데이트하는 것을 지켜본 꿈**

만나고 있는 이성으로부터 성적인 유혹이나 청혼을 받았으나 자신이 어떻게 처신해야 좋을지 몰라 망설이고 있음을 나타낸다.

◇ **자기 다리에서 피가 난 꿈**

사업가는 뜻밖의 호재를 만나 큰돈을 벌어들이게 되고 직장에서도 승승장구하며 안팎으로 자신의 소원을 성취할 수 있다. 행운이 예시된 길몽이다.

◇ **아내의 가슴에 유방이 여러 개 생긴 꿈**

부인의 외도나 바람기로 인해 이혼, 별거를 결심하게 된다.

◇ **음식을 먹고 체해 속이 거북하거나 배가 아픈 꿈**

매사가 뜻대로 이뤄지지 않고 현실적인 걸림돌이나 방해자가 생겨서 마음을 끓이며 고민하게 된다. 업무나 사업면에서 침체기에 들어설 흉조.

◇ **어깨에 무거운 짐이나 배낭을 메고 간 꿈**

과로로 건강이 악화될 우려가 높다. 직장인은 적당한 휴식을 취하면서 업무를 처리하는 지혜를 발휘해야 후환이 없을 것. 아울러 부모로부터 경제적, 정신적인 독립을 하게 될 때도 이런 종류의 꿈을 꾸게 된다.

◇ **누런 대변이 변기를 가득 메운 꿈**

목돈이 들어오거나 부동산 가격 상승, 유산 상속, 복권 당첨 등으로 큰 부자가 될 행운의 꿈이다.

◇ **누런 똥이 자신을 덮친 꿈**

바야흐로 운수대통, 입신출세의 길이 활짝 열렸다. 금전운 대통, 명예 상승, 승진과 취직의 기쁨 등이 예시된 길몽 중의 길몽이다.

◇ **팔뚝에 종기나 흠집이 생긴 꿈**

가족에게 심상치 않은 일이 벌어지고 있다. 사업상의 부도를 내거나 가정파탄, 질병으로 삶을 유지하기 힘들어 하는 사람이 생긴다. 아울러 배우자와 다퉈서 별거를 하거나 헤어짐을 결심한다.

◇ **손가락이 많아져서 열 개 이상으로 늘어난 꿈**

지금과는 다른 윤택하고 복 있는 생활을 하게 될 길몽이다. 부하 직원을 여러 명 거느릴 고위직으로 승진하고 미혼자라면 재력이 풍부한 집안의 사람과 혼인하게 된다.

◇ **아내의 가슴에 피가 묻었던 꿈**

오래 기다리던 아이를 갖게 될 태몽(胎夢)이다.

◇ **배우자와 이혼하고 갈라선 꿈**

현실적으로 반대의 의미를 나타내는 역몽이다. 부부간의 애정은 더욱 각별해지고 연애 때의 감정으로 돌아가 서로에게 최상의 파트너가 될 길몽.

◇ **변기통에 빠졌으나 나온 꿈**

복권이 당첨되거나 포상금을 받는 등으로 횡재할 암시. 이름은 높아지고 권위와 재물을 얻어서 상류사회로 진출하게 된다.

◇ **팔이 부러지거나 팔을 다친 꿈**

형제나 자매, 친척 중에서 큰 사고를 당하거나 병으로 목숨을 잃는 사람이 생길 대흉몽이다. 아울러 자존심을 상하거나 자존심에 금이 갈 일을 당하게 된다.

◇ **검고 푸르스름한 빛깔을 띤 대변을 본 꿈**

누런 황금색의 대변만이 행운을 예시하는 길몽이라 할 수 있다. 그 밖의 대변은 병을 앓거나 사업 실패, 실직과 직위 상실 등을 암시하는 흉조로 풀이한다.

◇ **자신의 대소변을 도둑맞거나 갑자기 없어진 꿈**

모아둔 재산을 탕진하거나 보증을 잘못 서주어 엄청난 재산 손실을 입게 된다.

◇ **똥이 자신의 옷이나 몸에 묻어 더러워진 꿈**

꿈과 반대로 경사가 생긴다. 복권 당첨과 같은 의외의 행운을 얻게 되고 고위직으로 출세의 길이 열린다.

◇ **얼굴에 사마귀가 난 꿈**

매사에 의욕이 없어지고 생활에 불만과 불평이 많아진다. 직장에도 안주하지 못하고 다른 직장을 꿈꾸며 방황할 징조.

◇ **발목을 삐거나 다리에 화상을 입은 꿈**

믿었던 동료나 친구, 형제에게 배신, 사기를 당하여 재산 피해를 입고 체면을 손상당한다. 아울러 조만간 뜻밖의 교통사고나 추락사 등을 당할 암시가 있으므로 주의를 요한다.

◇ **자기 손목을 누군가가 잡아 일으켜 준 꿈**

견디기 힘든 인생의 시련으로 자포자기하거나 절망에 빠져 있을 때 그 절망의 늪으로부터 구제해줄 귀인을 만나게 된다. 정신적인 기둥이 되어줄 뿐만 아니라 물질적인 도움도 받을 수 있을 것이다.

◇ 자신의 몸에 귀가 여러 개 생긴 꿈
자신을 진정으로 이해해줄 마음의 벗을 만나게 된다. 그 친구로부터 어려운 시기마다 많은 도움을 받게 된다.

◇ 자기 귀 안에 쌀이나 보리 등의 곡물이 들어간 꿈
행운과 기쁨이 암시된 길몽이다. 금전운이 상승하여 통장의 잔고는 나날이 늘어나고 유명 인사로 출세한다.

◇ 타인에게 맞아서 귀에 상처를 입은 꿈
친한 친구나 동업자와 말다툼을 벌이게 되고 배우자와의 사이에 불화와 반목이 싹틀 흉조.

◇ 이마가 유난히 돋보이거나 이마가 커진 꿈
뭇사람들을 지도하고 통솔할 리더로서 활약하게 되고 유명인사가 되어 명성과 재물이 겸전하게 된다.

◇ 이마에 상처가 나거나 뭔가 흠집이 생긴 꿈
신임을 잃을 일을 저지르게 되고 구설수에 올라 명예와 직위를 상실할 가능성이 높다. 대인관계에 문제가 생길 흉몽이다.

◇ 눈썹을 짧게 깍은 꿈
생활의 변화가 예시된 꿈이다. 좀 더 크고 깨끗한 집으로 이사를 가거나 좀 더 큰 직장으로 옮길 수 있게 된다.

◇ 손등에 검은 털이 돋은 꿈
생활 형편이 점차 쪼들리고 부부 간에 다툼이 많아져 결혼생활에 파란이 예상된다. 서로에 대한 신뢰 부족, 운세의 쇠퇴가 암시된 흉몽.

◇ 손이나 발에서 피고름이 난 꿈
손이나 발로 직접 만지는 장사를 하면 큰돈을 벌어들이게 된다. 한편 손재주나 기술을 인정받아 그 분야로 대성할 징조.

◇ 손이나 발을 다친 꿈
사랑하는 연인과 결별하거나 절친한 친구와 헤어지게 된다. 부부 간의 갈등이 심해져 이혼, 별거까지 치닫게 된다.

◇ 눈썹이 길게 자란 꿈
사랑을 나눌 동반자를 만나 조만간 혼례를 올리게 된다.

◇ 팔뚝에 털이 잔뜩 덮인 꿈
연애나 사업, 직무 등의 모든 면에서 소원을 성취하고 부귀영화를 누린다. 팔에 난 검은 털은 특히 관록과 명예의 상징적 암시.

◇ 진흙 구덩이에 다리가 빠져서 빼낼 수 없던 꿈
정력 부족으로 아내와의 잠자리에서 자신감을 잃고 있다는 심적몽이다. 혹은 사귀는 여자 친구나 애인에게 좀 더 터프하고 박력 있는 사람으로 보이고 싶지만 뜻대로 되지 않고 있음을 나타낸다.

◇ 두통으로 시달린 꿈
현실적, 경제적 문제나 압박감으로 괴로워하고 있는 자신의 마음을 반영한 심적몽(心的夢)이자 건강이 나빠지고 운세의 막힘이 예상되는 흉몽이다.

◇ **허벅지에 상처를 입은 꿈**
미혼 남녀라면 천생연분을 만나 혼례를 올린다. 다만 기혼자라면 자식에게 사고나 질병이 찾아와 위험한 상황에 처할 흉몽으로 풀이한다.

◇ **허벅지나 다리가 날씬하고 하얗게 보여 아름답게 느낀 꿈**
애인을 사귈 기회를 얻을 암시. 특히 아름답고 평온한 고장으로 여행을 떠나거나 놀러가서 이상형의 이성을 만난다.

◇ **무릎을 모서리에 찌거나 다쳐서 타박상을 입은 꿈**
모든 일이 뜻대로 진행되지 않고 사사건건 걸림돌에 걸려서 지지부진하게 된다. 갈등과 고민의 흉몽이다.

◇ **무릎을 심하게 다쳐서 걸을 수 없었던 꿈**
직장을 그만두거나 정리해고, 회사의 부도로 실직자로 나앉게 된다. 사업가라면 핵심 사업에 큰 타격을 입는다.

◇ **자신의 머리에 뿔이 돋은 꿈**
서로 자기 고집, 의견만 내세우면서 대립을 계속할 징조. 이로 인해 두 사람 모두 손해만 보게 되지만 끝내 화해를 거부한다.

◇ **자신의 머리가 두 개 이상으로 늘어난 꿈**
탁월한 두뇌와 깔끔한 업무 처리 능력을 널리 인정받아 고위 관료로 출세하거나 우두머리로 떠올라서 뭇사람들을 통솔하게 된다.

◇ **긴 머리를 단정하게 다듬은 꿈**
승진운이 열려 회사 내의 입지가 강화되고 사업가라면 자금난, 판매부진이 해소되어 비로소 안정된 기반을 갖추게 된다. 일신상으로도 귀인의 도움과 주변 사람들의 신임으로 소원을 성취할 수 있는 길몽.

◇ 붕대나 이불로 다리를 칭칭 휘감은 꿈
오래 사귀어 온 애인과 결별의 순간을 맞이한다. 혹은 부부간에 권태와 짜증으로 사이가 벌어지고 불화가 심해질 흉몽이다.

◇ 머리가 길게 자라고 덥수룩해져서 얼굴을 가린 꿈
초반의 길운이 후반의 흉운으로 변화한다. 대인관계상 자신을 돕고 신임하던 사람들의 후원으로 직장이나 사회적으로 출세가도를 달리지만 자만심에 빠져 안하무인격의 사람으로 돌변한다. 그로 인해 주변 사람들은 자신에게 등을 돌리고 혼자 고립무원에 빠진다.

◇ 머리가 하얗게 세어서 백발로 변한 꿈
출세와 관록의 대행운몽이다. 정치지도자나 대학교수로 존경을 받게 되고 가문의 영예를 널리 떨친다. 금전운도 대길하다.

◇ 머리를 감은 꿈

근거없는 오해를 받거나 중상모략을 당해 괴롭던 나날은 지나가고 명예를 되찾고 신분이 상승한다. 머리를 감는 것은 고민, 오해, 잘못을 버리고 새로운 생활을 하게 될 상징적 행위. 싸웠던 친구나 연인과는 오해를 풀고 관계를 다시 시작한다.

◇ 자신의 머리가 빠져 대머리가 된 꿈

계획이 한 번에 성취되지 못하고 몇 번의 좌절과 시련 끝에 어렵게 이루어지게 된다. 이 외에도 생각지도 않은 구설수에 올라 명예를 훼손당할 우려도 있다.

◇ 크레파스나 물감으로 색을 칠한 꿈

소신대로 계획을 밀고 나가면 성공의 지름길에 도달할 것. 사업이나 직장의 일이라도 자신의 지식과 경륜을 살려서 개성을 발휘하면 소기의 성과를 거둔다. 마음먹은 대로 인생을 가꿀 수 있다.

◇ 어떤 사람과 약속한 것이나 약속 시간을 지키기 위해 노력한 꿈

마음속으로 은밀히 계획했던 일은 수포로 돌아가고 사업 계획도 외부에 밝혀져 중단된다. 자금난에 허덕이거나 직장에서의 위치가 불안정해질 흉몽이다.

◇ 약속에 늦거나 차 시간에 늦어 허둥거리며 뛴 꿈

금전적인 곤란과 궁핍을 겪게 된다. 꿈에서 버스나 전철, 비행기 시간에 늦거나 늦게 도착해서 놓친 꿈들은 모두 경제적 곤란을 겪을 흉조로 해석한다. 아울러 자신의 현재 생활이 안정감을 잃고 갈등과 방황에 휩싸일 징조이다.

◇ **업무가 끝날 퇴근 시간이 되었거나 백화점 등의 개점, 폐점 시간이 다 된 꿈**

이제 고생할 시간은 얼마 남지 않았다. 조금만 참고 노력하면 응분의 보상을 받을 수 있게 된다. 즐거운 미래, 새로운 삶이 펼쳐지기 직전이라는 암시.

◇ **긴 머리를 커트로 짧게 자르거나 깎아버린 꿈**

운세가 쇠퇴할 징조. 집안의 재산이 손실되고 자신의 능력이 과소평가되거나 자신을 중상모략할 사람이 나타나 고통을 겪게 된다.

◇ **오후에 거리를 걷거나 오후에 뭔가를 한 꿈**

화창한 오후에 뭔가를 했다면 대인관계가 원만해지고 사교적으로 큰 인기를 얻는다. 직장에서의 위치도 안정될 전망.

◇ **오후에 비가 내리거나 소나기가 쏟아진 오후가 강조된 꿈**

오곡백과는 풍성하고 경제적인 소득은 나날이 늘어 풍족한 생활을 하면서 삶의 여유를 갖게 된다.

◇ **일요일에 뭔가를 했거나 일요일의 이미지가 강조된 꿈**

건강이 나빠져 요양을 해야 하거나 직장을 잃게 되어 당분간 실업자로 쉬게 된다. 사업가라면 파업이나 부도로 공장 문을 닫게 될 수도 있다.

◇ **숫자를 수첩에 몰래 써놓거나 메모지에 쓴 꿈**

타인의 방해와 간섭으로 인해 의도한 일들이 수포로 돌아갈 위기에 놓인다. 그러나 그 사람을 논리적으로 설득하면 자신의 편으로 만들 수 있다.

◇ **달력에다가 뭔가 일정을 써넣거나 계획표를 짠 꿈**
자신의 인생에 대한 계획이 확고하다는 의미. 또한 오랫동안 생각해온 이상형의 배우자감을 만나 앞날을 설계할 길몽이다.

◇ **일력을 한 장씩 뜯어내거나 달력을 찢어버린 꿈**
예상치 못한 곳에서 기쁨과 행운을 안게 된다. 뜻밖의 선물을 받고 즐거워하거나 복권 당첨, 유산 상속 등의 횡재가 따른다.

◇ **달력이나 스케줄 노트를 선물 받은 꿈**
달력을 벽에 걸어둔 꿈도 마찬가지의 의미를 지닌다. 대사업가나 뛰어난 매니저로서 능력을 발휘하고 대성공을 거둔다. 그런데 여성의 경우라면 타인의 시선들을 의식해서 자신의 욕구와 소원을 지나치게 자제하고 있다는 의미도 포함되어 있다.

◇ **시계추가 왔다 갔다 하는 꿈**
이 꿈은 일상의 변화가 찾아올 것을 징조한다. 직장을 옮기고 주거지를 옮길 수도 있다. 또한 습관적으로 만나온 연인 관계라면 모종의 변화가 예고된다.

◇ **어떤 숫자를 소리 내어 읽거나 강한 인상을 남긴 숫자에 관한 꿈**
그 숫자에 자신의 미래의 향방이 암시되어 있다. 특히 복권 당첨이나 경마와 관련된 횡재가 예시된 예지몽일 확률이 높다.

◇ **일곱 색깔 무지개 색상이 떠오른 꿈**
부귀영화와 횡재의 대길몽이다. 신분이 고귀해지고 입신출세하여 뭇사람들에게 존경과 추앙의 대상이 된다.

◇ **손익을 따져서 계산한 꿈**
실제로 어떤 일을 두고 자신에게 손해가 될지, 이익이 될지를 가늠해 보게 되며 자신의 씀씀이에 대해 스스로 짚어 보고 반성하게 된다.

◇ **총천연의 색깔이 주된 이미지로 떠오른 꿈**
울긋불긋한 색상은 인생의 변화와 활기, 활력을 상징적으로 나타낸 것이다. 성공을 향하여 엄청난 변화를 겪으면서 앞으로 나아가게 된다.

◇ **복숭아 색상이 주된 이미지로 등장한 꿈**
애인과의 데이트를 즐기며 성적으로 흥분하게 된다. 애정운 상승, 열정적인 사랑과 환희, 도취를 나타내며 타인에게 사기를 당하거나 낭비할 암시도 있다.

◇ **보라색 이미지가 주된 꿈**
직장이나 주거지, 대인관계에 일대 변화가 예상된다. 따라서 한동안 심리적으로 혼란스럽고 우울하겠지만 그런 변화를 극복하고 나면 상당한 직위와 재물, 명예가 주어진다.

◇ **옷이나 옷감에 염색한 꿈**
이 꿈 역시 사회적인 성취와 능력 발휘의 행운몽이다. 소신껏 맡은 일을 추진하면 좋은 결과가 주어진다.

◇ **검은색 이미지가 주된 꿈**
두려움과 공포에 휩싸이며 고뇌, 좌절, 불안한 순간을 맞이하게 된다. 그러나 검은 양복이나 검은 바지를 얻거나 선물 받는 꿈은 길몽으로 여긴다. 명예 획득과 금전운 상승의 의미로 풀이한다.

◇ 어떤 숫자를 고쳐 쓰거나 썼다가 지워버린 꿈

자신의 애인이나 친구, 배우자의 애정과 우정을 의심하고 있다. 허심탄회하게 터놓고 대화를 하는 게 상책이다.

◇ 머리를 염색한 꿈

건강이 악화되거나 신상에 불길한 일이 발생할 흉조(凶兆)이다.

◇ 빨간색 이미지가 주된 꿈

금전운과 권력을 쥐게 될 길몽이자 열정, 집념, 활기, 열렬한 사랑과 흥분 등을 상징하는 심적몽이다.

◇ 갈색 이미지가 주된 꿈

금전적인 행운과 애정운 상승이 예시된 길몽이다.

◇ 흰색 이미지가 주된 꿈

길흉(吉凶)이 상반된 꿈이다. 완벽한 능력, 순진무구, 명예와 고상함을 예시하기도 하지만 장례식, 죽음, 빈틈, 여백, 냉정함을 예시하기도 한다.

◇ 오렌지 색상이 주된 이미지로 등장한 꿈

인기 집중, 애정운 상승, 사교생활의 활발 등이 암시되는 길몽이다. 특히 연예나 오락 사업으로 승부하여 큰 성공을 거둔다.

◇ 하늘색이나 파란색 이미지가 주된 꿈

자유로움과 개성, 해방의 의미가 담겨 있다. 아울러 가보지 않았거나 경험하지 않은 세상에 대한 동경, 낯선 곳으로의 여행 등이 예시되어 있다.

◇ 직선이나 곡선 등을 그린 꿈

일직선을 그었다면 고지식하고 폐쇄적인 자신의 가치관이나 신념을 나타낸다. 곡선을 그었다면 자유로운 생활, 이해심 많은 사람에의 동경 심리를 나타낸다.

◇ 삼각형이나 사각형, 원통 등의 도형을 만지작거린 꿈

원뿔이나 원을 만지고 그린 꿈은 원만한 대인관계와 안정된 사회생활을 나타낸다. 또한 삼각형이나 사각형은 직장 안정과 가정생활에 대한 충실함을 암시.

◇ 가을 날씨가 완연하거나 가을철이 강조된 꿈

의외의 사람과 친분을 나누며 뜻하지 않았던 곳에서 애인을 사귀게 되거나 귀인을 만나게 된다. 사업과 업무의 면에서 결실과 성과가 따르는 길몽이다.

◇ **별 모양의 장난감을 갖고 놀거나 별 모양을 그린 꿈**
타인과 잘 조화되어 사회생활은 순조롭고 연인과의 사랑은 더욱 깊어진다.

◇ **연필이나 분필로 소용돌이치는 원을 여러 겹으로 그린 꿈**
세상이 발칵 뒤집힐 큰 사건이나 화제가 생겨서 사람들 사이에 떠돌게 되고 자신의 거주지나 직장에도 변동이 생긴다.

◇ **봄 날씨가 완연한 가운데 봄의 이미지가 강렬한 꿈**
운세가 상승기에 접어들었음을 나타낸다. 또한 주변 사람들에게 인기를 얻고 새롭고 활기찬 생활을 시작하게 된다.

◇ **여름 날씨가 완연하거나 여름철이 강조된 꿈**
뜻밖의 사고를 당하지 않도록 주의를 요한다. 한편 여름의 꿈은 사회적으로 왕성한 활동을 하여 이름을 날리고 유명해질 암시도 있다.

◇ **겨울 날씨가 완연하거나 겨울이 강조된 꿈**
흰 눈이 내리거나 쌓였다면 금전운이 융통해질 암시. 특히 눈밭에서 뒹굴거나 스키, 썰매를 탔다면 길운(吉運)은 더하다. 그러나 그저 춥다는 느낌만 강했다면 운세가 쇠퇴기에 접어들어 막힘이 많고 건강이 악화될 흉몽이다.

◇ **활쏘기에 몰두한 꿈**
목표를 겨냥하고 활을 쏘려 한 꿈은 이성에 대한 성적인 호기심과 욕망을 나타낸다. 사귀고 있는 애인과 깊은 관계로 발전하기를 바라는 자신의 심리가 나타난 꿈이다.

◇ 활을 쏘아서 다른 사람을 맞힌 꿈

해외로 떠나거나 거주지를 옮긴다. 혹은 회사 일로 인해 해외 발령을 받거나 애인과 이별할 것을 암시한다.

◇ 누군가가 자신을 겨냥해서 활을 쏜 꿈

오랫동안 헤어진 친구나 애인, 멀리 떨어져 있던 사랑하는 사람들이 찾아와 해후의 기쁨을 만끽할 예지몽이다.

◇ 활을 쏘아 해나 달을 맞힌 꿈

이 꿈은 명예와 신분이 상승하고 직위가 높아질 길몽이다. 한편 사회적으로는 그동안과는 다른 유행이 생기거나 혼동, 변화의 기류가 싹틀 조짐이다.

◇ 활을 쏘아 용이나 뱀을 맞힌 꿈

관록을 먹으며 국가의 일을 맡아 처리하게 되고 저명인사로서 가문을 빛낼 인물이 된다. 한편 복권 당첨 등의 횡재로 금전운 대통의 행운몽이다.

◇ 맹렬히 공격을 퍼부은 꿈

실수를 변명하기 바쁠 전망. 아울러 자신의 행동이나 생각을 정당화하거나 합리화시키려고 애를 쓰게 된다. 옳지 않은 일, 자신의 잘못을 인정하려 하지 않을 때 이런 꿈을 꾼다.

◇ 자신이 죄를 저지르고 경찰에게 체포된 꿈

승진이 좌절되고 시험에서 탈락할 흉몽이다. 또한 구설수로 인해 명예를 훼손당하고 건강이 악화될 징조.

◇ **누군가와 맞서 싸우다가 상처를 입는 꿈**

어려운 이웃이나 사회 소외층에게 봉사를 하고 큰 도움을 줄 것을 암시. 자신의 선행이 널리 알려져 사회적인 존경과 추앙을 받는다.

◇ **누군가와 맞붙어 싸운 꿈**

뜻밖의 사람에게 애정 공세를 받거나 선물을 받는다. 혹은 자신의 일이나 사업을 도와줄 귀인을 만날 길몽이다.

◇ **타인에게 공격을 당한 꿈**

넘치는 인기와 사랑을 어떻게 감당해야 할지…. 애인에게 열렬한 구애를 받고 대인관계상으로도 자신의 신임은 날로 커진다. 혹은 누군가에게 사랑을 받고 싶다는 소망이 이런 종류의 꿈으로도 나타난다.

◇ **경찰이 되어 죄를 지은 사람을 심문한 꿈**

완전히 역몽(逆夢)이다. 실제로는 자기 자신이 타인에게 추궁을 받거나 질책을 당한다. 업무적인 실수나 과오로 직장 상사로부터 호된 질책을 받는다. 혹은 불륜이나 외도로 부인, 애인에게 추궁을 받을 암시.

◇ **흉악해 보이는 강도와 맞서 싸운 꿈**

소매치기나 강도와 맞서 싸운 꿈은 부도덕한 자신의 성욕을 절제하지 못할 때 이에 대한 스스로의 양심의 거리낌을 나타낸다. 그런데 강도를 만나도 싸우지 않고 피하려 했다면 스스로의 순결을 지키겠다는 의지를 나타낸다.

◇ **1월에 관한 꿈**

새해가 아닌데도 1월이 꿈의 주된 테마였다면 이제 불행은 끝나고 행복이 시작될 암시이다. 사업상의 문제나 해결되지 않던 문제들은 새로운 계기를 맞아 점차 해결 양상을 보이게 된다. 목돈이 생기고 금전적으로도 길운이 암시된 길몽이다.

◇ **2월이나 3월에 관한 꿈**

보통 2월은 아쉬움을 상징한다. 뭔가 미흡한 업무처리, 기대에 못 미치는 사업 성과나 애정 등. 아울러 3월은 실망과 과욕에 대한 암시가 강한 꿈이다. 계획했던 일들이 허망하게 좌절되고 꿈의 일부분이 수정된다.

◇ **4월과 5월에 관한 꿈**

4월은 여행, 특히 해외여행을 가게 될 암시로 길몽이다. 그러나 5월은 사업상의 자금난과 금전적인 압박감을 상징. 이로 인해 자신의 생활은 기반이 불안정해진다.

◇ **6월에 관한 꿈**

이제까지와는 다른 성격, 취향의 이성을 만나게 될 징조. 그 사람과 새로운 사랑을 나누게 된다.

◇ 7월에 관한 꿈
현재 다니는 직장 외에 자신을 스카우트하려는 회사로부터 뿌리칠 수 없는 제의를 받아 갈등하게 된다. 혹은 현재의 애인이나 배우자 외의 새로운 연인을 사귀게 된다.

◇ 8월에 관한 꿈
사업상으로 의욕적인 계획과 도전이 효과를 나타내서 큰 이득을 남기며 업무상으로도 능력을 인정받고 애정면에서도 즐거운 데이트를 갖는다. 아울러 여행을 떠날 기회를 맞이한다.

◇ 9월에 관한 꿈
신상에 모종의 변화가 찾아온다. 사람들과의 관계나 직업, 가치관의 변화가 예시된 꿈이다.

◇ 10월에 관한 꿈
주변 사람이나 웃어른, 직장 상사의 강요로 자신의 생각을 바꿔야 할 상황이 생긴다. 업무상의 일정, 장래 계획도 일단 유보하게 된다. 그러나 자신의 의지를 꺾으면 더 큰 손해를 초래한다.

◇ 11월과 12월에 관한 꿈
11월에 관한 꿈은 미래 전망이 밝아질 길조(吉兆). 12월에 관한 꿈은 과거에 대한 정리와 반성, 직장 변동, 새로운 환경 등을 상징한다.

◇ 강도가 침입하려고 한 꿈

미혼 여성은 순결을 잃을 우려가 높다. 애인과의 데이트가 있다면 준비를 잘 해야 후환이 없을 것. 기혼 여성은 외출 시에 보석이나 예물을 소매치기 당하지 않도록 주의한다.

◇ **자신이 지니고 있던 칼을 다른 사람에게 준 꿈**
생활의 변화를 암시. 직장을 그만주거나 하던 사업을 정리하고 샐러리맨으로서 변신할 예지몽이다.

◇ **칼을 빼들고 다른 사람이나 적과 싸운 꿈**
자신의 의지대로 매사가 진행되며 활기찬 하루하루를 보낸다. 기혼 여성이라면 부부 간의 사이가 더욱 좋아지고 임신 가능성이 높다.

◇ **전쟁이 일어났지만 접전 끝에 금방 승리로 끝난 꿈**
사업이 부도 위기에 처하지만 자신의 노력 끝에 정상으로 되돌릴 수 있다. 가정적으로도 부부 파탄, 별거, 경제적 어려움을 극복하고 화목을 되찾는다.

◇ **전쟁이 일어났는데 치열한 접전이 계속되면서 오랫동안 싸움이 계속된 꿈**
현재의 어려움이나 곤경이 당분간은 지속된다. 마음의 근심도 해결되지 않아 절망감을 느낀다.

◇ **전쟁이 일어나 사람들이 죽었거나 자신도 죽은 꿈**
그간의 노력이 마침내 결실을 맺게 된다. 직장에서도 급료가 파격적으로 인상되고 직위가 주어진다. 사업가라면 기반을 확고히 다질 큰 거래를 성사시키거나 판매에 호조를 보인다.

◇ **전쟁터에서 땅에 떨어져 있는 총알을 주웠던 꿈**
무기력하고 나태한 생활을 반성하고 좀 더 적극적이고 발전적인 미래를 계획하고 실천하게 될 징조. 심기일전의 꿈이다.

◇ **각목이나 방망이로 다른 사람을 때린 꿈**
뭇사람들을 통솔하는 자리에 올라 능력을 발휘하게 될 길몽이다. 업무적으로도 자신의 독창적인 기획안으로 승부하여 진가를 발휘할 임시.

◇ **적군을 맞아 여러 사람들을 거느리고 가서 싸운 꿈**
자신을 가장 아끼고 사랑해줄 애인을 만날 행운의 꿈이다. 직장에서도 직장 상사나 경영주가 자신의 능력을 전폭적으로 믿고 후원해 준다.

◇ **대포를 쏘면서 전쟁에 임한 꿈**
답답했던 마음을 속 시원히 털어놓을 수 있게 된다. 막혔던 일들이나 미뤄져온 일들이 해결될 전망. 그러나 과중한 업무, 풀리지 않는 사업, 가정불화 등으로 심리적인 불만이 폭발 직전에 이르렀음을 나타내는 심적몽이기도 하다.

◇ **전쟁 중 총격으로 사망한 병사의 몸을 헤집어 총알을 빼낸 꿈**
추진하고 있는 일을 잘 갈무리하려면 끝까지 조바심을 늦추지 않도록 할 것. 승진이나 시험 합격을 위해서는 막판까지 최선을 다해야 한다. 방심했다간 잠깐의 실수로 행운을 놓친다.

◇ **누군가에게 죽음을 당한 꿈**
운수대통의 대길몽이다. 자금난에 허덕이던 사업은 판매 호조와 계약 성사로 점차 발전하게 되고 오랫동안 속을 썩이던 문제가 해결되어 기쁨을 느낀다. 숙원사업이 해결되고 계획한 일들이 성사된다. 새로운 생활, 새 삶이 찾아올 징조.

◇ 나무를 자르는 톱이나 정원수용 가위, 칼날을 보거나 만진 꿈
다른 사람의 모함이나 계략에 속아 피해를 입게 된다. 아울러 다른 사람의 의견이나 관계 때문에 자신의 생각대로 결정을 내리지 못하고 갈팡질팡하며 혼란을 겪게 된다.

◇ 군대 행렬을 지휘한 꿈
많은 사람들이 부러워할 경사, 행운이 겸전한다. 복권 당첨, 직위 상승 등의 기쁨이 크다. 사회적으로도 실력자로 급부상한다.

◇ 군부대를 통솔하여 이끌고 간 꿈
어려운 처지에 놓인 사람들을 도와주거나 반대로 자신이 어려운 처지에 놓였을 때 이를 도와줄 귀인을 만나게 될 암시. 직장에서도 자신을 믿고 신뢰를 해줄 직장 상사를 만날 행운몽이다.

◇ 멋진 장식장이나 진열장에 있던 화병이나 도자기를 훔친 꿈
생활환경의 변화를 나타내며 직장을 얻거나 원하던 일거리를 찾을 수 있다. 특히 미혼 남녀라면 오랫동안 혼자 짝사랑한 사람과 데이트 약속이 이뤄지고 다정한 연인 사이로 발전할 길몽이다.

◇ 여성에게 얻어맞은 꿈
공개적으로 망신당하거나 문책당하여 명예를 훼손당할 흉몽이다. 아울러 업무적, 사업적인 계획은 취소되거나 포기할 상황에 놓이게 된다. 신상에 불길한 일이 찾아든다.

◇ **낯선 타인과 심하게 말다툼을 한 꿈**
현재 사귀고 있는 연인과의 사이에 이별이 싹틀 불길한 전조(前兆)이다. 헌신해온 직장에서 정리해고 당할 우려도 암시된 꿈이다.

◇ **전쟁터에서 싸우다가 부상을 당한 꿈**
입신출세를 예시하는 행운의 꿈이다. 승진 케이스에 올라 직장 내의 위치가 안정되고 핵심부서의 책임자로 인정받는다. 사업상으로도 큰 계약이 성사되어 막대한 돈을 벌어들이게 된다. 일신상의 명예도 따른다.

입신출세

◇ **자신이 갑옷이나 완전무장 차림인 꿈**
직장의 최고 책임자로 추대되거나 저명인사로 이름을 떨칠 암시. 생활이 안정되고 경제적, 신분적인 안정이 예시된 행운몽이다.

◇ **빛이 나는 방패를 들고 있던 꿈**
방패를 보거나 가진 꿈 모두 길하다. 유능한 사원들의 활약으로 사업 규모는 날로 커지고 번창한다. 가정적으로는 유산 상속을 받거나 목돈을 벌 수 있는 부업이 있어서 넉넉한 생활을 하게 된다.

◇ 칼이 물속에 빠뜨려져 있는 꿈

국가적으로 중요한 일을 하는 사회 저명인사나 주변의 가까운 친척, 스승에게 변고가 생길 암시. 사회적으로 큰 논란이 일어난다.

◇ 칼이나 가위 등을 갖고 다닌 꿈

근무지를 옮기거나 삶의 터전을 옮겨 생활하게 된다. 승진되어 전출되거나 좀 더 큰일을 위해 이동하게 되므로 결과적으로는 길몽이다.

제8장

사람과 신령에 관한 꿈

우리의 꿈에는 대체로 신선이 많이 등장하는데 신선의 표상을
모르는 사람에게도 백발의 노인 등으로 분하여 나타난다.
이는 자신의 결핍된 상황을 도와주는 무의식의 이상적 인간상으로
자신의 불행을 헤쳐나갈 마음의 준비가 되어 있는 사람에게
도움의 손길을 의미한다.

◇ **하늘이나 저 높은 공중에서 신의 음성이나 계시가 들린 꿈**

인생의 행운을 거머쥘 절호의 찬스를 맞이한다. 운명이 자신의 편이며 하고자 하는 일은 귀인의 도움으로 순조롭게 이뤄진다.

◇ **신적인 존재나 산신령이 나타나 자신의 미래를 알려준 꿈**

국가의 일을 처리하는 고위 관직에 오르거나 대사업가로 명성과 부(富)를 함께 얻게 된다.

◇ **신선이 되어 깊은 산속의 골짜기나 지상을 자유롭게 날아다닌 꿈**

고위 관료로 성공하거나 해외 근무를 담당하며 명예를 얻게 될 암시. 한편 장사나 사업은 날로 번창하여 기반을 확고히 다지게 된다.

◇ **대통령이나 예전의 임금을 만나 절을 한 꿈**

인생의 행로가 뒤바뀔 절호의 기회를 맞이한다. 자신의 출세에 결정적 도움을 줄 직장 상사나 사회적 저명인사를 만나게 된다.

◇ **자신이 마녀가 되어 온갖 마법이나 술수를 부린 꿈**

삼각관계에 빠져 사랑의 줄다리기를 하고 있다는 암시. 그 남자를 차지하는 건 결국 자신의 몫이다. 사랑을 쟁취하게 된다. 그러나 사랑 때문에 자신의 생업이나 생활 기반이 흔들릴 정도로 그 여파는 크다.

◇ **신의 음성이 들리거나 신령이 나타나서 현재의 곤란함을 벗어날 방도를 알려준 꿈**

불가항력인 일을 앞두고 하늘의 도움과 보살핌이 따르게 된다. 꿈에 신이 나타나 도움을 주는 것은 대단한 행운이다. 뜻한 일은 계획대로 이뤄지고 부귀영화를 누린다.

◇ **선녀가 아름다운 자태로 춤을 춘 꿈**
애정은 날로 깊어가고 이상형의 연인을 만나 혼인하게 된다.

◇ **신적인 존재나 백발의 신선이 자신을 부른 꿈**
현재까지의 고생과 인내가 마침내 결실을 맺게 된다. 승진과 출세의 운이 트이고 학계나 문단에 자신의 이름 석 자를 올린다.

◇ **신령에게 고사를 지내거나 조상에게 제사를 지낸 꿈**
상이 잘 차려졌을수록 행운은 크게 돌아온다. 관록과 명예가 겸전하여 사회적으로 이름을 크게 떨치게 되며 직장에서는 능력을 인정받아 승승장구하게 된다.

◇ **사찰에서 불상을 보거나 부처님을 만난 꿈**
집안에 아들이 귀한 집은 옥동자를 출산할 태몽이다. 아울러 자손이나 후대에 가문의 명예를 빛낸 위인이 탄생할 암시.

◇ **구청이나 면, 동사무소 등의 관계 기관에 가서 어떤 문서를 보여달라고 요청하거나 열람한 꿈**
사업상의 서류 문제로 거래에 차질을 빚게 되거나 그것을 해결하기 위해 동분서주하게 된다. 아울러 과중한 업무로 한동안 시달리게 된다.

◇ **고관대작이나 유명 인사, 재벌총수가 벌이는 잔치에 참석하거나 그런 사람들과 함께 파티를 즐긴 꿈**
승진과 명예 상승, 복권 당첨에 관한 대길몽이다. 업무적으로 중대한 사안을 놓고 자신의 능력으로 문제를 해결하고 큰 계약을 성사시켜 금전적인 이득이 크게 따른다.

◇ **절에서 불상에 엎드려 절을 하고 예를 올린 꿈**
가정에 웃음꽃이 만발하고 금전적인 고통에서 벗어나게 된다. 아울러 소원이 성취되어 장래에 희망을 암시.

◇ **부처님과 얘기를 주고받은 꿈**
자신의 뜻과 인품을 믿고 후원해줄 귀인을 만나게 된다. 그 사람의 도움으로 인해 사회적인 입신출세와 부귀영화를 누리게 된다.

◇ **안전기획부나 국가의 핵심부처에서 중요한 일을 처리한 꿈**
귀인을 만나 고위 관료로 출세하고 사업은 날로 번창하며 사회적인 저명인사가 된다.

◇ **커다란 관청의 문을 열고 들어간 꿈**
국가의 일을 처리하는 고위 관료로 출세하고 국가고시에 패스하여 명예를 얻는다.

◇ **대통령이나 고귀한 신분의 사람을 초대하여 대접한 꿈**
결정적인 순간에 자신을 돕고 후원해줄 귀인을 만나게 된다. 직장 상사의 도움이나 선배, 스승, 자금후원자 등이 이에 해당한다. 아울러 복권 당첨 등의 횡재수가 암시된 길몽이다.

◇ **유명 인사나 국회의원 등 신분이 높은 사람에게 직위가 새겨진 명패나 임명장을 받은 꿈**
실제로 고위직으로 승진, 영전되고 사회적인 신분도 한 단계 상승한다. 직장 내의 위상도 높아지며 사업 수완을 발휘하여 탄탄한 기반을 잡게 된다.

◇ **신적인 존재나 저명인사, 재벌총수 등과 한 이불을 덮고 잔 꿈**

집안을 일으키고 국제적인 명성을 얻을 훌륭한 자녀를 출산하게 될 태몽(胎夢)이다.

◇ **국가의 기밀 부서나 관청에 앉아 관료들과 함께 서류를 검토한 꿈**

사법고시나 행정고시 등에 패스하여 입신양명하게 되고 금전적인 소득이 증가하여 재물이 풍족해진다.

◇ **동사무소나 국가의 관청이 다른 곳으로 이사 간 꿈**

직장 변동이나 신분의 상승이 뒤따를 암시. 혹은 사업장을 이동할 일이 발생하며 그로 인해 혜택이 주어진다.

◇ **궁궐이나 대저택, 성(城), 청와대에서 자신이 살고 있는 꿈**

만인이 우러러볼 높은 자리에 앉아 천하를 호령하게 되고 대기업의 경영주나 국회의원, 정치가로 입신출세한다.

◇ **신분이 높은 귀인이나 대통령, 탤런트, 정치가 등과 함께 식사를 하는 꿈**

승진은 순조로워지고 계획한 일은 순풍에 돛을 단 듯 순조롭게 성사된다. 곤경에 처한 상황일지라도 자신에게 호의적인 주변 사람들의 도움으로 무난히 극복할 수 있게 된다.

◇ **이상한 모양을 한 도깨비가 나타난 꿈**

도깨비에게 위협을 받거나 공포를 느꼈다면 의외의 사람으로부터 기분 좋은 소식을 듣게 되고 뜻밖의 경사도 생긴다.

◇ **국회의원이나 재벌총수, 고위 관료 등이 자신을 찾아온 꿈**
국가고시에 패스하거나 일류대학, 대기업에 들어가 명예를 떨치며 입신양명하게 된다.

◇ **죽은 사람이 자신을 쫓아오는 꿈**
심리적인 고민거리가 커지거나 많아지지만 이를 해결할 방도나 대책은 없고 함께 의논할 친구도 없다. 술을 마시거나 밤거리를 배회하며 방황하게 된다.

◇ **죽은 사람이 살아나서 말을 한 꿈**
깊숙이 감춰둔 비밀이 탄로 날 것을 암시. 마음속으로 초조해 하고 있음을 나타낸 꿈이다.

◇ **귀신과 싸우며 엎치락뒤치락한 꿈**
생각하지 않았던 사람에게 도움을 받아 사업상의 곤경을 헤쳐 나가게 된다. 아울러 계획한 일이 장애로 인해 지연되고 있을 때 뜻밖의 계기로 밀어붙일 수 있는 힘을 얻게 된다. 업무상의 어려움도 직장 상사의 도움으로 무난히 해결한다.

◇ 귀신이 나타난 꿈

귀신이 나타나 두려움에 떨면서 도망쳐 다녔다면 불의의 사고를 당하거나 질병을 앓게 될 것을 암시. 그러나 귀신과 싸워 이겼다면 질병은 치료되고 운세가 호전된다.

◇ 무당이나 점쟁이 역학자를 찾아가서 운세를 상담한 꿈

무속인에게 사주를 보거나 관상, 수상 등을 본 꿈도 마찬가지의 의미를 지닌다. 그 무당이나 역학자가 꿈에서 말한 내용대로 현실이 전개될 수도 있으나 그와는 정반대의 일이 벌어질 수도 있다. 아울러 건강에 문제가 생기고 일신상으로 불길한 일이 생긴다.

◇ 학식이 높고 경륜과 인품이 높은 스님이 된 꿈

현실에 대한 만족과 성찰을 나타낸다. 아울러 현재의 직분에 충실하고 학문에 정진하며 사업은 확장보다 내실을 기하는 쪽으로 움직일 전망.

◇ 가톨릭교의 신부가 나타나거나 신부가 미소를 짓는 꿈

친구나 애인과 당분간 떨어져 있게 되고 기다리는 사람은 약속을 어기고 나타나지 않는다. 혹은 피치 못할 사정으로 약속 장소에 나타나지 못하게 된다.

◇ 천사나 선녀가 나타나 자신을 환상적인 장소로 안내한 꿈

사회적인 능력과 정신적인 성숙을 돕고 지도해줄 귀인을 만나 장차 이름을 만방에 떨치고 인품과 명예를 얻으며 입지를 다지게 된다.

◇ **나이가 든 늙은 스님을 보거나 만난 꿈**

정신적으로 짓누르던 문제가 해결되어 심리적인 해방감을 느끼고 스스로도 정신의 성숙도가 깊어져 다른 사람들의 정신적 안식처가 되거나 상담원이 되어 준다.

◇ **사회 저명인사나 성인(聖人)이 자신을 찾아 온 꿈**

이 꿈은 상류사회로 편입할 수 있는 절호의 찬스를 맞이하며 후원자를 만나 뜻을 펼치게 된다. 승진, 영전, 합격이 순조롭고 사업상의 번창도 기약된다.

◇ **유명 인사나 정치가, 웃어른께 정중하게 인사를 올린 꿈**

윗사람이나 직장 상사의 도움으로 매사에 부귀영화를 얻는다.

◇ **승진되었거나 고위직으로 발령 받고 사람들에게 축하를 받은 꿈**

길흉이 상반(相半)된 꿈이다. 예지몽으로서 현실에서 승진, 영전되는 경사가 있는가 하면 직장을 잃거나 한직으로 밀려날 것에 대한 불길한 의미를 담고 있기도 하다.

◇ **사형을 당하기 직전에 구조된 꿈**

건강이 좋지 않은 사람이라면 이 꿈을 계기로 건강을 되찾고 생활에 활력을 느끼게 된다. 아울러 사업은 부도 직전에 자금이 풀리거나 큰 계약을 따냄으로써 고비를 넘긴다.

◇ **귀신이나 도깨비를 만나고도 전혀 무섭지 않았던 꿈**

큰 재물을 만지게 되고 고위 관료로 출세하거나 유명인사가 되어 뭇사람들에게 칭송을 받으며 부귀영화를 누린다.

◇ **귀신이나 도깨비에게 맞거나 피하다가 부상당한 꿈**

이 꿈은 건강이 나빠지고 교통사고나 재해와 같은 돌발 사고를 당할 흉몽이다.

◇ **죽은 혼령이나 귀신에게 쫓겨 다니거나 귀신을 만나 공포에 덜덜 떨었던 꿈**

질환을 앓게 되거나 컨디션이 악화되어 일상생활에서 의욕을 잃게 된다. 아울러 현실적으로 계획한 일들이 지연되거나 근심거리가 떠나지 않는다.

◇ **다수의 사람들 속에서 한 사람이 유독 돋보이거나 조명을 받은 꿈**

내 뜻과 맞지 않는 사람이 나타나 업무나 사업상으로 적지 않은 고통을 받게 된다. 신상에 불길한 일이 발생할 흉조.

◇ **죽은 사람이 벌떡 일어나 걸어 다닌 꿈**

곤란한 입장에 빠지거나 오해를 받아 난처한 처지가 된다. 또한 구설수와 시비에 휘말려들어 심신이 피곤해진다.

◇ **죽은 사람을 앞에 두고 서럽게 흐느낀 꿈**

가정에 질환자가 생기거나 불길한 일이 발생할 암시. 그리고 사업상으로나 문서상으로 사기를 당해 집안이 경제적인 궁핍을 겪을 가능성이 높다.

◇ **시체나 죽은 사람의 몸을 깨끗이 목욕시켜 준 꿈**

대형 사고나 부도 직전에 귀인의 도움이나 기적적인 우연으로 사고를 모면하고 사업을 추스릴 수 있게 된다.

◇ 사람을 해치려고 시도하지만 끝내 죽이지 못한 꿈

막혔던 일은 순차적으로 풀리고 운세가 상승기에 접어들어 승진과 입신양명의 소원이 성취된다. 경사가 생길 길몽이다.

◇ 돌아가신 아버지나 고인이 된 사람과 함께 음식을 먹은 꿈

원고 청탁을 받게 되고 직장 상사나 윗사람, 귀인의 도움으로 곤경을 극복할 수 있게 된다.

◇ 고인이 되신 아버지가 나타난 꿈

현재의 사업에 만족하고 있음을 나타낸 꿈이다. 직장인은 업무에 충실하고 사업은 활기를 유지한다. 아울러 생활에 주관과 의지를 갖고 임할 것을 촉구하는 의미도 있다.

◇ 자신이 죽은 꿈

새로운 생활을 하게 되거나 이제와 다른 모습으로 살아가게 된다. 특히 사랑에 빠질 이성을 만나 즐거운 나날을 보내고 가치관의 변화, 일상의 변화가 암시된 꿈이다.

◇ 땅에 쓰러져 죽은 듯이 누워 있던 꿈

자신의 신상과 관련된 불길한 소식을 듣거나 오해를 받아 심기가 불편해진다. 직장에서 질책을 받거나 해고의 위기에 직면하며 친구나 동료 직원으로부터 불쾌한 얘기를 듣게 된다.

◇ 고향의 부모님이 돌아가셨다는 소식을 들은 꿈

재판을 벌이거나 구설수에 휘말릴 흉몽이다. 아울러 건강에 문제가 생기거나 사업상의 위기로 인해 큰 곤경에 처한다.

◇ **타인을 살해하거나 죽이고 나서 통쾌하게 느낀 꿈**

이제 현실의 어둠은 걷히게 되고 희망찬 미래가 다가오고 있다. 지지부진하던 일이나 대인관계, 사업은 자신의 과감한 추진력으로 좋은 성과를 나타낸다. 매사에 행운과 활력을 기대할 수 있는 꿈이다.

◇ **자신의 목을 누군가가 졸라서 졸도한 꿈**

값이 비싼 보석이나 귀중품을 분실, 도난당할 암시. 소매치기를 조심해야 한다. 또한 심리적으로 자신의 마음을 빼앗길 상대를 만나 심리적인 고민과 갈등이 심해진다.

◇ **갓난애가 죽은 꿈**

심리적인 고민에서 벗어나며 집안의 재앙도 해소될 길몽이다. 경쟁관계의 대상이나 업체보다 우위에 서게 된다.

◇ **땅을 치면서 슬피 울었던 꿈**

크게 울수록 기쁨도 크게 돌아온다. 간절히 바랐던 소망이 마침내 이루어져서 삶의 보람을 찾게 되고 가족에게도 경사가 겹친다.

◇ 돌아가신 부모님이나 가족, 친척이 슬피 운 꿈

이러한 꿈을 꾼 것은 가정에 불길한 일이 발생할 것을 암시하는 것이다. 회사에서 정리해고를 당하거나 배우자와 이혼할 위기를 맞게 된다. 또한 자녀가 건강이 악화되거나 사고를 당해 우환 속에서 헤맬 흉몽이라 할 수 있다.

◇ 국가 원수나 중요 장관급 인사 등이 죽어서 사람들에게 화제가 된것을 본 꿈

고위 관료로 임명되어 명예를 떨치게 되고 작가라면 베스트셀러를 출판하는 영광을 안게 된다. 직업상으로도 신분이 상승되어 많은 부하 직원을 거느리게 된다.

◇ 사형을 언도받거나 사형당할 처지에 놓인 꿈

중병을 앓아 온 환자라면 쾌차되고 집안의 우환은 해결된다. 또한 승진 문제로 고민해온 직장인은 소원이 성취되어 활기찬 사회생활을 하게 된다. 행운의 꿈.

◇ 소나 돼지를 죽인 꿈

정신적으로 의지가 될 만한 사람을 만나고 경제적인 후원도 받을 수 있게 된다. 혹은 자신의 장래를 이끌어 줄 은사나 선배와의 만남이 예시된 꿈이다.

◇ 높은 산꼭대기나 높아 보이는 위치에 무덤이 있는 꿈

승진과 출세에서 유리한 입장에 놓이고 직장 상사나 집안 어른, 조상의 보살핌과 음덕으로 매사에 승승장구하게 된다. 아울러 사업상의 새로운 동업자나 친구를 만날 암시.

◇ **목을 매달아 자살하거나 타인이 목을 매달고 죽은 꿈**

완전한 역몽(逆夢)이다. 복권 당첨 등의 횡재가 따르고 상사나 윗분께 인정을 받아 고위직으로 임용되어 부귀영화를 누리게 된다.

◇ **심장에 칼을 맞고 죽은 꿈**

전업이나 전직, 사업상의 결단 등을 앞두고 심리적으로 크게 갈등하고 고민한다는 의미이다. 또한 빚을 갚지 못해서 채권자를 피해 다닐 때에도 이런 종류의 꿈을 꾼다.

◇ **어두운 밤에 물에 빠지거나 높은 곳에서 추락하여 자살을 선택한 꿈**

귀인을 만나 그간 꿈꿔온 새 인생을 시작하게 된다. 또한 이제까지와는 다른 새로운 환경에서 생활하고 가치관과 의식의 변화를 겪게 된다.

◇ **상가(喪家)에 조문을 가거나 장례식에 참석한 꿈**

그동안 복잡하게 뒤엉켰던 일들은 서서히 해결의 기미를 보이게 되고 마음의 결정을 내리지 못했던 문제들도 유리한 방향으로 결판이 나게 된다.

◇ **누군가가 칼이나 흉기에 찔려 피를 흘리는 꿈**

타인의 협조로 하고자 하는 일이 순조롭게 성사된다. 또한 뜻밖의 선물을 받거나 행운이 따른다.

◇ **부모님이나 친척 어른의 임종을 지켜본 꿈**

뜻밖의 유산 상속이나 경제적인 이로움을 얻을 행운의 꿈이다. 진로를 결정하지 못해 방황하고 있었다면 이 꿈을 계기로 방향을 선택하고 매진하게 된다. 길운이 암시된 꿈이다.

◇ **인파로 북적대는 절에 가서 예를 올린 꿈**

조상의 음덕과 보이지 않는 도움으로 가문에 경사가 겹치고 일신상으로 명예와 신분 상승의 기회가 주어진다.

◇ **절에서 향을 피우고 절을 한 꿈**

원하던 일자리가 생기고 사업가는 큰 계약을 성사시켜서 사업 기반을 다지게 된다. 병석에 누워 있는 환자에게도 쾌유의 기쁨이 주어진다.

◇ **관 뚜껑이 열린 채 시체가 들어있던 꿈**

꿈의 외형과 달리 해몽(解夢)의 의미는 길(吉)하다. 그간의 노력과 수고를 인정받아 승진, 특혜, 행운, 부귀가 주어지며 집안에 큰 재물이 들어오게 된다.

◇ **상여나 상여 행렬을 구경한 꿈**

꽃가마 타고 시집가게 될 암시. 미혼 남녀라면 마침내 천생연분을 만나 혼담이 성사된다. 기혼자라면 그간의 불화를 극복하고 서로의 사랑을 돈독히 다진다. 경사가 발생할 길몽이다.

◇ **잔치를 벌이고 있는 집에 상복을 입은 상제가 나타난 꿈**

자식 중에서 재해나 교통사고를 당해 불구가 되거나 죽음을 맞이하게 될 사람이 생긴다. 가정에 우환이 생길 흉몽이다.

◇ **시신이 없는 빈 관을 메고 간 꿈**

문서 보증을 잘못 서주어 재산 손실을 당하고 사업가라면 부도 위기에 직면한다. 아울러 사기나 속임수를 당할 우려가 있으니 항상 조심해야 한다.

◇ 관이 무덤 밖으로 나와 있는 꿈

값비싼 가구나 보석류를 선물 받거나 얻을 예지몽이다. 재물과 보화가 타인의 호의나 도움으로 들어오게 된다.

◇ 위패를 만들거나 만진 꿈

귀한 자식을 낳게 되거나 가족이 늘어날 것을 암시. 특히 재혼한 남성이라면 대를 이을 아들을 얻게 된다.

◇ 시체를 넣는 관이 고급스럽고 튼튼하게 짜여져 있는 꿈

꿈에 보인 관은 현실적으로 느끼고 있거나 안고 있는 답답함과 문제를 나타낸다. 심한 좌절감을 맛보고 있다는 의미이다.

◇ 도시 대로변이나 신작로에다가 사람의 시체를 내놓은 꿈

사회적으로 저명인사가 되어 상류층 사람들과 교류하게 되며 인기 연예인으로 출세할 길몽이다. 혹은 역사적으로 평가받는 예술 작품을 발표하게 된다.

◇ 부패한 시체에 하얀 구더기가 우글거린 꿈

꿈의 외형은 불결하지만 그 의미는 대길(大吉)하다. 이제까지 쏟은 땀과 노력이 마침내 성공의 밑거름이 되어 큰 부자가 되거나 저명인사가 되어 명예를 높인다.

◇ 시체가 썩어서 시냇물에 떠내려가는 꿈

운수대통이 암시되는 길몽 중의 길몽이다. 국가적으로 중요한 일을 맡아 처리하거나 뭇사람들의 이목을 집중시키는 일을 하여 이름을 만방에 떨치고 금전운도 상승한다. 매사에 행운이 넘친다.

◇ **부엌이나 헛간에 숨어서 관을 본 꿈**
다른 사람에게 돌아갈 행운이 우연한 기회에 자신의 차지가 될 꿈이다. 직장을 얻거나 승진면에서 매우 유리하고 재물을 얻을 찬스도 주어진다.

◇ **무덤이 저절로 벌어지거나 열린 꿈**
오랫동안 계획하고 준비해온 일들이 마침내 성과를 나타내면서 소망을 성취하게 된다. 행운이 열린다는 암시.

◇ **뼈만 앙상하게 남은 시체를 본 꿈**
자신의 비밀이나 업무상의 실책이 대중에게 탄로날까봐 심리적으로 두려워하고 있다는 의미이다. 다분히 심리적인 꿈이다.

◇ **밤중에 제사를 지낸 꿈**
윗분이나 돌아가신 조상들의 음덕으로 매사가 길하여 소원을 성취하며, 자신의 의지 외에 타인의 협력과 신임으로 부귀영화를 누리게 된다.

◇ **이불이나 침대 시트에 피가 묻은 꿈**
불륜이나 외도, 바람직하지 않은 애정행각 등을 암시한다. 성적으로 문란해지고 남녀 간의 문제로 구설수에 올라 명예를 훼손당한다.

◇ **무덤 앞에 엎드려 절을 한 꿈**
소망을 성취하고 조상의 음덕으로 명예를 얻는다. 혹은 일생을 좌우할 중요한 결정을 내리게 된다.

◇ **시체가 썩어 몹시 불쾌한 냄새가 났던 꿈**
복권이 당첨되거나 경품당첨, 포상금 등으로 뜻밖의 재물을 얻게 된다. 사업가라면 사운(社運)을 좌우할 큰 거래를 성사시켜 생산에 박차를 가하게 된다.

◇ **뼈만 앙상하게 남은 시체를 본 꿈**
자신의 비밀이나 업무상의 실책이 대중에게 탄로날까봐 심리적으로 두려워하고 있다는 의미이다. 다분히 심리적인 꿈이다.

◇ **죽은 사람의 시체를 풀이나 모래 등으로 대충 매장한 꿈**
비밀이 들통 나고 사업상의 핵심 기술이나 중요한 자료가 외부에 유출되어 큰 손해를 입는다. 아울러 일신상으로 명예를 훼손당한다.

◇ **누군가에게 용서를 청하거나 어떤 일을 간곡히 부탁한 꿈**
마음속의 비밀이나 진실을 털어놓게 된다. 혹은 예지몽으로서 자신의 상황을 극복할 수 있도록 누군가에게 도움을 요청할 일이 발생한다. 그 결과 자신의 소망과 계획은 순조롭게 이뤄지고 사업상으로도 좋은 기회가 주어진다.

◇ 누군가에게 쫓기다가 은신처로 피신한 꿈

업무상의 실책으로 직장을 잃거나 재산 피해, 명예와 신분의 상실이 우려되는 흉몽(凶夢)이다. 심리적인 갈등이 증폭된다.

◇ 흉악범이나 불량스런 인상을 띤 사람과 얘기를 나눈 꿈

자신을 중상모략하는 자에 의해서 좋지 않은 구설수에 올라 마음을 다치게 되고 금전적인 피해를 입게 된다.

◇ 자신이 누군가에게 복수를 하거나 통쾌하게 승리를 한 꿈

그간의 마음고생이나 인내로 숨죽이며 살아온 자신에게 현실적으로 유리한 환경이 전개된다. 생활환경의 변화로 인해 마음껏 감정을 표출하고 능력을 발휘할 기회가 주어지며 좋은 결과를 얻는다.

◇ 초라해 보이는 자신의 집에 누군가가 찾아와 도움을 청한 꿈

꿈의 외형과 반대로 길몽이다. 귀인의 도움으로 재산이 날로 풍족해지고 신분이 높아져서 뭇사람들에게 부러움의 대상이 된다.

◇ 누군가가 자신의 집 대문이나 현관 앞에 서서 자신을 부른 꿈

대흉몽이다. 큰 사고를 당하거나 질병을 얻어서 죽음의 순간을 맞이할 수도 있다. 자신을 부르는 누군가는 이 꿈에서 저승사자의 의미를 지닌다.

◇ 낯선 타인이 자기 앞에 엎드려 절을 한 꿈

의외의 돌발 사고나 우환을 겪을 가능성이 높으므로 주의를 요한다. 아울러 타인의 속임수에 의해 직위 상실이나 명예훼손을 당하며 건강이 악화될 가능성도 높다.

◇ **영업사원이나 외판원이 되어 상품을 팔려고 애를 쓴 꿈**
동료 직원이나 형제, 타인의 도움과 신임을 얻어서 승승장구하게 된다. 재산은 날로 늘어나고 승진과 출세도 순조로우며, 소원 성취의 꿈이다.

◇ **많은 사람들이 자신에게 박수를 치면서 칭찬하거나 환영한 꿈**
역몽(逆夢)으로서 꿈의 의미는 흉하다. 직장 동료나 친구들, 이웃 사람들에게 따돌림을 받거나 비난을 받을 암시.

◇ **거지나 초라한 차림의 사람과 대화를 나눈 꿈**
사회적으로 명성을 떨치게 되고 가정적으로 재산이 풍족해져서 윤택한 생활을 하게 된다. 사업가라면 큰 계약을 성사시켜 기반을 다지게 된다.

◇ **자신이 미친 사람이 되어 거리를 활보한 꿈**
생각한 모든 일들이 뜻대로 이뤄질 대행운의 꿈이다. 유명인사가 되어 매스컴의 조명을 받게 되고 명예를 쌓게 된다.

◇ **미친 사람이나 정신병 환자가 거리를 배회하고 다닌 꿈**
타인으로 인해 자신의 직장이나 사업에 문제가 발생할 흉몽이다. 또한 구설수나 사기에 주의를 요한다.

◇ **대통령이나 재벌총수, 국회의원, 인기 연예인으로부터 명함을 받은 꿈**
사회적으로 유명한 사람들에게 명함을 받은 꿈은 행운과 횡재의 암시. 복권당첨이나 포상금 수여 등의 횡재를 하게 되고 업무상으로 능력을 인정받아 책임자급으로 승진하게 된다.

◇ **거지가 되었거나 거지 차림으로 동냥하러 다닌 꿈**

국가적으로 중요한 일을 맡아 처리하는 요직에 오르게 되고 집안은 풍족해서 부귀영화가 겸전하는 삶을 살게 된다.

◇ **타인의 명령에 따르거나 심한 꾸지람을 듣고 그대로 행동한 꿈**

직장에서는 승진의 소식이 들리고 사업상으로 중대한 계획을 실현시켜 사업 기반을 다지게 된다. 능력 발휘와 명예를 얻을 것을 암시.

◇ **부상이나 사고를 당해 지팡이나 목발 등을 짚고 다닌 꿈**

자신의 힘겨운 현실을 이끌어줄 귀인이나 협조자를 만나게 된다. 사업가라면 자금난을 덜어줄 후원자를 만나고 직장인이라면 자신을 신임해줄 상사나 동료를 만나 능력을 발휘하게 된다.

◇ **벙어리가 되어 말을 할 수 없는 꿈**

운세가 막히고 하던 일들이 실패로 돌아갈 징조이다. 이로 인해 심신이 불안정해지고 금전적 손실과 명예 상실의 불운을 겪는다.

◇ **맹인이 되어 앞을 볼 수 없게 된 꿈**

두 가지의 의미를 지닌 꿈이다. 첫째는 열렬한 사랑에 빠져 달콤한 시간을 가진다는 것이고 둘째는 계획이 좌절되어 심한 절망과 자포자기에 빠질 것을 암시. 길흉이 상반(相半)된 꿈이다.

◇ **맹인이었던 사람이 갑자기 눈을 떠 앞을 볼 수 있게 된 꿈**

답답한 현실이 개선되고 희망찬 미래가 펼쳐질 행운의 예지몽이다. 사업은 갈수록 번창하여 확고한 기반을 갖추며 일신상으로는 명예와 신분의 상승이 따른다.

◇ **싫어했던 직장 상사나 동료, 거래처 사람을 만난 꿈**

업무상으로 원치 않은 일을 떠맡게 되거나 과로로 시달리게 되며 사업가라면 계약이나 판매, 생산 등이 계획대로 되지 않아 곤경에 처한다.

◇ **집안이 망해서 가족이 거지가 되거나 살림살이가 갈수록 궁핍해졌던 꿈**

완전한 역몽(逆夢)이다. 재산이 날로 늘어나서 큰 부자가 되며 명예를 얻고 신분이 상승되는 기쁨을 만끽한다.

◇ **누군가가 자신을 포옹한 꿈**

자신의 어려움을 해결해줄 귀인을 만나게 된다.

◇ **어떤 사람이 자신의 팔이나 손을 잡아당긴 꿈**

직장을 구하는 취업준비생에게는 최대의 행운몽이다. 원하던 직장에 취직할 수 있게 된다. 아울러 자신의 사업이나 소송과 관련된 청탁 등의 면에서 이를 돕고 해결해줄 귀인을 만나게 된다.

◇ **누군가와 함께 해외로 여행을 가려 하거나 먼 길을 함께 떠날 준비를 한 꿈**

회사 내에서 자신의 일이나 위치가 불안정해지고 사업 또한 계획과는 다르게 진행되어 갈등을 느끼게 된다.

◇ **어떤 사람을 만나려고 애를 썼으나 끝내 만나지 못한 꿈**

심리적인 꿈으로서 실제로 누군가를 그리워하여 만나려 하나 현실적인 제약으로 만나지 못하고 있음을 나타낸다. 혹은 사업이나 장사가 뜻대로 되지 않아 고심하고 있다는 의미를 나타낸다. 직장인이라면 당분간 원치 않은 일을 떠맡아 해결하게 된다.

◇ **곤란한 상황에 처했을 때 자신을 도와주는 사람이 나타난 꿈**

꿈의 의미가 그대로 현실이 된다. 중병을 앓던 환자라면 쾌차되어 건강을 되찾고 회사에서는 자신의 업무 능력이 높게 평가되어 직장 상사의 신임을 얻어 승진가도를 달린다.

◇ **누군가의 명령이나 지시에 따라 일을 하면서 굴욕감을 느낀 꿈**

자신을 신임하는 직장 상사의 도움으로 어려운 일을 처리하여 승진 케이스에 오르게 되고 개인적으로도 귀인의 협조를 얻어 금전적으로 풍족해진다.

◇ **인기 탤런트나 가수 등의 스타와 연인 사이로 데이트를 즐긴 꿈**

사회적으로 유명한 사람과 만나거나 친한 사이로 나왔던 꿈이라면 자신의 심리적 열등감이 표출된 심적몽으로 분류한다. 자신이 뭇사람들에게 돋보이는 사람, 능력 있는 사람으로 인정받고 싶다는 마음이 꿈으로 표출되었다.

◇ **어떤 사람을 자신의 부하 직원이나 고용인으로 채용한 꿈**
삶의 터전을 옮기거나 직장을 변동하게 된다. 어쨌건 일상생활의 변화를 예고한 꿈이다.

◇ **누군가를 품에 끌어안거나 포옹한 꿈**
신상의 일로 타인에게 도움을 청하거나 관청에 청탁할 일이 생긴다.

◇ **누군가가 자신에게 함께 떠나자고 제의하거나 재촉한 꿈**
돌발적인 교통사고나 재해를 당할 우려가 크다. 혹은 갑작스런 정리해고로 직장을 잃거나 직위를 잃을 암시가 있다.

◇ **친한 친구와 심하게 말다툼을 한 꿈**
신상에 불운이 따를 흉조이다. 근거 없는 구설수에 올라 명예를 훼손당하거나 직장에서의 위치가 불안정해진다. 심리적으로 불안과 갈등이 커진다.

◇ **친구나 동료와 함께 일을 처리하거나 서류를 검토한 꿈**
자신의 곤경을 극복하도록 도와줄 귀인이 나타나고 업무상으로도 자신에게 도움이 될 상사나 부하를 만나게 된다. 장래의 희망이 엿보이는 길몽.

◇ **갓난애를 목졸라 죽이거나 물에 빠뜨려 죽인 꿈**
꿈의 외형은 끔찍하지만 해몽은 반대로 길하다 할 수 있다. 자신을 힘들게 한 현실적, 경제적인 고민을 꿋꿋하게 이겨내고 마침내 행복으로 가는 첫 계단을 밟게 될 꿈으로 고민과 곤경 극복의 의미가 담겨 있다 할 수 있다.

◇ **타인의 말이나 행동을 그대로 따라서 흉내 낸 꿈**
생각하지도 않았던 곳에서 문제가 생기거나 근거 없는 뜬소문으로 시달림을 받게 된다. 혹은 지갑이나 보석 등의 손실이 우려된다.

◇ **경쟁 관계의 동료나 친구에게 얻어맞은 꿈**
둘 사이의 라이벌 의식은 해소되고 오히려 서로 돕고 의지하는 우정을 키워나가게 되며 인생의 동반자겸 협조자로서 긴밀한 사이가 된다.

◇ **여러 사람이 소리를 맞춰 함께 운 꿈**
행운과 소망 성취가 암시되는 대길몽이다. 많은 사람들이 우러러 보는 높은 자리에 올라 이름을 떨치고 권력을 행사하게 된다.

◇ **한 가족이나 형제끼리 모여 함께 운 꿈**
이 꿈은 흉몽이다. 재산 손실이나 가정적인 우환(질병, 사고)으로 한동안 침체기에 들어선다.

◇ **누군가에게 잘 보이려고 애를 쓰거나 누군가를 기쁘게 해주려고 노력한 꿈**
직장에서 경쟁 관계의 동료직원이 생겨서 자신의 입지가 불안정해지고 사회적인 신분이 불안정해지며 재정적인 곤란도 겪게 된다.

◇ **연설을 듣고 있는 군중들과 함께 있다가 어느새 연설자인 유명 인사와 악수를 나눈 꿈**
그저 유명 인사와 악수를 하였다면 길몽이지만 연설의 꿈은 속임수를 의미하는 것이므로 꿈의 의미는 흉하다. 이득이 되지 않는 일에 휘말리거나 타인에게 행운의 기회를 뺏기게 된다. 직장 동료들에게 묻혀 승진의 기회도 더디게 온다.

◇ **많은 사람이 떼를 지어 자신을 향해 몰려온 꿈**
대인관계가 원만해지고 자신을 믿고 따르는 사람이 여러 명 생길 암시. 입신출세, 사회적 신분 상승이 따르는 길몽이다.

◇ **자신이 기술자가 되어 기계나 자동차, 컴퓨터를 능숙하게 만진 꿈**
업무적으로나 지식적인 측면에서 자신감이 결여된 상태를 나타낸 꿈이다. 혹은 자신의 능력이나 지식을 시험당할 상황에 처해질 암시.

◇ **형제나 자매끼리 함께 뭔가를 한 꿈**
유산 분배나 재산 소유권 문제로 형제, 자매간에 불화와 반목을 일으키며 심하면 소송까지 벌인다.

◇ **남자가 비구니나 수녀로 변한 꿈**
의외의 사고로 사업 실패, 승진 좌절 등의 불운을 겪게 된다. 안팎으로 자신에게 불리한 상황이 전개 된다.

◇ **감방에 갇힌 죄수가 구타를 당하는 것을 지켜본 꿈**
이 꿈은 금전상의 횡재가 암시된 길몽 중의 길몽이다. 도박으로 큰돈을 따거나 복권 당첨, 유산 상속으로 일약 거부(巨富)가 되어 윤택한 생활을 한다.

◇ **여자가 남자로 변하거나 비구니나 수녀가 남자로 변한 꿈**
막혔던 운세가 풀려서 상승기에 접어들고 원하던 일들은 소원대로 성취한다. 승진과 출세에도 유리하다.

◇ **강당이나 교실에서 저명인사의 연설을 듣거나 선생님의 설명을 들은 꿈**

현재 시도하고 있는 일이나 계획한 일에 대해서 재검토의 시간을 갖게 되며 다시 한 번 생각하고 살펴볼 계기가 생긴다. 계획에 약간의 차질이 발생한다.

◇ **목사나 신부, 스님으로부터 곡식을 받거나 뭔가를 선물 받은 꿈**

이 꿈은 신앙이 깊고 종교적으로 대성(大成)할 자녀를 출산하게 될 태몽이다.

◇ **형이나 아우, 언니가 사고를 당하거나 병을 앓는 꿈**

실제로 형제, 자매에게 불의의 사고나 질병이 찾아올 예지몽이다. 혹은 형제나 자매에게 심리적인 근심이나 부부 불화가 발생할 암시.

◇ **온 가족이나 친척끼리 한 방에 둘러앉았던 꿈**

가족이나 친척에게 좋지 않은 일이 생기고 신상에 근심, 질병 문제가 생겨서 애로를 느끼게 된다. 갈등 발생의 암시.

◇ 자신이 목수가 되어 목공일을 하는 꿈
숨은 능력과 기술, 예술성을 인정받아서 직위가 상승되고 재물도 넉넉해진다. 자신의 주가를 올릴 기회가 온다.

◇ 목공일을 하거나 집을 짓고 있는 목수를 본 꿈
자신의 외모나 생활환경에 대해 심한 열등감을 갖고 있음을 나타낸다. 그것을 바꾸고 싶다는 심리가 드러난 심적몽(心的夢)이다.

◇ 고향에 계신 부모님이 어떤 이유로 등장한 꿈
고향에 계신 부모님께 좋지 않은 일이 생길 징조이다. 지금 당장 안부 전화라도 드려 보는 게 현명할 듯하다. 한편 자신의 신상에도 좋지 않은 일이 발생할 우려가 높다.

◇ 낯선 여자가 갓난애를 출산한 꿈
출산한 아이가 알몸이었다면 경사가 발생할 길몽(吉夢)이다. 하지만 그 아이가 옷을 입고 있는 모습이었다면 타인으로 인해 재산을 잃거나 신상에 근심이 따를 흉몽(凶夢)이다.

◇ 갓난애가 자신에게서 떨어지려 하지 않은 꿈
현실적인 근심과 고민이 좀처럼 해결되지 않아 피로가 누적된다.

◇ 어린 아이나 갓난애를 등에 업고 다니며 힘들어한 꿈
이 꿈 역시 흉몽이다. 사업 침체는 계속되고 과중한 업무로 인해 심신은 지치고 건강도 악화된다.

◇ **집안사람이나 친척 어른이 돌아가셔서 상복을 입은 꿈**
뜻밖의 행운이 주어진다. 명예를 얻으며 유산 상속, 승진, 복권 당첨 등의 경사가 겸전한다.

◇ **친척이나 형제들끼리 모여 잔칫상을 차려 놓고 즐거워한 꿈**
집안에 부귀영화가 찾아와 최상의 기쁨을 만끽할 길몽이라 할 수 있다. 아울러 부동산 가격의 상승이나 유산 상속 등으로 재산이 늘어날 것을 암시 하는 꿈이다.

◇ **돌아가신 부모님이나 조부모가 눈물을 흘리며 나타난 꿈**
신상에 중대한 위기가 닥치고 있으니 주의하라는 암시. 혹은 가족들에게 사고나 질병, 재물 손실 등이 따를 흉몽이다.

◇ **여자 아이를 안거나 집으로 데려오거나 귀여워한 꿈**
직장을 잃거나 신변에 불길한 일이 발생하며 가족 중에서 중병을 앓을 사람이 생긴다. 가정에 우환이 따를 흉몽이다.

◇ **총명한 갓난애가 자신에게 말을 하거나 자기 방으로 들어온 꿈**
총명한 아이를 출한하게 될 태몽(胎夢)이자 재물운이 따라서 큰돈이 들어올 행운의 꿈이다. 소망 성취가 암시된다.

◇ **돌아가신 부모님이 어디론가 자신을 데리고 가거나 어딘가로 가자면서 재촉한 꿈**
교통사고나 재해, 의외의 사고를 당하지 않도록 각별히 주의하도록 한다. 예기치 않은 사고, 질병 등으로 생명을 잃을 수 있으므로 항상 주의해야 한다.

◇ **어린 아이가 죽거나 실종되었다고 찾아다닌 꿈**
어린 아이가 죽은 꿈은 근심과 고민의 해소를 상징한다. 따라서 어려운 일은 끝나고 희망과 기쁨이 암시되는 미래가 예시된 길몽이다.

◇ **시신 앞에 절하는 꿈**
정신적·물리적인 유산을 상속받게 된다. 조상의 누구에게 큰절을 하면 집안 또는 기관에서 어떤 상속을 받을 일이 생기게 될 것을 암시한다.

◇ **조상이 눈물 흘리는 것을 본 꿈**
식구 중에 한 명이 병에 걸리거나 가세가 기우는 등의 일이 생기고 집안에 불행이 시작 되는 것을 암시하는 꿈이다.

◇ **죽은 부모, 친인척 또는 동료와 식사하는 꿈**
함께 먹은 음식이 만약 죽은 사람이 준비한 것이라면 큰 흉몽이다. 그러나 그 음식을 누군가 미리 차려놓았거나 자신이 차린 것이라면 대운이 찾아올 길몽이다.

제9장

동물과 식물에 관한 꿈

동물에 관련된 꿈은 소, 말, 돼지, 개 등 가축에 관련된 꿈이 주로 많고,
이들은 민간 신앙과도 깊은 관련을 가지고 있다.
일반적으로 용, 호랑이, 사자, 뱀 등은 길몽이고
말과 개 등은 불길한 꿈으로 여기지만 상황에 따라 다르게 풀이되기도 한다.

◇ 말을 타고 있거나 말을 타고 간 꿈
자금난으로 시달리거나 산업재해로 큰 위기를 맞이하게 되지만 내조하는 부인의 도움으로 위기를 극복하고 사업상의 번창을 기하게 된다.

◇ 백마를 타거나 백마를 얻은 꿈
행운을 얻게 될 길몽. 남성이라면 성격이 차분하고 어진 여인을 배필로 만나게 된다. 여성은 오랫동안 꿈꿔온 이상형의 남자를 만날 암시로 풀이한다.

◇ 말이 들이나 산으로 도망간 꿈
불의의 사고로 죽음을 맞이하거나 크게 부상을 당할 암시. 흉몽으로서 주의를 요한다. 건강 악화, 자식에게 닥칠 사고 등도 암시된 흉몽이다.

◇ 말이 부상을 당해 피를 흘린 꿈
믿었던 친구나 연인, 배우자에게 배신을 당하고 마음의 상처를 입게 된다. 또한 감당하기 힘든 현실이 닥치거나 풀리지 않는 문제로 인해 심리적 갈등과 고민이 더욱 커진다.

◇ 말을 기름지고 멋있게 잘 사육한 꿈
미모를 갖춘 여성을 천생배필로 맞이하게 될 암시. 집안에 화목함이 넘치고 활기찬 생활을 하게 된다.

◇ 검은색 말이나 얼룩말을 본 꿈
그런 종류의 말을 탄 꿈도 마찬가지의 의미를 지닌다. 사업은 부도 위기에 직면하고 자금 압박이 심해져 하루하루를 지탱하는 것도 힘이 든다. 인생의 고비에 놓여 심란한 마음을 다스리기 힘들어진다.

◇ **털이 윤기가 흐르면서 잘 생긴 백마를 타고 질주한 꿈**
시도한 일마다 막힘없이 일사천리로 진행된다. 계약 성사, 승진, 시험 합격 등의 큰 성공이 기다리고 있다.

◇ **말을 타고 벌판을 내달린 꿈**
세상의 주 무대에 서서 갈채를 받는 인생의 주연 배우가 되고 싶다는 사람의 심리가 잘 드러난 꿈이다. 타인보다 빨리 출세하고 위대해지고 싶다는 욕망, 타인을 지휘하고 지배하고 싶다는 무의식적 욕망이 내포된 꿈이다.

◇ **나무에 꽃이 만발한 꿈**
가정이 화목하고 형제간에 우애가 돈독해질 암시. 사랑은 결실을 맺어 양가 어른의 축복을 받으며 혼례를 올리게 된다.

◇ **따사한 햇볕 아래에서 묘목을 심거나 묘목을 양지바른 곳으로 옮겨 심은 꿈**
사업적인 곤경이나 생활의 혼란, 궁핍으로 삶에 지쳐 있을 때 자신을 아는 친구들이나 이웃, 형제들이 발 벗고 나서서 서로 도움을 주려 한다. 우정과 사랑의 꿈이다.

◇ **고목나무에 꽃이 피어난 꿈**
자포자기에 빠진 사람이라면 이 꿈을 계기로 다시 한 번 삶의 의욕을 갖게 된다. 다 꺼져 가던 불씨가 되살아나서 부도난 공장 문을 다시 열어 생산에 박차를 가하고 현실적인 절망감도 씻은 듯이 없어진다. 새로운 일, 새로운 환경을 만나 재도전할 전망, 육체적인 욕망이 강한 사람들이라면 뜨거운 관계로 발전할 이성을 만날 징조이다.

◇ **나뭇가지를 꺾은 꿈**

연인과 이별하거나 친구와 헤어질 암시. 혹은 형제나 자매들이 해외로 떠나 서로 그리워하며 살게 된다. 실연, 이별, 떠남을 상징한다.

◇ **지붕에 단풍나무가 솟은 꿈**

살고 있는 집이 화재로 전소될 우려가 있는 예지몽이다. 혹은 집에 강도가 들어 돈 잃고 생명까지 위협받을 대흉몽이다.

◇ **여러 종류의 나무가 한 곳에서 자란 꿈**

다른 업체나 여러 부서들이 공동의 이익을 위해서 함께 일하게 될 징조. 혹은 다양한 직업과 성격을 가진 사람들과 대인관계를 맺으며 활발한 사회활동을 할 전망이 드러난 꿈이다.

◇ **집안이나 마당에 나무가 빽빽하게 많이 자란 꿈**

집안에 흉흉한 일이 겹쳐 가운이 쇠퇴할 흉조이다. 가족끼리 다퉈서 불화가 심해지고 이로 인해 스스로 목숨을 끊거나 사고를 당해 생명에 지장을 받는 사건이 생긴다.

◇ **잎사귀가 없어서 나무가 앙상하게 보인 꿈**

일을 끝냈지만 얻어진 결실은 하나 없어 힘만 빠진다. 사랑의 노력도 수포로 돌아가고 상대의 마음은 움직일 줄 모른다. 헛수고의 의미를 나타내는 꿈이다.

◇ **거목을 맨손으로 타고 올라가 꼭대기까지 다다른 꿈**

탁월한 업무 능력과 독창적인 기획력을 인정받아 직위와 명예가 함께 상승하고 매사가 발전적인 길몽.

◇ **나무에 올라가다가 가지가 부러져 떨어진 꿈**

가족이나 친척 중에서 교통사고나 추락 사고를 당해 몸에 큰 부상을 입고 병원 신세를 지게 된다. 특히 얼굴의 상처가 클 수 있다.

◇ **둥치가 넓고 큰 거목이 뚝 부러진 꿈**

사회 저명인사나 지도자, 재벌총수, 가장(家長)의 죽음과 사고가 예시된 흉몽이다. 사회적인 이변과 혼란이 따른다.

◇ **나무가 말라서 죽은 꿈**

집안의 재물이 점차 없어지고 부부끼리 다툼이 심해진다. 가장의 실직, 건강 상실의 우려가 크다.

◇ **우물 옆에 뽕나무가 자란 꿈**

갑작스런 질병을 얻어 반신불수가 되거나 정신적인 충격으로 말을 잃고 실어증(失語症)으로 암울한 세월을 보내게 된다.

◇ **집안에 대나무가 무성하게 들어찬 꿈**

사방으로 뻗어내리는 대나무 뿌리를 생각하면 쉽게 이해할 수 있는 꿈이다. 일신상의 일로 구설수에 올라 주변 사람들에게 비난을 받고 신임을 잃게 된다.

◇ **호랑이 등을 타거나 호랑이를 타고 달린 꿈**

초반에는 재능과 능력을 인정받지 못하거나 실력 없는 사람으로 무력한 생활을 하지만 후반으로 갈수록 당당하고 능력 있는 사람으로 성장할 암시. 특히 예술적 재능이 뛰어나고 대인 관계가 좋아 무리를 이끌게 된다. 한편 이런 성향의 자녀를 가질 태몽 중의 하나이다.

◇ 가시나무가 무성한 길을 걸어간 꿈

자신의 뜻을 방해하는 반대 세력에 의해 하는 일마다 장애를 겪게 되고 그로 인해 고통이 가중된다.

◇ 매화가 가득 피어난 꿈

국가의 관록을 먹으며 입신양명하게 되고 귀인의 도움으로 의도한 일을 이룰 수 있게 된다. 아울러 총명하고 귀한 아들을 낳게 될 태몽이다.

◇ 꽃을 사람들에게 나누어 준 꿈

꿈의 외형은 선행(善行)으로 길한듯하지만 해몽은 불길하다. 재물과 명예를 상실하고 주변 사람들의 동정을 받는 처지가 된다.

◇ 봉황을 타고 날아다닌 꿈

복권 당첨으로 목돈을 벌어들이며 회사에서는 책임자급으로 전격 승진되어 경제적으로나 지위 상으로 입지를 강화한다. 작가라면 세상에 이름을 알릴 명작을 발표할 암시.

◇ **활짝 피어난 예쁜 꽃을 구경한 꿈**

멀지 않아 사랑하는 사람과 헤어지게 될 흉조. 혹은 감정을 숨긴 채 서로 자존심을 앞세우며 뒤돌아서서 후회하고 눈물 흘린다.

◇ **죽순이 금방금방 쑥쑥 자라나는 꿈**

행운이 암시되는 길몽이다. 앞날에 대한 성공과 발전을 상징한다.

◇ **죽순을 잘라 집에 가져간 꿈**

귀한 손자를 얻게 될 태몽이다. 혹은 자식 가운데 효도를 극진히 하며 세인의 칭찬을 받을 사람이 생길 징조.

◇ **집 앞이 대나무 숲으로 무성해진 꿈**

집안에 영광과 발전, 명성이 찾아올 대행운몽이다. 효부효자를 두어 노후를 즐기면서 가문의 번창을 지켜보게 된다.

◇ **대나무 숲을 걸어 다닌 꿈**

인생의 경륜이 높은 사람, 대학자나 사회적 저명인사와 교류하면서 좀 더 수준 높고 지적인 생활을 할 전망이다.

◇ **용이 죽임을 당하거나 죽는 꿈**

정리해고 당하거나 한직으로 쫓겨날 징조. 혹은 보증을 잘못 서 주어 집안의 재산을 몽땅 털릴 수도 있다 자신이 지닌 부와 명성을 잃게 된다.

◇ **월계수 나무에 관한 꿈**

사회적인 입신출세와 소망의 성취를 예시한 예지몽이다 시험운도 좋고 승진, 취직에서 자신의 의지를 관철시킨다.

◇ **학을 타고 하늘을 날아다닌 꿈**

학자로서 학문적 성취와 명예를 누리며 정치가로 나서서 큰 활약을 하게 된다. 한편 대중의 추앙을 받는 인기 스타로서 각광받게 될 길몽.

◇ **자기가 사는 집의 지붕 위를 학이 맴돌며 날고 있는 꿈**

총명한 머리로 세상을 놀라게 하며 대학자나 유명인사와 교류를 맺게 된다. 그로 인해 유명세를 얻고 입신출세한다.

◇ **마당이나 산에서 학과 어울려 논 꿈**

머리가 총명하고 고고한 인격을 지닐 사내아이를 출산하게 될 태몽(胎夢)이다. 혹은 금전적인 행운이 암시된 꿈이다.

◇ **양이 자신의 집으로 들어온 꿈**

현실 만족과 경제적인 안정을 상징하는 꿈이다. 업무상으로 능력을 충분히 발휘하여 상사의 신임을 받고 가정생활도 원만하고 부부 금슬도 좋다. 아울러 자녀에게 경사가 있거나 자신을 믿고 따를 부하 직원이 생길 예지몽이다.

◇ **원숭이가 나무 위에서 떨어지거나 어디론가 사라진 꿈**

귀한 보석이나 소중하게 생각하는 소지품, 물건을 소매치기 당하거나 잃어버릴 징조. 또한 대인관계가 나빠져서 다툼을 벌이게 된다.

◇ **거북이가 사막이나 모래밭 위를 기어간 꿈**

가장으로서의 권위와 체통을 지키며 경제력도 왕성하여 한집안을 화목하게 이끌어 간다. 아내와 자식들에게 존경과 사랑, 신뢰를 받으며 화목한 가정을 꾸려 나갈 길몽이다.

◇ 커다란 호랑이에게 물린 꿈

한 단계 높은 자리로 올라가고 자신의 숨은 역량을 과시하여 주변 사람들을 놀라게 한다. 또는 씩씩하고 건강한 아이를 임신할 태몽(胎夢)이다.

◇ 산에서 호랑이를 만나 두려워한 꿈

자신을 곤경에 빠뜨릴 사람을 만나게 될 것을 암시한다. 그 사람은 직장 상사일 수도 있고 동료 직원일 수도 있고 업무상 만난 사람일 수도 있다.

◇ 용이 되어 날아다닌 꿈

관록을 먹으며 고급 공무원 신분으로 중요한 일을 하게 되고 학업에 정진하여 시험에서 수석을 차지한다. 입신출세가 예지된 행운몽이다.

◇ 돼지가 무더기로 나타난 꿈

꿈에 돼지를 본 꿈은 대개 길몽이다. 복권 당첨, 유산상속 등으로 큰돈을 얻게 되며 복록이 두루두루 주어진다.

◇ 원숭이가 재롱을 부린 꿈

지혜가 많고 두뇌 회전력이 빠른 아이를 낳게 될 태몽. 혹은 자신이 사회적으로 그런 사람으로 평가받으며 출세가도를 달린다.

◇ 풀밭이나 목장에서 양이 풀을 뜯고 있는 꿈

과중한 업무나 속박이 심한 가정생활에 몹시 지쳐 있음을 나타낸다. 따라서 프리랜서로 전환을 꾀하고 있음을 암시. 자유롭고자 하는 마음이 드러난 일종의 심적몽이다.

◇ 거북이를 죽인 꿈

가족 중에서 불의의 사고를 당해 유명을 달리하거나 큰 부상을 입는 이가 생긴다. 혹은 집에 화재가 나거나 재해를 입어 가문이 위태로워진다.

◇ 소가 피를 흘리고 있는 꿈

헌신적인 노력의 대가로 경영주나 직장상사에게 신임을 얻을 징조이다. 또한 집안의 화목을 가져올 심덕 깊은 며느리를 맞아들일 예지몽.

◇ 소를 타고 간 꿈

땀을 흘려 노력한 보람을 맛보게 된다. 직장에서는 고위직으로 승진되고 금전적인 횡재도 따르면 재물과 명예를 동시에 얻는다. 혹은 교육 사업에 종사할 예지몽이다.

◇ 날아가는 매를 바라본 꿈

듬직한 사람으로 인정받아서 해당 부서의 책임자로 승진한다. 그러나 매사에 겸손함이 없다면 주변 사람들에게 비난의 대상이 되어 그 승진의 영광도 오래 가지 않는다.

◇ 봉황새를 본 꿈

최고 책임자로 승진하거나 단체의 지도자로 임명될 길몽이다. 매사에 성공과 발전, 명예를 기대할 수 있을 것이다.

◇ 백조가 유유히 날아간 꿈

예술적인 삶을 살거나 문화 사업으로 성공할 전조(前兆)이다. 집안 형편도 여유로워서 심신이 안정된 생활을 하게 된다.

◇ 한가로운 시골길을 소를 끌면서 간 꿈

재산을 모아 집안 형편이 넉넉해진다. 아울러 자신의 가족 외에 친척이나 자취생 등의 객식구를 맞이할 것을 암시.

◇ 소의 뿔에 받힌 꿈

뿔에 받혀서 부상을 당했다면 재판에 회부되어 법률적인 심판을 받을 일이 생긴다. 그러나 뿔에 받히고도 아무 상처도 없었다면 자신을 올바르고 공명정대한 방향으로 이끌어줄 인격의 소유자를 정신적 스승, 선배로 만나게 된다.

◇ 원앙새가 날아가 버린 꿈

부부 사이가 멀어지고 다툼이 심해지다 보면 헤어질 위기까지 맞이할 수 있다. 서로를 위해 한 걸음씩 양보하고 이해하도록 한다.

◇ 비둘기가 앉아 있거나 날아가는 꿈

가정에 평화가 깃들고 하고자 하는 일은 순조롭게 이뤄진다.

◇ 백로가 신비한 곳에 앉아 있는 꿈
신분 상승과 명예를 얻게 될 길몽이다. 학자라면 제자들에게 귀감이 될 중요한 학문적 틀을 마련하여 오랫동안 그 명성을 유지할 것이다.

◇ 학이 고고하게 날아가거나 둥지를 틀고 앉은 꿈
가문의 명예를 빛낼 총명한 아이를 출산하게 될 태몽이다. 또한 곡간에 곡식이 쌓여 후한 인심을 자랑하게 된다.

◇ 수십 마리의 학이 자신을 바라보고 있던 꿈
의외의 기쁜 일이 생길 행운의 꿈이다. 처음 만난 사람과 열렬한 사랑에 빠지거나 그 사람의 문학적, 정신적 깊이에 매료되어 자신의 정신적 스승으로 모시게 된다.

◇ 백로 속에 함께 앉아 있는 꿈
특히 백로를 안고 있었다면 더더욱 길몽이다. 자신의 분야에서 최고의 전문가로 찬사를 받으며 입신양명한다.

◇ 산 속에 부엉이가 앉아 있는 꿈
업무적인 일로 상대자와 마찰이 벌여져서 담판을 짓게 되고 사업상의 경쟁자에게 좋은 기회를 빼앗길 처지에 놓인다. 타인과 다툼을 벌이거나 시비가 일어날 징조이므로 주의를 요한다.

◇ 독수리가 창공을 가로지르며 날아간 꿈
군인이라면 높은 직급으로 영전하며 많은 부하를 통솔하게 된다. 아울러 직장인은 신규 창설 회사나 부서의 최고 책임자로 발령받아 능력을 발휘한다.

◇ **빛깔이 화려한 깃털을 가진 공작새를 본 꿈**
정치가나 국가의 일을 처리하는 사람과 인연을 맺게 될 예지몽이다. 혹은 값비싼 선물을 받거나 미모의 여인과 혼인하게 될 것을 암시하는 길몽이다.

◇ **새장에 새를 넣어 기른 꿈**
이성을 잃고 누군가에게 빠져들어 생활의 절제를 잃을 염려가 크다. 통제하지 않으면 안 될 상황이 벌어진다.

◇ **새들이 떼를 지어 하늘을 날아간 꿈**
계획한 일이 의도대로 성사되는 쾌거를 올리며 업무적인 능력을 인정받게 된다. 입신양명, 금전운 대통의 행운몽이다.

◇ **날아가는 새를 잡은 꿈**
직장을 잃거나 목표를 상실하고 좌절감에 빠진다. 아울러 애인의 변심과 배신으로 실연의 상처를 안게 될 흉몽이다.

◇ **토끼가 깡충거리며 뛰어다닌 꿈**
직장 상사의 일방적인 신임과 사랑으로 초고속 승진을 하게 되지만 주변 사람들의 곱지 않은 시선을 의식하면서 심리적인 불편을 감수하게 된다.

◇ **수십 마리의 토끼가 나무를 기어 올라간 꿈**
힘든 시련이 닥쳐 용기를 꺾어 놓지만 끝내 자신의 의지대로 밀고 나가 성공하게 된다. 수십 마리의 토끼는 여러 차례의 곤경을 암시한다. 그러나 도전과 인내, 용기 앞에 꺾이지 않을 시련은 없다.

◇ **뱀이 칼을 삼킨 꿈**

지혜와 결단력, 공명정대함을 두루 갖춘 인물로 평가되어 조직 사회에서 최고 우두머리, 통솔자로 인정받는다. 군인이라면 특별 승진, 직장인이라면 초고속 승진이 예시된 길몽이다.

◇ **게가 기어가는 것을 본 꿈**

하던 일을 멈추고 당분간 휴식을 취하면서 재충전의 시간을 보내게 된다. 아울러 현재 시도하고 있는 일을 뜻밖의 난관이나 방해로 계속 지연된다.

◇ **코끼리를 타고 어딘가로 간 꿈**

단체의 리더로 추대받거나 해당부서나 회사의 책임자로 승진, 발탁되어 수완을 발휘한다. 한편 탁월한 언변으로 뭇사람들에게 감명을 주는 연설가, 상담가로 성공할 암시.

◇ **애완견이나 고양이를 기른 꿈**

현실적으로 무기력하고 능력이 초라해 보이는 자신에게 실망하여 도피하고자 할 때 이런 종류의 꿈을 꾼다. 자신을 돌봐줄 힘 있고 능력 있는 사람을 기대하는 심리가 드러난 꿈이다.

◇ **말들이 놀라서 황급히 도망가는 꿈**

사업이 풀리지 않거나 직장에서의 입지가 약화되어 퇴직을 걱정하게 된다. 매사에 고난이 닥칠 징조이다.

◇ **원시시대의 커다란 동물들을 본 꿈**

태초의 고향, 즉 자신의 부모님의 품을 그리워하는 심리적인 꿈이다.

현실에 지쳤을 때 자주 꾼다.

◇ **도미가 팔딱거리며 헤엄친 꿈**

소원이 성취되고 환자는 쾌차되어 병석에서 일어나게 된다. 아울러 혼담 성사의 예지몽이다.

◇ **흰 뱀이 기어간 꿈**

꿈에 보인 흰 뱀, 백사(白蛇)는 운수대통의 예시로 매우 길하게 여긴다. 복권 당첨 등의 횡재도 따르고 회사 경영주나 최고 책임자로 승진하여 가문의 명예를 빛낼 것을 암시.

◇ **뱀에게 물린 꿈**

거액의 부동산을 물려받거나 복권에 당첨되어 큰 부자가 될 전망. 아울러 사회적인 명예와 입신의 경사가 겹칠 행운몽이다.

◇ **개가 대로변을 가로질러 달려간 꿈**

이유도 없이 주변 사람들에게 비난의 대상이 되거나 직장에서 정리해고 당하여 심리적, 경제적인 곤경에 처하게 되는 흉몽이다.

◇ **두 마리의 개가 맞붙어 격렬하게 싸운 꿈**

사귀고 있는 연인에게 제3의 상대가 나타나서 바야흐로 삼각관계로 발전할 것을 암시. 혹은 애인의 변심으로 사랑의 상처를 입게 된다.

◇ **도마뱀을 보며 두려움에 떤 꿈**

약삭빠른 자신의 처신에 대해 주변 사람들의 평가는 매우 좋지 않다. 언행에 주의하지 않으면 현재의 비난보다 더 큰 비난을 받게 된다.

◇ 큰 두꺼비가 갑자기 물고기로 변한 꿈
금품이나 보석을 분실당하고 지갑을 소매치기 당할 것을 암시. 소지품 관리에 만전을 기하도록 할 것.

◇ 뱀이 자신의 집안으로 들어온 꿈
귀한 손님이 찾아와 즐거운 시간을 보내게 되거나 귀인 상봉의 암시. 어쨌든 자신에게는 즐겁고 유쾌한 앞날이 펼쳐질 것.

◇ 뱀의 머리를 칼로 자른 꿈
자신의 최대 라이벌을 물리치고 마침내 소기의 목표를 달성하게 된다. 특히 사업상, 판매상으로 경쟁자와의 한판 승부에서 자신이 우위에 서서 기쁨을 누릴 길몽이다.

◇ 뱀이 똬리를 틀고 앉아 있던 꿈
업무상의 계획이 복잡해지거나 사업 계획에 문제가 생겨 심리적으로 고심하게 된다. 아울러 건강에 문제가 생겨 병원 검진을 받게 된다.

◇ 뱀이 자신의 몸을 칭칭 감는데도 두렵게 느껴지지 않은 꿈

막대한 유산을 상속받거나 거액의 복권에 당첨되어 최고의 행운을 만 끽할 대길몽이다. 집안은 날로 번창하여 사회적으로 상류층 대열에 들어선다.

◇ 뱀이 자기 뒤를 쫓아다닌 꿈

연인의 변심으로 사랑의 상처를 받고 비탄에 잠길 불길한 꿈이다. 혹은 계약이 취소되거나 사회 환경의 변화로 업무적인 차질을 빚게 된다.

◇ 독사를 죽인 꿈

사사건건 자신의 사업에 방해자 역할을 했던 경쟁업체를 누르고 중요한 계약을 따내게 된다. 또한 개인적으로도 라이벌 의식을 느끼던 동료나 친구의 방해, 모략을 물리치고 우위에 선다.

◇ 참새가 무리를 지어 앉아 있는 꿈

예상한 대로 모든 일이 진행되어 운세가 상승기에 접어들어 화평한 나날을 보낸다.

◇ 원앙새와 얘기를 주고받은 꿈

부부 간의 문제가 있지만 서로를 향한 애정과 대화로 위기를 모면하고 금슬을 되찾는다. 또한 자녀가 모범상이나 표창을 수여하여 부모로서의 기쁨을 만끽한다.

◇ 쥐와 개가 한데 어울려 노는 꿈

부부 애정은 더욱 깊어지고 서로에게 최상의 배필이 되기 위해서 노력할 암시. 가정에 웃음꽃이 피어난다.

◇ 개 짖는 소리가 멀리에서 들린 꿈

사치와 허영, 방탕한 생활을 접고 새로운 사람으로 거듭나게 된다. 또한 무절제한 음주와 흡연, 성생활로 찌든 때를 벗고 건강하고 활기찬 모습으로 새 생활을 시작한다.

◇ 미친개가 거리를 활보하고 다녀서 공포에 떤 꿈

사회적으로 좋지 않은 이슈가 생겨서 사람들에게 경계의 대상이 된다. 한편 자신의 신경이 극도로 날카로워져서 모든 현실적인 문제들에 과민반응하고 있을 때, 이에 대해 주의 촉구의 의미로 이러한 꿈을 꿀 수 있다.

◇ 원앙새가 자기 손에서 달아난 꿈

아내의 외도로 가정 파탄을 맞게 된다.

◇ 백조를 타고 지붕 위를 날아다닌 꿈

병석에 누운 환자라면 곧 쾌차되어 일상생활을 하게 되고 직장인은 시도한 일이 성사되어 능력을 인정받게 된다. 가정적으로는 여유와 화목함이 넘친다.

◇ 백조가 소리를 내어 울고 있는 꿈

불의의 사고를 당하거나 가정에 불화가 생길 징조. 매사에 주의를 요한다. 혹은 연인과의 사이에 결별의 위기가 닥칠 수도 있다.

◇ 자신이 개와 싸우거나 개가 자신을 향해 짖는 꿈

건강이 악화되어 병원 신세를 지게 되고 혹은 가족 중의 누군가에게 질병, 우환이 따를 징조로 흉몽이다.

◇ **참새가 집안으로 날아들어 온 꿈**
집안에 경사가 발생할 길몽이다. 품안으로 참새가 날아들었다면 여자아이를 출산할 태몽이다.

◇ **참새가 떼를 지어 하늘을 날아다닌 꿈**
거액의 재산을 소유하게 되고 복권 당첨, 승진 등의 행운을 맞이하게 될 길몽 중의 길몽.

◇ **앵무새가 집안에 앉아 있는 꿈**
꿈에 보인 앵무새는 좋지 않은 일에 연루되어 구설수에 오를 흉조이다. 이로 인해 한동안 입지가 약화되고 마음고생을 하게 된다.

◇ **쥐에게 물어뜯긴 꿈**
자신을 도와줄 귀인이나 협력자를 만나게 된다. 또한 혼자 몰래 사랑했던 대상으로부터 청혼을 받거나 애정 공세를 받아 즐거운 데이트를 하게 된다.

◇ **사자 등을 타고 달린 꿈**
거드름을 피우며 자신에게 잘난 척하던 경쟁자, 경쟁업체를 물리치고 성공의 지름길을 달리게 된다. 권위와 재물을 일시에 얻어 사회 저명인사로 추앙받으며 승승장구하게 된다.

◇ **박쥐가 날아다닌 꿈**
운세가 침체되거나 불길한 일의 전조로서 박쥐가 등장한다. 노력에 비해 결과는 미약하고 사회적인 출세도 더디다. 이로 인해 매사에 좌절감을 느끼게 될 흉몽이다.

◇ **까마귀가 울었던 꿈**

좋지 않은 일들이 다가올 흉조(凶兆)이다. 가족 중이나, 친척 중에서 중병을 앓는 사람이 생기거나 불의의 사고를 당하는 이가 생긴다.

◇ **자신의 옷을 쥐가 물어뜯은 꿈**

오랫동안 기다리던 소식을 듣게 되고 그로 인해 기쁨과 마음의 위로를 받게 된다. 또한 직장에 취직되어 직장인으로서의 힘찬 첫발을 내딛게 된다.

◇ **자신의 품으로 앵무새가 날아든 꿈**

여성이 이 꿈을 꾸었다면 임신에 대한 예지몽이다. 일반적으로는 마음의 근심거리가 생길 징조.

◇ **흰 쥐의 인도를 받으며 어딘가로 간 꿈**

소외된 사람들, 어려운 이웃을 위해 물심양면으로 봉사하고 그 정신을 높이 평가받아 사회적으로 매우 존경받는 인물로 추대된다.

◇ **까마귀가 날아가 버린 꿈**

가정을 어둡게 하던 근심이 해소되어 오랜만에 가정에는 웃음꽃이 피어나고 사업상, 업무적인 재도약을 시도할 수 있게 된다. 운세 상승의 길몽.

◇ **까마귀와 까치와 함께 놀고 있는 꿈**

주변 사람들의 협조나 우연한 일을 계기로 해결되지 않던 문제가 풀리고 계획을 성사시키게 된다. 사회적으로는 원만한 대인관계를 유지하며 의욕적인 생활을 하게 된다.

◇ **사자와 맞붙어 싸워서 이긴 꿈**

금의환향할 것을 암시. 국가의 관록을 먹는 자리에 올라 뭇사람들의 부러움과 존경을 한 몸에 받게 된다.

◇ **새장에서 새가 나와 하늘로 날아간 꿈**

오랫동안 아끼던 직원이 갑자기 직장을 그만두어 떠나보낼 상황이 생기고 연인이 새로운 사랑을 찾아 자신을 떠나게 될 암시. 혹은 이제까지의 직장, 환경을 떠나 더 넓고 활기찬 새로운 삶을 시작할 암시로도 풀이한다.

◇ **잉어가 수면 위로 튀어 오른 꿈**

이제까지의 노력과 수고, 인내가 드디어 좋은 결실을 맺어 승진 케이스에 오르고 예술성을 인정받아 매스컴의 집중 조명을 받게 된다.

◇ **사자가 자기 앞에 엎드린 꿈**

인생의 시련과 경쟁자의 방해는 이제 끝났다. 자신의 인내와 도전, 미래를 향한 웅지(雄志)가 바야흐로 입신양명의 환희로 귀결될 전망.

◇ **자신의 주변에서 사자가 어슬렁거리며 나다닌 꿈**

자신을 정신적, 물질적, 사회적으로 보호하고 도움을 줄 귀인을 만나게 된다. 그 사람의 비호 하에 출세의 지름길을 달리게 된다.

◇ **잉어가 헤엄쳐 다닌 꿈**

고위 공무원이나 중견 간부로 성공할 남자를 만나 더불어 유명세를 얻고 자신과 뜻을 같이 하는 동업자, 동료의 도움으로 나날이 번창, 발전한다.

◇ **창고에 쌓인 곡식을 측량하거나 헤아려본 꿈**

지지부진하던 사업 거래가 마침내 성사되어 생산에 박차를 가하게 되고 거액의 유산이나 복권당첨금으로 통장의 잔고가 헤아리기 힘들 정도로 늘어난다.

◇ **바다 속을 고래가 헤엄쳐 다닌 꿈**

처가나 아내의 도움으로 사업을 일으키고 사회적으로 입신출세하게 된다. 자신의 아내가 정신적, 물질적인 후원자가 되어줄 것이다.

◇ **비단붕어나 번쩍이는 비늘을 가진 물고기가 헤엄쳐 다닌 꿈**

사교생활로 분주한 나날을 보내게 되거나 직장을 변동할 예지몽이다. 혹은 오락과 소비 성향의 사업, 일을 시작할 암시.

◇ **창이나 작살로 물고기를 찌른 꿈**

작살 등으로 잡은 물고기를 집으로 가져온 꿈은 재물을 잃거나 건강이 악화될 대흉몽이다. 그러나 잡은 물고기를 다시 놓아 주었다면 사회적인 존경을 받는 고위직 인사로 임명되고 재물운이 클 길몽이다.

◇ 자신이 잉어가 된 꿈
고민이 극에 달해 의논할 대상을 찾지만 마땅한 사람을 찾지 못한다. 명예나 신분을 잃을 위기에 놓여 혼자서 전전긍긍하게 됨을 암시하는 꿈이다.

◇ 곡간이나 창고에 벼나 곡물이 가득 찬 꿈
사업은 날로 번창하여 대기업으로 입지를 굳히게 되고 직장인은 승진이 순조롭다. 가정에 재물이 들어오고 미혼 남녀에게 혼담 성사의 기쁨이 찾아올 길몽이다.

◇ 밤중에 곡식을 탈곡한 꿈
집안에 경사가 생겨서 큰 잔치를 베풀고 주변 사람들을 초대하여 기쁨을 함께 나눈다.

◇ 벼나 보리가 길거리에 쏟아져 있는 꿈
가족에게 변고가 생기고 집안 재산이 손실될 흉조이다. 병을 앓는 사람이 생기거나 교통사고, 화재, 사업 파탄 등이 예시된 꿈이다.

◇ 생마늘이나 생파를 먹은 꿈
동업자에게 배신당하거나 함께 움직이기로 한 사람에게 일방적으로 배신당하고 끌려다니게 된다. 타인을 믿고 교류하는 문제에 관한 한 당분간은 냉정해져야 큰 손해를 면할 것이다.

◇ 다른 사람에게 찐 감자를 나눠 준 꿈
빌려준 돈은 끝내 받지 못하게 된다. 찐 감자가 아니라도 감자를 남에게 주거나 빌려준 꿈은 재물 손실에 대한 암시.

◇ 밭이나 들판에서 나물을 캔 꿈
사회적으로 명성을 거두고 재물을 모아 집안을 일으킬 자식, 손자들을 보게 될 길몽. 또한 집안 형편은 날로 넉넉해진다. 다만 여자 문제로 신상에 구설수가 따르거나 금전적, 지위적인 손해가 따르므로 주의하는 것이 좋다.

◇ 감자를 캐거나 먹은 꿈
목돈이 들어오거나 기쁜 일이 생길 징조. 꿈을 꾼 사람이 남자라면 아내가 총명한 아이를 임신하게 될 태몽이다.

◇ 도라지를 다듬거나 본 꿈
사람들에게 따돌림을 당하거나 비난의 대상이 되며 직위 상실, 사업 기반의 악화가 예시된 흉몽.

◇ 탐스럽게 열린 가지를 따먹은 꿈
업무상의 일정은 순조롭게 진행되며 자신이 의도한 계획대로 일이 진행됨으로써 삶의 보람을 찾는다. 결실을 상징한다.

◇ 다른 사람에게 가지를 따주거나 가져가라고 한 꿈
보증 문제나 사업 실패로 재산을 손실하게 될 것을 암시. 또한 자신의 명예와 직위를 다른 사람에게 빼앗기게 된다.

◇ 개똥벌레가 풀밭에 앉아 있는 꿈
남자들에게는 흉몽이다. 자신을 흠모하는 여인의 속임수, 집요함으로 인해 아내나 애인에게 의심을 받고 그로 인해 이혼, 결별에 이를 수도 있다.

◇ **밭에서 마늘을 캔 꿈**

비밀로 하던 일이 외부에 발각되어 당황하게 되고 만나는 사람이나 직장 동료, 동업자와 사소한 일로 말다툼을 벌인다.

◇ **남의 집에 가서 과일을 대접받아 먹은 꿈**

입신출세의 길이 환하게 열렸다. 자신의 재능과 노력이 높게 평가받아 중견 간부로 승진된다. 또한 사업가라면 유리한 계약을 맺고 상품판매에 호조를 보여 거금을 벌어들인다.

◇ **빨갛게 잘 익은 대추를 따거나 먹은 꿈**

남자라면 입신양명하여 두각을 나타낼 전망이다. 여자라면 총명하고 재능이 많은 아이를 임신하게 될 태몽(胎夢).

◇ **도둑고양이를 잡은 꿈**

꿈 그대로 도둑이나 강도를 붙잡게 될 예지몽이다. 특히 집안에 들어온 도둑을 격퇴시킬 암시.

◇ **늑대에게 물려서 상처를 입은 꿈**

늑대에게 물려서 통증을 느꼈다면 흉몽이다. 자신의 의견과 상충되는 사람의 방해로 업무가 지연되고 대인관계에 문제가 발생할 징조. 그러나 늑대가 덤벼드는 순간 잠이 깼다면 사업은 기사회생되어 원상복구가 가능해지고 실직 위기에서 벗어난다.

◇ **고양이가 몹시 흥분하거나 격분하여 날뛴 꿈**

가족이나 형제간에 재산 분쟁이 일어날 징조. 혹은 자녀가 사회적으로 물의를 일으켜 뒷수습을 해주게 된다.

◇ **고양이가 자신에게 덤벼든 꿈**

건강이 나빠져서 자리보전하게 되거나 병원 신세를 지게 된다.

◇ **따사로운 햇살을 받으며 고양이가 평온히 놀고 있는 꿈**

거만하고 불손한 자신의 언행에 대해 주변 사람들이 따가운 질책을 하게 된다. 혹은 직장 상사의 신임을 전폭적으로 받고 있는 자신에게 나쁜 감정을 품은 동료 직원이 생길 징조.

◇ **고양이가 쥐를 잡아먹은 꿈**

속을 썩이던 사업 계약이 드디어 성사되어 사업에 활기를 띠며 해결하기 힘들었던 직장에서의 일도 원만히 수습된다. 아울러 가정에 경사가 생기고 반가운 소식을 듣게 된다.

◇ **기린을 타고 달린 꿈**

월등하게 출세할 귀한 아들을 출산할 태몽(胎夢)이다. 아울러 직장에서도 능력을 인정받아 핵심부서의 책임자로 승진하거나 지도자로 활약할 것을 암시하는 길몽이다.

◇ **사슴이 떼를 지어 도망간 꿈**

독창적인 아이디어로 회사를 살리고 이벤트 사업으로 성공을 거둔다. 남들이 생각해내지 못할 일, 능력에 대한 상징을 담고 있다.

◇ **개구리들이 물가에서 오가는 꿈**

타인에 대한 호의가 반대로 시비가 되어 돌아온다. 다른 사람의 일을 돕거나 남의 일에 관여했다가 공연히 구설수에 올라 명예나 재산에 피해를 입는다.

◇ **물오리 떼가 집안으로 들어온 꿈**

가족에게 예기치 않은 재앙이 닥칠 흉조. 불의의 사고로 인한 치명상에 주의하고 빚보증을 서거나 타인의 일에 관여하지 않도록 주의할 것.

◇ **달팽이를 보거나 만진 꿈**

겉으론 자신을 위하는 척하고 웃는 사람이 속으로는 자신의 신분과 재산을 탐내고 있다는 사실을 명심해야 한다. 이중적인 사람에게 배신당할 우려가 예시된 흉몽.

◇ **집안의 사방에 거미줄이 쳐져 있는 꿈**

가까운 친구나 형제 등에게 돈을 빌려 주었다가 난처한 입장에 놓이게 된다. 빌려준 돈은 되돌려 받기 힘들어지고 신원보증이나 집을 담보로 보증을 설 경우엔 자신이 그 피해를 고스란히 감당하게 된다.

◇ **누에가 한 무더기로 있던 꿈**

반가운 사람과의 해후를 예지한 길몽이다. 오랫동안 기다리던 소식을 듣거나 멀리 떨어져 있던 친척, 친구, 스승의 방문을 맞게 된다.

◇ **잠자리가 짝을 지어 공중을 날아다니는 꿈**

애인이 없던 미혼 남녀에게는 조만간 열렬한 사랑을 나눌 이성이 나타나고 원만치 않던 부부 관계는 애정을 재확인하는 계기가 마련되어 부부 금슬을 되찾는다.

◇ **벌에 쏘여 상처가 점점 부어 오른 꿈**

애인과 의견 충돌을 일으켜 심리적으로 매우 힘들어 하고 있음을 나타낸다. 이로 인해 이별의 아픔을 겪을 수도 있다.

◊ 거미가 어디론가 기어간 꿈

거미에 관한 꿈은 대개 흉조로 풀이한다. 그러나 거미가 어딘가로 기어 갔기에 고생 끝에 낙이 온다는 의미를 지닌다. 상대방과 선의의 경쟁을 하거나 사업상의 대결을 벌여서 결국은 자신이 먼저 목표점에 도달하는 기쁨을 누릴 암시.

◊ 잘 익어 탐스런 포도 열매를 따먹은 꿈

행운과 결실, 성취가 암시된 행운몽이다. 승진, 영전, 합격의 소식을 곧 듣게 된다. 사랑의 결실도 암시된 꿈이다.

◊ 달걀을 줍거나 닭이 달걀을 부리로 쪼고 있는 꿈

반가운 소식을 받거나 오랫동안 기다리던 소식을 듣게 되며 사업은 날로 발전하여 기반이 튼튼한 중견기업으로 성장한다.

◊ 다리를 벌에 쏘인 꿈

생활에 활력을 주거나 의욕을 새롭게 할 일이 생겨 좀 더 노력하는 삶을 살고 명예를 얻을 일이 주어질 길몽이다. 가정적으로는 가장의 직장이 튼튼하고 재력이 넉넉하여 여유 있는 생활을 한다.

◇ 벌집을 찾거나 벌집을 들고 온 꿈

꿈에 보인 벌집은 재물운을 상징하는 길조(吉兆)이다. 따라서 복권 당첨 등의 행운이 생긴다. 아울러 재벌총수로 출세할 귀한 자식을 출산하게 될 태몽이기도 하다.

◇ 암탉이 알을 품고 있는 꿈

예술 분야나 기획 부서에 종사하는 사람들에게는 최대의 기쁨을 가져올 길몽이다. 자신의 작품이 세상에 널리 알려질 계기가 마련되고 자신이 기획한 사무 계획이나 사업상의 거래 계획이 적중하여 직장에서 능력을 인정받는다. 일신상으로 명예와 재물이 생긴다.

◇ 지네가 꿈틀거리며 기어간 꿈

샐러리맨은 자신의 탁월한 영업 성적과 업무 능력을 높게 평가받아 승진 케이스에 오른다. 그러나 장사, 상업 분야의 종사자에게는 재물 손실이 예시된 흉몽이다.

◇ 쓰레기더미나 화장실 등의 불결한 곳에 파리가 모여든 꿈

업무적인 계획이나 사업 일정이 조그마한 실수로 인해 좋지 않은 결과로 끝나고 만다. 특히 금전적 손실을 입거나 구설수에 올라 심리적 고통을 겪는다.

◇ 닭이 마당에서 모이를 쪼고 있는 꿈

닭이 물을 먹고 있는 꿈도 역시 같은 의미를 지닌다. 집안에 경사가 겸전하여 복록이 많은 며느리를 맞아들여 가문이 화평하고 금전적으로 날로 번창하게 될 길몽이다.

◇ 파리가 자신에게 몰려든 꿈

애정 공세를 받거나 각종 매스컴에서 화려한 조명을 받을 인기 스타로 이름을 날릴 대길몽이다. 재물운, 명예운 상승이 예시되는 행운의 꿈이다.

◇ 닭이 지붕 위로 올라간 꿈

부인의 외도, 애인의 변심이 예시된 예지몽이다. 애정면에서 상대의 변심으로 자신의 마음에 큰 상처를 입는다. 특히 기혼자라면 이로 인해 가정 파탄까지 일어날 수 있다.

◇ 닭이 새벽을 알리면서 운 꿈

장차 큰 인물이 될 총명한 아이를 출산하게 될 태몽이다. 아울러 고위 관료로 출세하거나 예술가로서 명성을 얻게 될 입신출세의 길조(吉兆)로서 행운이 예시되었다.

제10장

자연현상에 관한 꿈

신록이 우거지고 마음이 밝아지는 꿈을 꾸었다면
현실에서도 그 기세를 살려 큰 일에 도전하여 성공할 가능성이 있다.
반대로 낙엽이나 시든 잎을 보았다면 자신의 쓸쓸한 내면을
상징하는 심적몽으로 누군가 자신을 위로해줄 상대를 찾는 꿈이다.

◇ **커다란 해나 달이 자신의 몸을 비추는 꿈**
교단이나 강단에 서서 학생들을 가르치는 교사, 강사, 교수로 입신출세 허며 아울러 일반 사무직 계열의 취직시험에서 합격하게 된다.

◇ **해가 져서 어두워지고 있거나 서산으로 해가 지는 꿈**
자신의 일이나 사업상으로 경쟁자가 나타나 뜻하는 일에 장애가 발생할 것을 암시.

◇ **달이 환한 빛을 발하며 맑은 하늘에 떠 있는 꿈**
직장이나 사회적으로 능력을 인정받는 한편 자신을 진심으로 믿고 따를 후배, 추종자가 나타날 징조. 그러나 아내로 인해 남편에게 좋지 않은 일이 생길 수도 있으니 주의를 요한다.

◇ **두 손에 해와 달을 들었던 꿈**
권력과 명예를 얻고 가문의 명예를 빛낸다. 일신상의 명성, 인품으로 사회적인 존경을 받는다. 관록을 얻게 될 것을 암시.

◇ **새벽에 날이 환해지며 해가 하늘로 떠오른 꿈**

가정적으로 경사가 겹친다. 위대한 인물이 집안에 태어나 가문의 이름을 빛내거나 대기업의 경영주로서 재물운이 급상승한다.

◇ **하늘에 해와 달이 함께 떠 있는 꿈**

사업상의 동업자나 중요 거래처, 절친한 친구나 동료 등에게 배신을 당하고 사기, 속임수에 걸려 큰 손실을 입게 된다. 사회적으로도 뜻밖의 이변이 일어나거나 동요가 심해지는 흉조이다.

◇ **우물에 맑은 물이 가득 찬 꿈**

일상생활은 예전의 평온함을 되찾고 재물도 풍족하여 여유를 누리며 살 수 있다. 아울러 부하 직원이나 자식에게 경사가 생겨서 더불어 권위와 기쁨이 배가된다.

◇ **일출을 감상한 꿈**

자손에게 경사가 생긴다. 또한 취업이나 승진에 대한 예지몽이다. 한편 미혼자라면 결혼 약속을 받거나 천생연분을 만나서 혼례를 올리게 될 꿈이다.

◇ **서쪽 하늘에 해가 머물고 있는 꿈**

법적인 시비나 소송에 휘말리게 된다. 또한 배우자와 불화가 심해서 이혼 얘기도 오가게 된다.

◇ **달을 향해 몸을 숙이거나 엎드려 절한 꿈**

매사가 자신의 뜻대로 이뤄진다. 직장에서는 상사의 신임을 받고 경제적으로 넉넉하며 가정은 화목하다. 승진운, 시험운도 따른다.

◇ **높은 하늘 한가운데에 밝고 커다란 해가 빛을 발하는 꿈**
중병을 앓는 환자라면 점차 쾌차를 보이며 건강을 되찾는다.

◇ **울퉁불퉁하거나 제대로 닦이지 않은 길을 간 꿈**
직장에 대한 불만으로 전직을 꿈꾸고 있지만 생각대로 되지 않는다. 또한 직장 상사에 대한 불만과 불화로 업무적으로 의욕을 상실케 된다.

◇ **강물이나 호수, 바닷물 등에 달이 비춰진 꿈**
혼담은 결렬되어 당사 간에 불화가 싹트고 사업은 부도나 자금난으로 시달림을 받게 된다.

◇ **달을 품에 안은 꿈**
이 꿈은 돈과 명예를 지닐 행운의 꿈이며 총명한 여자 아이를 임신할 태몽이다.

◇ **아지랑이가 피어오르는 꿈**
용기와 확신, 실천에 관한 꿈이다. 마음먹은 대로 일을 추진할 뿐만 아니라 또 그렇게 일이 성사된다.

◇ **흙구덩이나 구멍에 빠진 꿈**
법적인 소송이나 분규에 휘말리게 된다. 아울러 명예를 손상당하거나 속임수에 의해 피해를 입는다.

◇ **바다에서 헤엄쳐 다닌 꿈**
능숙하고 자유롭게 수영을 할 수 있었다면 현실적인 능력 발현과 욕망의 실현을 예시한 꿈이다. 그러나 수영하는 것이 불안하고 뭔가가 가로

막거나 잡아당겨서 앞으로 나아가기가 힘들었다면 업무상, 사업상 곤란이 가중된다는 의미이다.

◇ 바다 위에 배가 떠다니는 꿈
심리적으로 안정감을 찾지 못하고 불안해하고 있다는 증거이다. 전직이나 새로운 사업 구상에 대한 갈등이 반영되어 있다.

◇ 배를 타고 바다를 건너간 꿈
강이나 호수 등을 배를 타고 건너간 것은 어떤 수단이나 중간의 협조자, 귀인을 만나 자신이 계획한 일을 이룬다는 것을 나타내므로 길몽이다. 그러나 병석에 누워 있는 환자가 이런 종류의 꿈을 꾸었다면 병이 깊어질 것을 암시. 중병(重病)이라면 죽음에 대한 예지몽이다.

◇ 깊은 호수나 연못에 빠진 꿈
대인관계에 있어서 자신의 실수로 상대방에게 신용을 잃거나 오해를 사게 된다. 주변 동료나 직장 상사, 절친한 친구나 애인과의 관계에 주의를 요한다.

◇ 댐이나 둑이 무너져 홍수가 난 꿈
집안에 우환이 겹치고 가장(家長)의 실직으로 경제적인 어려움이 따른다. 혹은 일신상의 어떤 큰 사건을 계기로 가치관이나 사상이 완전히 바뀌거나 달라진다.

◇ 호수나 강에 자신의 얼굴이나 신체, 몸이 비친 꿈
어려운 일을 해결하고 도와줄 주변의 협조자들이 여러 명 생겨서 매사를 뜻대로 성취한다.

◇ **집안에 우물이 파진 꿈**

가족 간에 사랑과 행복이 넘치고 유산상속이나 부동산 값의 상승으로 경제적인 여유도 주어진다.

◇ **샘물이나 우물에서 물을 긷다가 그 속으로 빠진 꿈**

일상생활에 불만이 많아지고 의욕이 상실되어 무기력해진다. 아울러 이런저런 사소한 근심거리가 생겨 고민에 빠진다.

◇ **우물 안에서 이상한 소리가 들려 들여다본 꿈**

불량스런 친구들과 교제하게 될 것을 암시. 아울러 사업상으로도 자신에게 피해를 입힐 동업자나 친구들과 교류함으로써 손실을 입는다.

◇ **그릇이나 물통 등에 물이 가득 찬 꿈**

물통이나 그릇 등의 용기에 물이 가득 찬 것은 자신의 현실에 대한 행복감이 꽉 차 있다는 것을 상징적으로 드러내준다. 아울러 앞날에 대한 자신감이 충만함을 나타낸다.

◇ **부엌에 우물이 생기거나 샘이 생긴 꿈**

재물운, 권력운이 급상승될 길몽 중의 길몽이다. 직장에서는 실력을 인정받아 승진이 순조롭고 사회적으로도 인품과 덕망을 쌓으며 존경의 대상이 된다.

◇ **시냇물이나 강물이 말라 바닥이 드러나 보인 꿈**

운세의 쇠퇴와 함께 경제적인 손해를 입게 될 예지몽이다. 특히 동업자나 친구 등에게 빌려준 돈이나 도움이 결국은 배신의 칼이 되어 돌아올 흉조(凶兆)이다.

◇ **샘이나 우물이 흙탕물처럼 더러워 보이거나 그렇게 된 꿈**

건강이 나빠지거나 앞날에 대한 먹구름을 상징적으로 드러낸 꿈이다. 직장을 잃거나 한동안 취업이 되지 않아 마음고생을 하게 된다.

◇ **우물이 흙더미에 덮여버리거나 없어져버린 꿈**

가정에 근심거리가 생긴다. 가장이 실직당하거나 건강이 악화된다. 혹은 불의의 사고나 사업 파탄으로 생활이 힘들어진다.

◇ **샘이나 우물이 넘쳐 맑은 물이 땅으로 흘러내린 꿈**

가정에 경사가 생겨 행복이 넘칠 행운의 꿈이다. 경제적으로나 건강상으로 소원 성취의 꿈이다.

◇ **맑은 시냇물이나 계곡물이 자신의 집을 덮친 꿈**

가문을 빛낼 총명한 자녀를 출산하게 될 태몽이다. 그 자식으로 인해 부모로서의 기쁨을 느끼게 된다.

◇ **집안의 우물이 말라 바닥이 드러난 꿈**

도박에 빠지거나 사기에 빠져 집안 재산을 대부분 날리게 된다. 건강상으로도 주의가 요구된다.

◇ **산봉우리를 향해 땀을 흘리며 올라간 꿈**

작전 참모로 활약하고 기획부서의 책임자로 인정을 받게 된다. 아울러 승진이 순조로워 남들보다 출세가 빠르다.

◇ **물에 빠져 허우적거리며 살려달라고 소리친 꿈**

생명이 위태로울 불의의 사고를 당하거나 건강이 극도로 악화될 위기를 겪게 될 예지몽으로서 흉몽이다.

◇ **물이 흙탕물처럼 더러워져서 인상을 찌푸린 꿈**

불륜이나 외도를 암시한 흉몽이다. 애인이나 배우자에게 새로운 이성이 나타나 조만간 이별의 순간을 맞게 된다.

◇ **구멍이나 웅덩이에 맑은 물이 고인 꿈**

의외의 행운을 암시한 예지몽이다. 복권당첨이나 주식투자로 인한 이윤 등이 통장의 잔고를 대폭 늘려줄 것이다.

◇ **배를 타고 공중이나 하늘을 날아다닌 꿈**

소속된 부서나 직장, 단체에서 중책을 맡고 우두머리가 되어 활약할 암시. 자신의 역량을 맘껏 발휘하게 된다.

◇ **배 안에서 술을 마시거나 칵테일을 마시며 여유를 부린 꿈**

미혼 여성이라면 첫눈에 반할만한 멋진 남자를 만나게 될 꿈이다. 아울러 즐거운 데이트에 관한 예지몽.

◇ 힘들게 등산한 끝에 산꼭대기(정상)에 도달한 꿈

소망 성취와 행운을 예지한 꿈이다. 승진과 영전에서 다른 사람들보다 먼저 우위에 서게 되고 사업상으로도 절정에 달하여 경제적인 번영을 향유하게 되며 사회적인 입지도 강화된다.

◇ 높은 산에서 내려온 꿈

현재 경제 사정이 어려운 사람이라면 이 꿈을 계기로 즐거운 일이 발생하고 금전적 곤란도 덜해진다. 그러나 여유가 있는 사람이라면 조만간 통장에서 돈 찾아 쓸 일이 생긴다.

◇ 높은 산을 목표로 등산한 꿈

사회적인 입신출세가 예지된 꿈이다. 승진, 영전, 시험 합격 등의 행운이 따르고 해당부서의 책임자로서 권력을 지닌다. 또한 성적인 흥분과 오르가즘을 나타내는 것으로도 풀이한다.

◇ 길을 가거나 사막을 건너는 도중 목이 말라 갈증이 심하지만 물을 구하지 못해 몹시 고생한 꿈

사랑했던 사람에게 이별의 통보를 받게 되거나 냉대를 받아 사랑의 가슴앓이를 하게 된다.

◇ 가족끼리 같은 배를 타고 어딘가로 간 꿈

집안에 좋지 않은 일이 발생할 흉조이다. 가장(家長)의 실직이나 가족의 질환으로 경제적 빈궁과 곤란이 따른다. 아울러 현재 추진하고 있는 일이라면 신속히 진행하도록 하고 연기하면 할수록 결과가 좋지 않다.

◇ **고개를 넘고 언덕을 넘어 수없이 많은 산을 오른 꿈**

이제까지와는 다른 새롭고 복잡하고 힘든 일이 한꺼번에 쏟아져 심신이 분주한 나날을 보내게 된다.

◇ **산꼭대기에서 여러 사람들과 어울려 놀거나 시끌벅적했던 꿈**

대학 진학이나 입사 시험에서 선의의 경쟁을 하게 되고 그로인해 기대이상의 성적을 얻어서 안팎으로 축하를 받는다. 개인적으로도 영예와 기쁨을 만끽한다.

◇ **산이나 높은 곳에서 떨어진 꿈**

뜻하지 않은 구설수나 원치 않은 일에 연루되어 당황하게 되며 이로 인해 금전적 손실을 당할 뿐만 아니라 사회적인 인식이나 평가도 추락하게 된다.

◇ **무거운 배낭이나 짐을 지고 힘겹게 등산한 꿈**

배낭이나 짐의 무게가 무겁게 느껴졌을수록 현실적으로 겪게 될 고통도 커진다. 업무상으로 과도한 부담이 주어지거나 대인관계상의 불편함으로 인해 직장이나 사교생활에서 장애가 따른다.

◇ **산에서 돌덩어리나 바위가 떨어지는 꿈**

재산 피해, 사업부도를 입어서 어려운 환경에 처하며 의외의 사고나 불행에 직면하게 된다.

◇ **산을 번쩍 들어 올린 꿈**

대단한 야망과 욕망의 실현이 암시된 행운몽이다. 잠재 능력을 발휘하여 회사를 곤경으로부터 구해내고 대내외적으로 능력을 인정받는 직위에 올라서 이름을 떨친다.

◇ **높은 산을 올려다본 꿈**

자신의 사회적 출세를 도와줄 귀인을 만나게 되거나 대선배, 대스승과 교류하며 입지를 강화하게 된다.

◇ **산을 등에 짊어진 꿈**

국가가 위기에 처했을 때 이를 도와 해결하는 일을 맡게 된다. 국가 지도자나 국회의원, 장관으로 나아가 명성과 관록을 공유한다.

◇ **산이나 들판을 여기저기 돌아다닌 꿈**

해외여행이나 해외 연수, 외국 유학 등의 기회가 주어지며 살던 곳을 떠나 새로운 나라, 고장에서 새로운 삶을 살게 된다.

◇ **숲이 우거져서 나무가 무성한 밀림 속으로 들어간 꿈**

결단력을 발휘하지 못해 마음이 심란해져 있다는 증거이다. 또한 정신적인 모험과 도전으로 인해 심리적으로 혼란을 느끼고 있다는 의미이다.

◇ **부엌에 불이 번져 화재가 난 꿈**

귀인을 만나 소원을 성취하게 된다. 또한 뜻하지 않은 귀인의 도움, 기대 밖의 경사를 만나 오랜만에 웃음꽃이 활짝 피어난다.

◇ **산을 정상까지 올라가 누군가를 만난 꿈**

복권 당첨, 유산 상속 등으로 뜻밖의 재물을 얻고 사업상으로도 후원자의 도움으로 큰 거래를 성사시킨다.

◇ **호수나 냇물 등지에서 낚시질을 한 꿈**
취업운이 열려 원하는 회사에 입사하여 생활이 안정된다.

◇ **잔잔한 물결이 흐르는 강둑에 앉아 낚시에 몰두한 꿈**
혼담이 성사되거나 천생연분을 만나게 될 예지몽이다. 특히 노처녀, 노총각이라면 오랫동안 고대해온 이상형의 배우자를 만난다.

◇ **산에서 귀중품이나 보물을 발견한 꿈**
국가의 관록을 먹는 공무원으로 생활하거나 승진에 대한 예지몽이다. 특히 출판 분야의 종사자라면 베스트셀러가 터져 금전적 이득과 명예를 모두 얻게 된다.

◇ **불길이 활활 타올라 하늘까지 닿을 듯했던 꿈**
사회적으로 대성(大成)할 암시. 고위 관료로 출세하여 사람들에게 선망의 대상이 되고 가정적으로도 여유로움을 만끽하며 풍족한 삶을 살게 된다.

◇ **안내자를 따라서 산을 올라간 꿈**

귀인 상봉의 암시. 또한 오랫동안 이별했던 정다운 사람을 곧 만나게 되는 꿈이다.

◇ **누군가로부터 물고기를 선물 받거나 얻은 꿈**

멀리 떨어진 친구나 선생님, 친척으로부터 즐거운 소식이 전해진다.

◇ **살고 있는 집에 불이 나서 활활 타고 있는 꿈**

불길이 거셀수록 주어지는 행운도 크다. 복권 당첨, 주식투자로 인한 이득 등 횡재하는 경사가 겹전하여 내 집 장만의 꿈을 이룬다. 사회적으로도 명성을 떨치는 자녀가 나오고 가장이 가문을 빛낸다. 사업가에게도 대길몽이다.

◇ **집이 불에 타버리고 검은 재만 남은 꿈**

집안이 몰락할 흉몽이다. 가장의 실직이나 사업부도로 인해 하루아침에 재산을 다 날리고 온 가족이 시름으로 고통받으며 생활고를 겪는다.

◇ **자신의 몸이 불길에 휩싸이거나 타버린 꿈**

입신양명에 대한 예지몽이다. 대기업의 핵심 부서로 발령받거나 국가의 부름을 받고 나라의 일을 처리하게 되고 방송 연예인으로 인기를 크게 얻어 유명 인사가 된다.

◇ **소방차의 호스로 화재를 진압한 꿈**

잘 되어 가던 일이 뜻밖의 장애나 방해로 침체 국면에 들어서고 개인적으로도 상승기운의 생활에서 벗어나 쇠퇴, 침체, 파란이 따르는 생활을 하게 된다.

◇ **불이 번지자 금고나 지갑, 통장만 들고 도망쳐 나온 꿈**

사랑하는 사람에게 좀 더 적극적으로 다가갈 것을 암시한다. 또한 현재 사귀는 애인의 마음이 변심하지 않도록 경계를 늦추지 않아야 할 듯. 다른 사람을 생각하고 있다는 의미이다.

◇ **산과 들에 불길이 번져서 타오른 꿈**

직장을 옮기게 되거나 해외로 이주하여 생활하는 등으로 삶의 환경이 바뀌게 된다. 아울러 동업자나 조언자의 충고로 인해 의외의 돈을 벌게 된다.

◇ **눈이 쌓여 있어서 그 위를 뒹굴었는데 눈 색깔이 붉은색이었던 꿈**

무병장수와 길운(吉運)에 대한 암시로서 현재까지의 쇠퇴운이 개선될 조짐이다.

◇ **우박과 싸락눈이 뒤섞여 내린 꿈**

사업상으로 거래가 취소되거나 계약을 방해하는 업체가 생긴다. 또한 추진하는 일이나 목표로 한 일에서 뜻밖의 실패를 겪게 된다.

◇ **소복하게 내려 쌓인 눈 위를 뒹굴었던 꿈**

미혼 여성이라면 정조나 순결을 잃게 될 것을 암시. 또는 그것에 대한 후회나 좌절감을 안고 있음을 나타낸다.

◇ **따뜻해 보이는 난로에 손을 쬐거나 몸을 녹인 꿈**

그 난로에 불길이 있었다면 더욱더 길몽이다. 의외의 협조자가 나타나 경제적, 업무적인 곤란을 해결할 힘을 준다. 그러나 의사결정이나 다수가 협의한 문제에 있어서는 자신의 생각과 반대의 결정이 지지를 받게 되므로 길흉이 상반된 꿈이다.

◇ 밤중에 횃불을 들고 배를 탄 꿈

횃불이 잘 타고 있었다면 승진과 혼담에서 길운(吉運)이 따를 징조. 그러나 횃불이 바람에 날리거나 꺼져 가고 있었다면 믿었던 사람으로부터 배신을 당할 흉몽이다.

◇ 하늘에 무지개가 떠 있는 꿈

자신감과 용기의 부족으로 인하여 매사가 지연되고 정체되고 있다. 불만족스런 현실과 상반된 이미지로 무지개가 나타난 것이다. 좀 더 분발할 필요가 있다.

◇ 하늘이 잔뜩 찌푸려서 어두운 가운데 눈이 내린 꿈

뭔가 불쾌하고 꺼림칙한 일이 일어날 암시이다. 부정한 일에 연루되거나 구설수에 휘말린다.

◇ 별이 날아가거나 별똥별이 떨어져 내린 꿈

타인과 시비를 벌이거나 인내심을 발휘해서 참고 견디어야할 사건들에 직면한다. 특히 가장(家長)의 바람기나 외도로 부인의 심리적 인내심은 한계에 도달할 수도 있다.

◇ 밤하늘에 박힌 별들이 우수수 땅으로 떨어져 내린 꿈

일신상의 운세가 전반적으로 쇠퇴하여 침체 국면을 맞게 된다. 실직, 좌천 등으로 낙담하며 사업도 순조롭지 않다. 연애도 맘과 같지 않고 두 사람 사이가 삐걱거리기 시작한다.

◇ **바람 한 점 없이 조용한 하늘에 눈이 내리고 있는 꿈**
명예와 관록을 얻으며 입신출세하게 된다. 사회적인 영향력을 행사하게 된다.

◇ **불씨를 담은 화로 주변에 여러 사람이 모여 얘기를 한 꿈**
단체의 리더나 지도자로 성공할 것을 암시. 직장에서도 우두머리가 되어 업무상으로 지휘, 감독하게 되며 사회적인 명예를 얻는다.

◇ **지붕 위로 우박이 쏟아진 꿈**
아들을 낳게 될 태몽(胎夢)이다. 혹은 복권 당첨 등의 금전적 행운이 찾아온다.

◇ **고개를 들어 보니 북두칠성이 반짝이며 빛을 발한 꿈**
국가의 관록을 먹는 공무원이나 정치가로 입신하여 가문의 이름을 빛내며 사업상으로 중요한 계약을 성사시켜 기반이 확고해진다. 아울러 일신상으로 승진, 영전, 초빙 등으로 환경상, 직위상의 변화를 겪게 된다.

◇ **구름을 타고 이리저리 날아다닌 꿈**
명예나 지위를 높일 일이 생기지만 신중하게 처신하지 않으면 왔던 행운이 날아갈 형국이다. 결과를 예측하여 판단에 신중을 기할 것.

◇ **구름이 오색으로 물들어 찬란한 빛을 발한 꿈**
가정은 화목하며 가족끼리 우애가 깊어진다. 또한 자녀나 형제 등이 사회적으로 명성을 떨치며 집안에 영광을 더한다. 하는 일마다 순조롭고 경사가 겹친다.

◇ **흐르는 바람에 회색 구름이 두둥실 떠가는 꿈**

현실적으로 좋지 않은 일들에 직면한다. 재해나 교통사고 등으로 우환을 겪으며 심란해진다.

◇ **은하수를 건너간 꿈**

혼인이 성사되고 연애는 순조롭다. 사회적인 지위도 확고해지고 승진운도 길하다. 만약 사업가라면 큰 거래를 성사시켜 생산에 박차를 가하게 된다.

◇ **밤하늘에 박힌 별들이 반짝이며 빛을 발한 꿈**

신상에 기쁜 일이 생기고 지위가 상승한다. 미혼의 청춘남녀라면 이상형의 연인을 만나서 즐거운 데이트를 하고 결혼에 성공한다.

◇ **달과 별들이 구름에 가려진 꿈**

자신의 입신출세를 시기하는 제3자의 방해로 하는 일마다 순조롭지 않고 직장의 라이벌이나 사업상의 경쟁자로 인해 심리적, 경제적 고통이 가중된다.

◇ 하얀 솜구름이 뭉게뭉게 퍼져 있는 꿈

목표와 소망의 성취를 암시. 특히 얻고자 하던 물건이나 금전과 관련된 소원이 성취된다.

◇ 하얀 뭉게구름이 자신을 감싼 꿈

미혼 여성이라면 천생연분을 만나 행복한 결혼생활을 하게 될 것을 암시. 일신상으로 기쁨과 명예, 행운이 따른다.

◇ 하늘이 핏빛이나 붉은색으로 물들어 있는 꿈

나라에 큰 이변이 발생할 조짐이다. 전쟁과 혁명, 이념적 소용돌이에 휘말려 사회적으로 새로운 환경이 조성된다.

◇ 안개가 자욱하게 깔린 꿈

건강을 잃고 중병을 앓게 되며 이미 중환자라면 병세가 깊어져 세상과 작별할 때가 다가오고 있음을 암시하는 흉몽이다.

◇ 장마가 심해 교통이 두절된 꿈

유산상속을 둘러싸고 형제간에 다툼이 생기고 그로 인해 법률적인 소송을 벌이게 되며 불의의 재해나 사고를 당한다.

◇ 비와 눈이 뒤섞여 내린 꿈

친구나 애인과의 약속이 펑크 나서 화를 내게 된다. 장시간 약속 장소에서 기다리지만 상대방은 결국 나타나지 않는다.

◇ 천둥소리가 몹시 크게 울려 놀란 꿈

심리적 고민이나 결단을 앞두고 불안한 생활을 하고 있다는 증거이다.

혼자서 감당하기에는 벅찬 일들일 확률이 높다. 그러나 문제를 해결하지 않으면 이 꿈은 앞으로도 몇 차례 더 꾸게 된다.

◇ **번개가 번쩍이고 천둥소리가 크게 들려서 매우 놀란 꿈**
번개가 밝게 번쩍였다면 행운이 찾아올 징조이다. 특히 그간의 불운이 걷히고 희망찬 앞날이 전개될 것을 암시, 천둥소리는 행운에 뒤따를 기쁨의 소리를 상징한다.

◇ **지진이 일어나서 갈라진 땅 속으로 떨어진 꿈**
업무상의 횡포나 비리, 배우자에 대한 불륜이나 외도가 양심에 걸려 두려움과 죄악감에 떨고 있다는 증거이다. 부정한 일에 대한 양심의 가책이 반영된 꿈이다.

◇ **하늘에서 번개가 치는 것을 바라본 꿈**
임신할 예지몽. 특히 아들을 임신하게 된다. 현실적으로 큰 어려움이나 불만 없는 생활이 계속된다.

◇ **창문 너머로 비 오는 것을 구경한 꿈**
내리는 비가 장대비(소나기)였다면 속앓이하던 일들이 속 시원히 해결될 길몽이다. 그러나 이슬비 정도였다면 오히려 근심과 우환이 발생할 흉조(凶兆)이다.

◇ **비바람이 세차게 불거나 비바람을 정면으로 맞으며 걸은 꿈**
세상의 시련에 내던져져 고통을 겪거나 심리적으로 심각한 방황을 하게 된다. 직장에서 업무적 실책으로 직위를 손실하거나 정리해고의 위기에 놓인다. 신상에 불운이 불어닥칠 전조(前兆)이다.

◇ **자신이 벼락에 맞은 꿈**
현재와는 다른 지위, 신분을 안겨줄 귀인을 만나서 큰 도움을 받는다.

◇ **비가 오거나 소나기가 퍼붓는데 우산이 없어서 비를 맞았던 꿈**
현실과 이상이 유리되어 자신의 계획을 실천할 수 없게 될 때 자주 꾸는 꿈이다. 이미 정해진 계획이 현실적 여건으로 실현이 불가능하거나 연기된다. 한편 살고 있는 집이나 환경이 바뀔 암시도 있다.

◇ **화창한 날씨인데 사는 집이 홍수에 떠내려간 꿈**
가족, 그 중에서도 자녀들 중의 누군가에게 불길한 일이 발생한다. 사고를 당하거나 상처를 입을 흉조이며 심리적인 충격을 받기도 한다.

◇ **잔잔한 물결을 이루며 물이 흐르고 있는 꿈**
건강한 아이를 출산할 태몽이자 고위 관료, 단체의 지도자로서 활약할 직위와 명예의 꿈으로 풀이한다.

◇ **우물 안에서 물고기가 돌아다니고 있는 꿈**
금전적인 횡재를 하고 주어지는 행운도 크다. 특히 단체나 해당부서의 최고 책임자로 승진, 임명될 암시.

◇ **물 위를 달린 꿈**
생각하지 않았던 일이나 사람으로부터 기쁜 소식을 듣게 되며 담당하고 있는 일에서 능력을 발휘하여 신임을 받게 된다.

◇ **물에 빠진 꿈**
주변 사람이나 가족들 중에 큰 사고를 당하는 사람이 나타날 흉몽이다.

◇ 물이 뿌옇게 흙탕물로 변해버린 꿈

기혼 남성에게는 불륜과 외도에 대한 암시. 가정의 기반이 흔들릴 만큼 애정문제로 고민한다.

◇ 자신이 물속에 앉아 있거나 유유자적하며 헤엄쳐 다닌 꿈

힘들고 지친 현실을 벗어나 좀 더 여유롭고 한가한 생활을 하고 싶다는 소망이 반영된 꿈이다.

◇ 물을 벌컥벌컥 들이킨 꿈

곤경에 처한 누군가를 도와서 위기를 벗어나게 한다. 그로인해 그 사람으로부터 응분의 보상을 받는다.

◇ 높은 계곡이나 산 속에서 폭포가 떨어져 내리는 것을 본 꿈

자신감을 가지고 미래에 도전하면 장래에 큰 성공과 명예가 따를 전망이다. 그러므로 수단과 방법을 가리지 않고 목표를 위해 노력하게 될 것이다.

◇ 방문이나 대문 앞에 냇물이 흘러간 꿈

생활에 지장을 줄 근심과 고통에 직면하게 된다. 금전 손실, 사업 부도, 가장의 실직으로 돈이 모이지 않고 환자가 생긴다.

◇ 수돗물이 계속 흘러서 방 안을 가득 메운 꿈

수돗물이 집안에 꽉 찬 꿈도 마찬가지이다. 자신이 처한 환경에 대해 몹시 불만스러워하고 있음을 나타낸다. 특히 집안의 경제사정이나 자신의 역할, 직장 안의 위치 등에서 불만이 커져 있다.

◇ 남녀가 함께 물놀이를 즐기거나 수영한 꿈

신상에 즐거운 일이 발생한다. 금전적 행운과 아울러 데이트 신청, 업무 능력의 향상과 직장 상사의 신임 등이 그 즐거운 일에 해당한다.

◇ 강물이 다 말라버리고 바닥이 드러난 꿈

도박이나 투기에 정신을 빼앗겨 집안의 재산을 탕진하고 가족들은 의지할 곳 없이 뿔뿔이 흩어지게 된다.

◇ 샘물이나 연못에서 맑은 물이 솟아 넘치는 꿈

많은 돈을 벌지만 그만큼의 돈을 허비하게 된다. 금고 관리에 주의를 요한다. 미혼의 남녀라면 이별을 기약하는 만남을 갖게 된다.

◇ 바다에 떠 있는 섬으로 올라간 꿈

첨단과학이나 기술 부문에 있어서 최고의 위치에서 명성을 떨치게 된다. 한편 현재 사귀고 있는 이성과는 더욱 거리가 가까워지며 밀어를 속삭인다.

◇ **파도가 심하게 일렁이는 꿈**
부부 다툼이나 애인과의 결별, 동업 관계의 파탄 등을 암시. 현재의 일에 대한 심리적 인내와 고통의 크기를 나타낸다.

◇ **물이 더러워 보이는 수영장에서 헤엄친 꿈**
자신에게 해를 끼칠 질이 좋지 않은 사람과 어울려 다니다가 후회를 하게 되며 건강이 악화될 흉몽.

◇ **호수로 인해 길이 끊겼거나 길이 보이지 않는 꿈**
직장 상사나 동료와 의견대립이나 마찰을 빚게 되며 이로 인해 한동안 심리적 고민과 부담이 증가한다.

◇ **날씨가 맑게 개었거나 청명하고 잠잠한 날씨에 관한 꿈**
업무적인 능력을 인정받아 승진이 순조롭고 가정적으로도 풍족함을 누리며 여유로움을 만끽한다. 심리적인 안정도 기하게 된다.

◇ **집안으로 홍수가 들이닥쳐 집이 물에 잠긴 꿈**
아내나 자식에게 중병, 대형사고가 발생할 조짐. 대흉몽이다.

◇ **지진이 일어나거나 지진으로 집이 흔들리는 꿈**
불의의 사고나 재해를 당하지 않도록 주의를 요한다. 특히 화재로 인한 재산과 인명 피해, 교통사고, 등산 도중의 추락사고 등이 암시된다.

◇ **새가 되어 공중을 날아다닌 꿈**
대인관계가 원만해지고 주변 사람들에게 인기를 얻게 된다. 금전적인 행운도 따르면서 선물이나 꽃다발을 받게 된다.

◇ **파리나 모기 등의 해충을 잡은 꿈**

부정직한 동료나 친구, 후배, 자식을 선도해서 양심적인 길을 갈 수 있도록 영향력을 행사한다. 한편 자신의 일이나 사업상의 방해자, 중상모략을 일삼는 사람을 굴복시킬 계기를 맞이한다.

◇ **커다란 바위들이 하늘을 날아다니는 꿈**

금전적 횡재를 하게 되거나 자신이 가진 막대한 재산을 국가에 헌납하여 불우한 이웃에게 큰 도움을 줄 전망. 사회적으로 명예와 인품으로 존경받으며 넉넉한 말년을 보내게 된다.

◇ **크고 우람한 바위 위에 앉은 꿈**

회사의 규모가 방대해지고 금전적인 행운과 함께 명성과 신분의 상승이 암시되는 행운몽이다. 한편 국회의원이나 국가의 고위 관료로 당선, 영전, 임용되는 기쁨을 맞이한다.

◇ **흙먼지가 사방을 뒤덮어 뿌옇게 보인 꿈**

직장 내의 부정부패나 타인의 불륜 현장을 목격할 것을 암시. 그로 인해 자신의 가치관에 타격을 받게 된다.

◇ **형형색색의 꽃이 만발한 꿈**

집안의 재산은 날로 풍족해지고 직위 상승, 애정운의 호전이 예시된 꿈이다.

◇ **원시인처럼 부싯돌로 불을 일으킨 꿈**

장사는 날로 번창하여 목돈을 만지게 되고 업무상의 능력을 인정받아 승진 명단에 오르게 된다.

◇ **성냥으로 불을 켠 꿈**

사업이나 장사와 관련된 상업 분야의 대길운이다. 날로 번창하여 재물이 들어오고 탤런트나 가수로 데뷔하여 큰 인기를 얻는다. 영업사원에게도 행운의 기회가 주어진다.

◇ **성냥으로 불을 켜려고 했지만 계속 꺼져버린 꿈**

추진하고 있는 사업이나 장사는 불황과 침체에 빠져 경제적인 손실을 입게 된다. 일신상의 운세도 쇠퇴기에 들어선다.

◇ **담뱃불을 붙이려고 해도 불이 붙지 않은 꿈**

사회적으로 무능하거나 열등감이 심한 사람이 흔히 꾸는 꿈이다. 노력을 거듭하여 실력을 인정받고 싶지만 뜻대로 되지 않고 있음을 의미한다.

◇ **초에 불을 켠 꿈**

이제는 자신의 소망과 의지대로 계획이 이루어질 것이다. 주변의 보이지 않는 후원과 자신의 굳은 인내심으로 소망이 달성된다.

◇ **얼음이나 빙산이 녹아내리는 꿈**

오랫동안 기다리던 소식을 듣게 되고 근심과 고민으로부터 해방되어 새로운 생활을 하게 된다.

◇ **대형건물이나 빌딩이 화재로 인해 활활 타고 있는 꿈**

잘 되어 가던 사업은 라이벌 업체의 음모나 방해, 환경의 변화로 부도의 위기에 몰리게 되고 경영에 어려움이 따르게 된다. 또한 직장 상사의 일방적인 박해로 승진의 기회도 차단된다.

◇ **조용한 찻집에 앉아 촛불을 바라본 꿈**
사랑을 나눌 대상, 천생연분, 이상형의 이성을 만나 사귈 것을 암시.

◇ **냉장고나 냉동실에 성에가 끼거나 얼음이 언 것을 본 꿈**
데이트 약속은 취소되고 연인과의 만남은 무산된다. 바람을 맞고 이별이나 냉전을 생각하게 된다.

◇ **지하실이나 아래층, 어두워 보이는 곳으로 내려간 꿈**
자신이 처한 경제적, 업무적인 현실에 대해 불만족하고 있음을 나타낸다.

◇ **어두운 곳이나 아래층에서 밝고 높은 곳으로 올라간 꿈**
미래에 대한 희망과 포부로 삶의 에너지가 넘쳐나고 있음을 나타낸다. 실제로도 승진, 경사, 합격 등의 기쁜 소식을 듣게 된다.

◇ **어둡던 곳에 있던 자신이 광채를 따라 밝은 곳으로 나아간 꿈**
고민과 근심에서 벗어나 새로 시작하는 마음으로 재출발하게 된다.

◇ **어두운 집안이나 회사, 거리가 점차 밝아진 꿈**
결단을 내리지 못해 망설이던 문제를 속 시원히 해결하게 되고 용기와 신념을 가지고 내일을 향해 뛰게 된다.

◇ **백열전구나 형광등이 꺼져 있는 꿈**
꿈속에서의 전구는 남성에게 성기(性器)를 상징한다. 또한 전깃불은 성적인 힘과 능력의 크기를 상징. 따라서 불이 꺼진 전구는 성적인 능력의 쇠퇴나 건강 악화에 대한 심리적 불안감을 반영한 것.

◇ **멀리에 켜진 환한 불빛을 바라본 꿈**

이제는 고생 끝, 행복 시작이다. 능력을 인정받아 중책을 맡게 되고 윗분이나 주변의 신임과 도움으로 성공을 향해 질주한다.

◇ **높은 낭떠러지나 폭포에서 추락한 꿈**

심리적으로 자심감이 없어지고 불안감만 가중되고 있음을 드러내주는 심적몽이다. 계획한 일이 뜻대로 풀리지 않을 때 꾸게 된다.

◇ **논이나 밭이 잡초가 무성하고 황폐해진 꿈**

전형적인 역몽(逆夢)이다. 현실적으로는 기쁨과 축하의 웃음소리가 커질 암시. 방송 연예인, 인기 스타들에겐 뭇 대중들을 사로잡을 수 있는 절호의 찬스가 주어진다.

◇ **홍수나 폭우로 계곡이 무너져 내린 꿈**

가족 중의 연로자에게 중병, 죽음이 닥쳐오고 자녀에게도 불의의 사고나 질병이 찾아올 흉몽이다.

◇ **화산이 폭발한 꿈**

감당하기 힘든 현실적 고통으로 인해 심신이 지쳐 있음을 나타낸다.

◇ **땅을 계간하거나 땅을 일구어 농사를 짓는 꿈**

현재 하고 있는 일이나 사업에서 벗어나 새로운 분야에 도전하게 된다. 과학자나 기술 연구에 종사하는 사람이라면 사회적으로 이슈를 불러일으킬 발명품을 고안해내게 된다.

◇ **자신이 농부가 되어 농사를 짓고 있는 꿈**

사업이나 주식 투자 등으로 목돈을 만지게 되며 훌륭한 재산 관리로 이득을 크게 남긴다.

◇ **잘 다듬어진 잔디가 넓게 펼쳐진 잔디밭을 바라본 꿈**

현실적으로 시달리고 있는 자신의 환경으로부터 벗어나 안락한 생활을 하고 싶다는 소망이 표출된 꿈이다.

◇ **들에 나가 씨를 뿌린 꿈**

노력한 만큼 보상받게 된다. 업무적인 노력에 대해 승진의 기회가 주어지고 수험생이라면 시험 성적이 좋아 고생한 보람을 만끽한다.

◇ **들판에 누워 잠을 잔 꿈**

활력과 웃음이 넘치는 생활이 예시된 길몽이다. 직장인은 능력을 인정받으며 승진 대열에 들어서고 청춘남녀의 연애는 순조롭다.

◇ **산속에 기름진 논과 밭이 있어서 정성들여 경작한 꿈**

현실에 대해 매우 만족하고 있으며 새로운 변화를 원치 않고 있음을 나타낸다.

◇ **산속에서 화전(火田)을 일군 꿈**
현재의 생활에 대해 만족하는 한편 뭔가 새로운 일거리를 찾고 있음을 암시. 혹은 현재의 생활을 즐기는 가운데 그것으로 채워지지 않는 부분을 다른 무엇(새로운 취미나 사람)으로 채우려 하고 있음을 나타낸다.

◇ **벼가 누렇게 황금물결을 이루며 출렁인 꿈**
경제적인 고통으로부터 벗어날 금전 소득과 행운이 따른다. 아울러 예술계의 종사자라면 입신양명할 계기를 맞이한다.

◇ **논에 나가서 모내기를 한 꿈**
능력을 인정하고 도움을 줄 상사나 귀인 상봉의 예지몽이다. 아울러 주식 투자나 돈 거래 등으로 큰 이득을 얻어 통장의 잔고가 늘어난다.

◇ **계곡 주변이 온통 무성한 나무로 둘러싸인 꿈**
주로 남성들이 꾸는 꿈이다. 첫눈에 반할 여성을 만나 상사병을 앓으며 식음을 전폐하게 된다.

◇ **커다란 나무를 잘라서 끌고 간 꿈**
복권 당첨, 경품 추첨 등으로 뜻밖의 재물이 들어오고 값비싼 보석이나 물건을 선물로 받게 된다.

◇ **풍랑으로 인해 타고 가던 배가 뒤집힌 꿈**
집안에 우환이나 질병이 발생할 조짐. 가장의 실직이나 중병을 앓는 가족으로 인해 사면초가의 지경에 이른다.

◇ **논이나 밭에 허수아비가 세워진 꿈**

계절에 따라 꿈의 의미가 달라진다. 겨울에 꾸는 허수아비의 꿈은 재물 손실과 사기, 속임수에 넘어갈 암시로서 흉몽이다. 봄이나 여름, 가을에 꾸는 허수아비의 꿈은 자신의 의지대로 일이 실천되고 실현될 길몽이다.

◇ **먼 곳에 있던 배나 보트가 자신을 향해 다가오는 꿈**

대인관계나 업무상의 실수를 저지르지 않도록 스스로의 언행을 살펴야 할 것. 위기가 다가오고 있음을 나타낸다.

◇ **광활한 벌판에 혼자 서 있던 꿈**

여러 사람이 모이는 장소에 초대받거나 단체의 리더로 활약하게 될 예지몽이다.

◇ **커다란 나무 한 그루가 들판 한가운데에 우뚝 선 꿈**

직장에서나 모임에서 소외당하고 혼자서 고립되어 의지할 곳이 없게 된다. 또한 주변 사람들에게 사기를 당하거나 배신을 당해 사람에 대한 기피증을 갖게 된다.

◇ 태풍을 피해 도망친 꿈
호흡기 질환에 주의를 요한다. 아울러 건강에 이상이 발생할 조짐이므로 종합건강진단이라도 받는 게 현명할 듯하다.

◇ 호수나 바다에서 보트를 타고 속도를 내면서 즐겁게 놀았던 꿈
꿈에서 보트는 여성이나 성적인 욕망을 상징한다. 이 꿈을 꾼 남녀 모두 자신의 마음속에 성적인 욕망을 불러일으키는 대상이 있다는 의미이다.

◇ 초롱초롱한 별을 보고 있는데 갑자기 뱀이 나타난 것을 본 꿈
경사스러운 일이 생길 것을 암시하며 자신의 지위가 높아질 것을 예고하는 길몽이다.

◇ 커다란 천둥소리가 사방으로 들려오는 꿈
어려운 상황에 처해 물질적으로나 정신적으로 상당한 고통을 겪고 있다는 것을 상징하는 상징몽이다.

◇ 태풍에 의해 나무가 꺾이고 뽑히는 꿈
타인의 압력에 의해 그간 공들여 쌓았던 일들이 모래성이 되고 이 충격으로 인해 사망이나 몰락의 길을 걷는다.

◇ 맑은 하늘에 천둥이 요란하게 치는 꿈
중요한 뉴스를 접하거나 국가에 변고가 생길 조짐이다.

◇ 먹구름이 꽉 낀 사이로 한 줄기 햇살이 비추는 꿈
자신을 리드할 훌륭한 사람이 타나날 것을 예고하고 있으며 국가적으로는 훌륭한 지도자가 나타날 것을 암시하는 꿈이다.

◇ 먹구름이 나타나서 온천지가 암흑으로 변해버린 꿈
하고자 하는 일이 뜻대로 되지 않아 절망감에 빠져 있으며 무엇을 어떻게 헤쳐 나가야 할지를 잘 모를 때 이런 꿈이 꾸어진다.

◇ 먹구름이 잔뜩 끼었던 하늘이 갑자기 맑게 갠 꿈
그동안의 근심걱정들이 한순간에 말끔히 사라지는 길몽이다. 사업이 번창하며 사람들에게 신임을 얻어 입신양명할 것을 암시한다.

◇ 먹구름이 잔뜩 낀 하늘에 갑자기 번개가 치는 꿈
자신이 개발한 상품을 세상에 알리는 광고를 하게 되거나 상품이 날개 돋힌 듯 팔려나가고 자신에 대한 평가도 날로 좋아져 하는 일이 모두 술술 풀릴 것을 암시하는 길몽이다.

◇ 바람에 의해 모자나 우산이 날아가는 꿈
타인에 의해 정신적, 물질적인 피해를 입게 되고 누군가가 자신에게 청탁을 하러 오지 않으면 자신이 청탁을 하러 가게 될 것을 암시하는 꿈이다.

◇ 바람이 구름을 몰고 오는 꿈
실생활에 희비가 엇갈리고 변화가 찾아올 것을 암시한다. 행운과 불행이 동시에 예고되는 꿈이므로 언행을 조심하여 불행보다는 행운쪽이 더 크게 다가올 수 있도록 각별히 주의해야 한다.

◇ **별이 떨어져 입안으로 들어오는 꿈**
여자의 경우 임신을 해 아들을 낳을 꿈이며 남자는 자신이 하고 있는 일에 성공을 거두게 되는 것을 암시한다.

◇ **별이 반짝이며 일렬로 서 있는 꿈**
별은 연예인이나 군인을 상징한다. 그래서 이 꿈의 경우는 연예인의 경우 인기의 최고 정상에 오름을 예고하고 군인은 진급을 하게 될 것을 암시한다.

◇ **하늘에서 말이 자신을 향하여 힘차게 달려오는 꿈**
뜻하지 않은 소식이 전해진다. 말이 자신을 향해 달려오는 것은 소식에 준하며 중요한 것은 하늘이 흐리면 나쁜 소식이 전해올 것이고 하늘이 맑으면 좋은 소식이 들려올 것을 암시한다.

◇ **논의 허수아비를 보는 꿈**
좋은 일만 생기는 꿈으로서 매사 의욕이 넘친다. 하지만 겨울에 이 꿈을 꾸게 되면 집안에 도둑이 들거나 귀중한 물건을 잃어버릴 일이 있으니 유념할 것을 암시한다.

◇ **논과 밭이 황량한 것을 본 꿈**
역몽으로 머지않아 집안에 경사스런 일이 생길 것이고 자신에게는 뜻하지 않은 행운이 찾아와 기쁨을 누릴 것을 암시한다.

◇ **들판이 물바다가 되면서 구렁이에게 감기는 꿈**
재산가나 세력가와 인연을 맺게 되어 명예와 권세를 누리게 되나 자식을 잃을 징조이니 각별히 조심해야할 것을 명심하라.

◇ 땅에서 물이 솟아르는 꿈
운수대통할 길몽이니 망설이지 말고 계획 하던 일이 있으면 무조건 실행에 옮겨라. 그러면 크게 성공을 거둘 것을 암시한다.

◇ 물방울이 하얀 진주로 변하는 꿈
가난한 사람이 일약 부자가 되고, 보통 신분을 유지하던 사람이 수직 상승으로 신분이 높아져 세인들에게 부러움을 사게 될 것을 암시한다.

◇ 얼음이 녹아서 흘러내리는 꿈
그동안 좋지 않았던 일들이 일시에 다 해결되고 마음에 걸려 꺼림직했던 일까지 다 해결될 것을 암시한다.

TV 유명 역학인 유화정 박사가 풀이한
365일 꿈풀이 대사전

1판 1쇄 인쇄 | 2021년 1월 10일
1판 1쇄 발행 | 2021년 1월 15일

엮은이 | 유화정   **펴낸이** | 윤다시   **펴낸곳** | 도서출판 예가
주　소 | 서울시 영등포구 영신로 45길 2
전　화 | 02)2633-5462   **팩스** | 02)2633-5463
이메일 | yegabook@hanmail.net
블로그 | http://blog.daum.net/yegabook
등록번호 | 제 8-216호

ISBN | 978-89-7567-608-6   13150

※ 잘못된 책은 바꿔드립니다.
※ 인지는 저자와의 합의하에 생략합니다.
※ 가격은 표지 뒷면에 있습니다.

철학박사
심리학박사 **유화정**

유화정 철학원

소생(철학박사 유화정)은 5대째 내려오는 철학가의 집안에서 출생하여 9세부터 50년간 역학의 정통본문을 통달하고, 신비로운 영(靈-신령령)의 조화에 힘입어 특수비법으로 당신 운명의 길흉을 즉석에서 묻지 않고 백발백중 알아 맞춤니다.

약력
- 충남 홍성 출생
- 경희대학교민속연구학 수료
- 아메리칸 선종대학
- 서울분교 삼장대학원 졸업
- 무불 선학 대학원 졸업
- 미국 미조리 단과대학교 철학박사 학위 취득
- 스리랑카 국제대학교 심리학박사 학위 취득
- 법왕대학교 철학교수(현재)
- 사단법인 동양철학 교육 강사
- 사단법인 대한불교 삼장 법우회 회장
- 유화정철학원 원장(현재)

● **일차 왕림하여 주십시오.**

모든 답답함을 무난히 해결할 수 있습니다.
장래 잘 살 수 있음을 자신합니다.

● **특수 비법으로 손금봅니다.**

● **각종 예방과 비방 있음. 아들 두는 비법**

유화정선생 감정 방법의 특기
우선 묻지않고 백발백중 알아맞춤

| 사주 · 신수 · 수상 · 관상 · 직업 · 승진 · 궁합 · 택일 · 혼담 · 취직 · 상호 |
| 입학 · 작명 · 해명 · 풍수지리 · 산소 · 자손궁 · 애정관계 · 병점 · 매매운 |

5대째 내려오는 영(靈 신령령)과 역학을 통합시킨 정통철학

● 주저할 것 없다. 모든 계획은 사람이 하고 성패는 운에 있다.
● 운을 알고 믿는 자는 대성공하고 운을 모르고 믿지 않는 자는 현재도 실패의 길로 가고 있다.
● 기타 모든 문제 이곳에 기적의 열쇠가 있다.

주소 : 서울시 영등포구 당산동 5가 11-33 당산 디오빌 1507호(구주소)
　　　서울시 영등포구 당산로 222번 당산 디오빌 1507호(신주소)

전화 : 02)2677-1594 · 2634-4527 팩스 : 02)2679-6969

전철 2호선 당산역 6번출구 맞은편, 전철 9호선 당산역 10번출구 앞

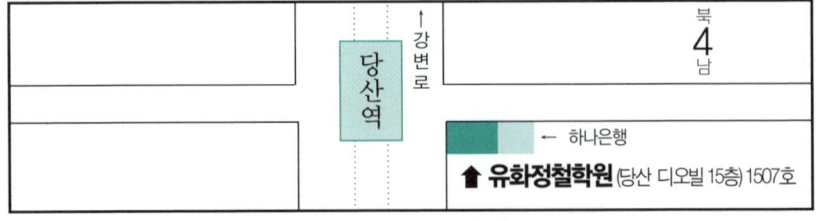

※ 금요일 · 토요일 · 일요일은 쉽니다.